KB262764

마음 공부 이야기

법상 스님 지음

불광출판사

몸과 마음의 평화를 찾고자 하는 이들에게

아주 흔한 말이지만, 세상 모든 이들의 공통된 소망이 행복이라는 데 이의를 달 사람은 아마도 없을 것입니다. 그 어떤 사람이든, 생명이든, 행복과 자유 그리고 평화를 꿈꾸며 살고 있습니다. 그러면서도 행복은 아주 멀리, 저만치 떨어져 있는 듯, 나와는 상관없는 일인 듯 생각하며 사는 사람이 많습니다. 그러나 행복은 멀리 있지 않습니다. 우리와 아주 가까운 곳에 있습니다. 지금 당장에 이 자리에서 그 꿈을 이룰 수 있습니다. 행복과 평화를 내 안에 꽃피울 수 있습니다.

혹자는 가난하기 때문에, 돈을 못 벌기 때문에, 진급을 못 했기 때문에, 학벌이 좋지 않기 때문에, 능력이 없기 때문에 난 행복과는 가깝지 않다고 미리부터 포기할지 모릅니다. 그러나 그 어떤 사람일지라도 아주 가까이에서 누구나 할 수 있는 마음의 연습, 수행, 마음공부를 통해 점점 나아질 수 있고, 나아가 행복과 평화를 내 안에 깃들게 할 수 있습니다. 그건 분명한 사실입니다.

그러나 많은 사람들은 부처님이나 예수님처럼, 아니면 성철 스님처럼 오랜 수행과 정진을 통해서만 어렵게 얻을 수 있는 것을 어찌 내가 갈 수 있겠는가 하고 미리부터 포기할지 모릅니다. 그 길은 나와는 너무나도 먼 다른 세상의 일처럼 생각할지 모릅니다.

그러나 결코 그렇지 않습니다. 행복이란 그런 것이 아닙니다. 마음공부란 결코 나와 다른 특별한 곳에, 특별한 사람에게만, 특별한 수행 속에서만 어렵게 어렵게 주어지는 것이 아닙니다. 부처님이야말로 가장 평범하고도 인간미 넘치는 수수한 바로 내 이웃이고 바로 나 자신입니다. 수행이란 아주 단순하고도 평범한 것입니다. 평범함 속에 깊은 도가 있습니다. 바로 평범한 내 안에 깨달음은 언제나 깃들어 있습니다.

어렵게 생각지 마세요. 미리부터 지레 겁먹고 달아날 것은 없습니다. 그런 마음을 놓아버리고 아주 평범한 내가 되면 됩니다. 누구처럼 되려고 애쓸 것도 없고, 어떻게 해 보려고 피나는 노력을 할 것도 없습니다. 다만 지금 이대로의 나 자신이면 됩니다. 나 자신의 길을 걸을 수 있는 사람이라면 누구라도 진리의 길벗이 될 수 있습니다. 세상 모든 수행자의 도반이 되어 함께 떠날 수 있습니다.

행복을 찾아 떠날 마음의 준비가 되어있습니까? 그리고 그 마음이 간절합니까? 그렇다면 누구라도 행복을 내 안에 모실 준비는 끝났습니다. 이제 시작할 수 있습니다.

이 책은 바로 그 시작을 위한 책입니다. 행복하길 바라는 이들에게, 아주 평범한 모든 이웃들에게, 몸과 마음의 건강과 평화를 찾고자 하는 이들에게, 진리를 찾아 떠나는 이들에게, 마음공부, 명상, 수행, 깨어있음이란 언어가 가슴 깊이 파도쳐 오는 이들에게, 대자연과 하나되는 조화로운 삶을 추구하는 이들에게, 야생의 풀꽃이며 숲의 생명들과 공명하는 이들에게, 종교간, 이념간, 계층간의 갈등을 치유하고 열린 평화의 삶을 꿈꾸는 이들에게, 똑같이 반복되는 삶의 틀에서 벗어나 새로운 변화를 꿈꾸는 이들에게, 이 책이 작은 깨침의 씨앗이 될 수 있기를 바랍니다.

"이 세상 모든 생명이 미움에서 벗어나고, 고통에서 벗어나고, 번뇌에서 벗어나지이다. 살아있는 모든 것은 다 행복하소서. 평안하소서. 안락하소서. 일체 모든 생명에게 내 안의 작은 자비와 사랑의 빛을 나눕니다."

2005년 봄이 오는 산방에서…

법상(法相) 합장

지혜로운 삶

조화로운 삶

평화로운 삶

깨어있는 삶

기다리지 말라
오직 '깨어있는 행위'만 있다
슬플 땐 그냥 슬퍼하라
준비과정은 필요 없다
변하는 대로 그냥 놓아두라
깨어있음으로 이끄는 명상
안과 밖이 따로 없다
내적 침묵으로 관하라
지금 이 순간으로 보라
마음공부 5가지 실천법칙

기다리지 말라

그만 기다리세요. 우리가 평생토록 해 왔던 기다림이 지겹지도 않으신가요? 이제 그만 기다림에 대한 환상을 놓아버리시기 바랍니다.

우리의 삶은 기다림의 연속입니다. 기다리고 기다리고 또 기다리다가 기다리던 일이 완성되면 또 다른 것을 기다리고 그것이 완성되면 또 다른 기다림의 대상을 만들어 우리의 기다림은 끝이 없이 계속됩니다.

초등학생은 중학생이 되길 기다리고, 고등학생은 대학생이 되길 기다리며, 대학생은 좋은 취직자리를 기다리고, 학생은 좋은 성적, 좋은 학교를 기다리며, 직장인은 좀 더 인정받기를 기다리고 진급하기를 기다리며, 수행자는 깨닫기를 기다립니다.

한 가지 일이 끝나기를 기다리고, 내 앞에 나타날 사랑을 기다리고, 빨리 졸업하기를 기다리며, 빨리 큰돈을 벌기를, 큰 집, 좋은 차 사기를 기다리고, 더 나은 직장을, 지위를, 권력을 기다립니다.

출근하고 나면 빨리 퇴근하기를 기다리고, 평일에는 빨리 휴일이 오길 기다리고, 다음 휴가철을 기다리고, 수업시간

에 쉬는 시간을 기다리고, 며칠 후에 있을 소풍이나 만남을
기다립니다.

뭔가 재미난 일을 기다리고, 가을엔 첫눈 오는 날을 기다
리고, 겨울엔 만물의 태동을 기다리며, 봄엔 여름휴가 때를,
여름엔 가을 단풍구경 갈 때를 기다립니다. 물론 단풍이 떨
어질 때 또다시 첫 눈을 기다리겠지요.

성공하기를, 부자 되기를, 행복하기를, 깨달음의 순간을
기다립니다.

그렇게 그렇게 끊임없이 평생을 기다리고 기다리다가 우
리는 결국 한 번도 기다리지도 않았던 죽음을 만나게 됩니
다. 죽음의 순간까지 달려가면서 한 순간도 기다림을 포기
했던 적이 없었습니다. 그러나 우리에게 온 것이라고는 한
번도 기다리지 않았던 버림이고 죽음의 그림자일 뿐입니다.

삶 속에서 기다림의 결과로 얻어 낸 그 어떤 가치 있는 것
이라도 결국에 죽음 앞에서는 모두 다 무의미한 것일 뿐입
니다. 모두 다 버리고 가야 할 것들뿐입니다.

우리가 죽음의 순간 유일하게 짊어지고 갈 수 있는 것은
살아오면서 우리가 별로 바라지 않았던 '현재의 깨어있는
힘(지혜)' 과 '사랑과 베풂(자비)' 입니다.

평생을 다음 순간만 바라고 살았지만, 더 낳은 순간만을
바라고 살았지만 죽고 나서 우리가 짊어지고 갈 수 있는 것
이 '기다림의 결과' 가 아닌 '기다림 없는 순간에 깨어있는
힘' 이라는 것은 참으로 우리의 기다림을 허탈케 하기에 충
분합니다.

중요한 것은 '기다림'이 아닌 '기다림의 놓음'입니다. 기다리지 않았을 때 지금 이 자리에서 현존할 수 있습니다. 기다림을 놓아버렸을 때 비로소 깨어있을 수 있습니다.

기다림이란 지금 이 순간을 원하지 않는다는 말입니다. 지금이 아닌 다음 순간을 원한다는 말이고, 현재가 아닌 미래를 원한다는 말이며, 지금의 내 모습이 아닌 다른 모습을 원한다는 말이고, '지금의 나처럼'이 아닌 '다른 사람처럼' 되길 원한다는 말이며, 내가 갖고 있는 것이 아닌 갖지 못한 것을 원한다는 말입니다.

이러한 기다림은 현재의 모습과 미래의 기대 사이의 갈등을 만들어 냅니다. 그 갈등이 바로 괴로움의 실체로 다가옵니다. 기다림이 많다는 것은 그만큼 지금 이 순간 만족하지 않는다는 말이고, 지금 이 순간 만족하지 않으면 우리의 삶은 고되고 괴로울 뿐입니다.

이런 우리의 기다림은 습관적입니다. 항상 무엇인가를 기다리지 않으면 견디질 못합니다. 그 기다림을 좋은 말로 '희망'이라고도 하고 꿈이라고도 하겠지요. 또 '목적의식'이라고 할 수도 있을 것입니다.

우리 사람들의 삶의 방식이 그런 기다림을 당연하게 여기다 보니 이런 기다림을 '희망'이니, '꿈'이니, '목적의식'이니 하고 좋은 말처럼 꾸며 놓았긴 했지만 그렇더라도 여전히 기다림은 우리를 피곤하게 만들 뿐입니다. 여전히 기다림은 온전한 지금 이 순간의 깨어있음을 방해하고, 삶의 근원적인 본질에 다가가는 것을 방해할 뿐입니다.

그런 습관적인 기다림에 이젠 지칠 때도 되지 않았나요? 그동안 우리들은 무언가를 기다리느라 얼마나 많은 시간을 낭비했습니까. 아니 어쩌면 우리 삶 전체를 이런 쓸모없는 기다림에 헛되이 소모하고 있는지 모릅니다.

기다림이란 낭비이고 불필요한 것입니다. 공연히 내적인 에너지를 소모할 뿐입니다. 기다릴 시간에 저지르는 편이 더 현명합니다. 지금 이 순간을 사는 편이 더 궁극적입니다.

현실적인 돈, 명예, 권력, 학벌, 지위, 성공 등은 기다림을 통해 얻게 될 수 있을지 모르지만, 그보다 더 근원적인 행복은 결코 기다림을 통해 얻을 수 없습니다. 현실적인 돈, 명예, 권력, 학벌, 성공이라는 것이 다 궁극적으로 행복을 위한 방편이 아니던가요? 그런 껍데기를 위한 기다림에 휘둘려서는 안 됩니다. 바로 궁극적인 행복 속으로 뛰어들어야 합니다.

행복은 결코 기다린다고 오지 않습니다. 행복은 결코 미래에 있지 않습니다. 행복은 돈, 명예, 권력, 지위, 학벌, 성공 속에 있지 않습니다. 참된 행복은 다만 지금 이 순간에 존재할 뿐입니다. 지금 이 순간 깨어있음을 통해 드러날 뿐입니다. 지금 이 순간의 완전한 자족을 통해 드러날 뿐입니다.

항상 행복은 이 자리에 있었을 뿐입니다. '지금 이 순간'에 늘 그렇게 있을 뿐입니다. 기다리는 마음은 이 자리에 있는 행복을 보지 못하게 만듭니다. 이 자리를 봐야 하는데 다른 자리를 찾고 기다리고 있으니 어떻게 볼 수 있겠습니까.

기다림의 결과로 행복을 얻을 수는 없다는 말입니다. 오히려 그 기다림을 완전히 놓아버렸을 때 그 때 언제나 있어 왔던 행복을 볼 수 있을 뿐.

지금 이 순간 내가 무엇이 되었든 간에, 내가 누구이든 간에, 내가 무슨 일에 종사하든 간에, 나의 직위, 직장, 학벌, 재산, 세속적인 성공에 상관없이 다만 지금 이 순간의 모습을 있는 그대로 충분히 인정하며 사랑하고 받아들이셔야 합니다.

'나 자신'을 있는 그대로 받아들이세요. 그냥 지금 이 순간의 '나 자신'이면 됐지 한참을 기다린 후에나 얻을 수 있는 '다른 그 무엇'이 될 필요는 없다는 것입니다. 지금 이 순간의 내 모습에, 내가 가지고 있는 만큼의 소유물에, 이렇게 살아 숨 쉬고 있음에 감사하고 존중하고 인정하고 받아들이시기 바랍니다. 지금 이 순간을 인정하고 받아들이며 또 다른 것을 기다리지 않을 수 있다면 우린 이 순간에 깨어있는 법을 터득할 것입니다. 그러고 나면 분명 머지않아 맑은 행복과 평화로움이 우리 앞에 나타날 것입니다.

모든 종류의 기다림을 놓아버리세요. 다음 순간을 기다리지 마시고 오직 지금 이 순간이 기다림을 이룬 순간이 되도록 하세요. 지금 '이 순간'이 바로 '그 순간'이 되도록 하시기 바랍니다.

이 순간에 서 있으면 무언가를 기다릴 필요가 없습니다.

지금 이 순간 기다림을 놓아버리고 바로 이 자리에 서 있으시길….

오직 '깨어있는 행위'만 있다

이따금씩 찾아오는 법우님들 중에는 당장의 괴로운 일들 때문에 수행이며 깨달음은 별 관심이 없고 오직 그 괴로움에서 벗어나기 위해 기도하는 분들이 있는가 하면, 또 어떤 분들은 깨달음에 대한 염원이 지나치기까지 하신 분들 또한 더러 있습니다.

물론 후자의 경우는 참 바람직하다 할 만하겠지만 이따금씩 '깨달음 병'에 걸려 빨리 깨닫고자 하는 조급증이 좀 심하신 분들도 있는 것을 더러 봅니다. 수행자에게 있어 깨닫고자 하는 것이야 당연한 서원(誓願)이라 하겠지만, 그것도 지나치면 안 될 일. 중도의 가르침을 다시 한번 되새겨 볼 필요가 있습니다.

빨리 깨닫겠다는 조급한 마음이 앞서면 도리어 지금 이 순간의 충만한 깨달음의 향기를 놓치고 맙니다. 깨달음을 미래의 일로 설정해 두고 기다려서는 안 됩니다. '빨리 깨쳐야겠다'거나 '언젠가 깨닫겠지' '왜 이렇게 안 깨달아지지' 하는 마음은 다 분별이고 망상일 뿐. 깨달음은 과거나 미래의 일이 아닌 오직 지금 이 순간의 문제입니다.

엄격히 말해 깨달은 자는 없고 '깨어있는 행위'만 있을 뿐이란 말이 있습니다. 깨닫게 되면 내가 깨달았다거나 하는 아상이 몽땅 사라지고 오직 깨달음의 행위만이 순간순간 있을 뿐이란 말입니다.

과거도 미래도 없고, 시간의 개념 자체가 그냥 텅 비어 있으며, 공간을 점유하고 있는 '나'라는 관념 또한 비어 있습니다. 오직 순간순간의 깨어있는 행위만이 있을 뿐.

그렇다면 우리들이 깨달음에 대해 간과하고 있는 중요한 한 가지. 언젠가 깨닫기 위해 애쓸 것이 아니라 오직 지금 이 순간을 깨어있는 순간이 될 수 있도록 해야 한다는 것입니다.

다시 말해 깨닫기 위해 노력할 것이 아니라 바로 지금 이 순간 깨어있는 행위를 얼마나 하고 있는가를 늘 살필 수 있어야 합니다.

깨달음은 지금 이 순간의 문제입니다. 아니 엄밀히 말해 깨달음이란 환상에 불과하며, 깨달은 자는 없습니다. 오직 지금 이 순간 깨어있는 행위만 있을 뿐.

그렇다면 지금 이 순간의 깨어있는 행위는 누가 합니까? 깨달은 각자(覺者)만이 할 수 있습니까? 다 이룬 부처의 행위만 깨어있는 행위라고 할 수 있습니까? 그렇지 않습니다. '깨어있는 행위'는 그 행위의 주체 문제가 아니라 행위 그 자체의 문제입니다.

부처님은 매 순간 순간이 깨어있는 행위의 연장이지만, 우리들의 행위는 깨어있는 행위와 그렇지 못한 어리석은 행위가 끊임없이 반복되는 것입니다.

그러면 수행자는 누구입니까? 매 순간 순간이 깨어있는 행위가 될 수 있기 위해 정진하는 사람이고, 어리석은 행위를 깨어있는 행위로 바꾸어 가는 사람입니다.

언젠가 부처가 되기 위해, 깨닫기 위해 애쓸 것이 아니라 지금 이 순간의 행위가 깨어있는 행위가 되기 위해 애쓰고 정진해야 하는 것이 모든 수행자의 목적이 되어야 합니다.

언젠가 미래에 있을 깨달음이 목적이 된다면 지금 이 순간은 깨달음의 수단으로 전락해 버립니다. 지금 이 순간이 중요한 것이 아니라 미래의 깨달음이 목적이 된다면 그것은 전도된 생각입니다.

시간이란 환상에 불과합니다. 과거로부터 시간이 흘러 지금에까지 이르렀으며 또 그 시간이 미래로 흘러간다는 것은 우리들이 만들어 놓은 착각이고 환상입니다.

시간이 공하다면 깨달음을 어느 순간에 찾을 것입니까? 미래가 아닌 바로 지금 이 순간. 지금 이 순간의 깨어있는 행위는 그대로 진리 그 자체인 것이며, 불성의 싹틈입니다.

지금 이 순간의 행위를 깨어있는 행위로 바꾸는 것. 그것이 수행입니다. 그것은 다시 말해 온전한 알아차림으로 100% 지금 이 순간을 사는 것을 의미합니다. 지금 이 순간 깨어있는 행위를 할 때 내가 사는 것이 아니라 부처님이 사는 것이 됩니다.

어떤 법우님들은 묻습니다. "이렇게 수행하면 깨닫나요?" "언제쯤 깨달을 수 있겠습니까?" "빨리 깨닫고 싶어요."

물론 저 또한 이런 마음이 드는 때가 있었습니다. 도대체 빨리 깨달아야 할 것 같고, 깨닫지 못하면 아무것도 아닌 것 같고, 빨리 부처가 되어야지 이렇게 언제까지 중생으로 살 것인가 싶었던 날들. 그러나 그건 내 착각이었습니다. 깨어 있는 행위를 하는 순간 우린 이미 깨달은 것이고, 우린 그 순간 부처인 것이며, 진리와 하나 되고, 온 우주 법계와 하나 되는 순간인 것입니다.

그것이 전부입니다. 또 다른 순간 이를테면 깨달음의 순간이라거나, 부처되는 순간 그런 것을 바라는 마음을 놓아야 합니다.

깨어있는 행위를 하는 순간 방하착이 되고, '내 일'이 아닌 '부처님 일'이 되고, 지금 이 순간 부처의 삶을 사는 것입니다.

그러니 깨닫기 위해 노력하지 말고, 깨닫지 못한 것에 조급해 하지 말 것이며, 다만 지금 이 순간 얼마만큼 '깨어있는 행위'를 하고 있는가를 비추어 보아야 합니다. '깨달음'을 얻지 못하였음을 두려워하지 말고, '깨어있는 행위'를 하지 못함을 두려워해야 합니다. 부처가 되기 위해 애쓰지 말고, 지금 이 순간 부처의 행위를 하면 그 행위가 그대로 부처인 것입니다.

부처라는 목적을 이루기 위해 조급한 마음으로 기다리기만 할 것인가 아니면 지금 이 순간 그대로 부처가 될 것인가.

선택은 우리의 몫입니다.

슬플 땐 그냥 슬퍼하라

삶 속에서 느낄 수 있는, 매 순간 순간 사람들과의 부딪힘에서 느낄 수 있는 모든 느낌 느낌들을 온전히 느끼도록 해야 합니다.

온전히 느낀다는 말은 그 느낌을 싫다고 피하려 하거나 좋다고 더 가지려고 애쓴다거나 하는 두 가지 좋고 싫은 분별을 다 놓아버리고 있는 그대로 받아들이고 충분히 그것을 즐기고 느껴보라는 말입니다. 느낌 그 자체가 되어 충분하게 젖어보라는 말입니다. 충분하게 그 느낌을 즐기라는 말입니다.

외롭다면 외로움을 흠뻑 느껴보고, 즐겁다면 즐거움을 흠뻑 느껴보고, 슬픔이 올 때 그 슬픔의 감정에 충분히 젖어들어 보고, 질투가 날 때 그 감정을 물 샐 틈 없이 지켜보라는 말입니다. 충분히 느낀다는 말은 다시 말해 그 느낌을 충분히 느끼면서 느끼고 있는 것을 잘 지켜본다는 말입니다.

음악 치료하는 분들이 그러시데요. 우울할 때 사람들은 그것에서 벗어나려고 오히려 신나는 음악을 들으려 애쓰지만 그러는 것은 우울감을 치료하는 데 도움이 되지 않는다고 말입니다. 우울할 때는 오히려 더 우울한 노래를 들으라고 그럽니다. 우울감에 충분히 젖어보고 충분히 우울해 보고 슬플 때는 충분히 슬퍼하며 눈물을 흘려 보라는 말입니다.

내 안에서 일어난 감정이며 느낌들을 있는 그대로 인정하고 받아들여야 한다는 것입니다. 거부하면 안에서 자꾸만 쌓이게 마련이고, 좋은 감정도 더 느끼고자 애쓰면 오히려 욕심이 되어 버리기 때문입니다.

그저 인연따라 나에게 다가온 감정과 느낌들에 충분히 충실할 필요가 있는 것입니다. 슬플 땐 슬퍼하고 기쁠 때 기뻐하기만 하면 됩니다.

외로울 땐 외로움에 몸서리 쳐보고, 서러울 땐 충분히 서러워해 보고, 기쁘고 들뜰 때도 그 기쁨과 들뜨는 마음을 충분히 느껴봅니다. 그 느낌의 선율에 내 몸을 맡겨 놓고 다만 그러한 모습을 있는 그대로 분별없이 지켜보기만 합니다.

자꾸만 벗어나려고 애쓰면 오히려 더 옭아매어 질 뿐 벗어나지지 않습니다. 자꾸 덮어두고 잊으려고 애쓰면 그 애쓰는 마음 때문에 더 큰 앙금이 남게 됩니다. 그것은 훌훌 털어버리고 놓아버리는 것이 아니라 잠시 잊혀 졌을 뿐이고, 잠시 내 안 깊은 곳에 숨어 있을 뿐입니다.

마치 흙탕물을 가만히 놓아두면 물은 맑아지지만 찌꺼기는 그대로 밑에 가라앉는 것처럼 말이지요. 경계가 닥치면 또다시 물은 흙탕으로 변하고 말 것입니다. 그것은 참된 치유가 될 수 없습니다.

느낌을 있는 그대로 인정하고 느껴보고 즐기고 바라보게

되면 그 느낌을 느끼는 삼매 속에서 하나의 커다란 '전환'을 경험하게 됩니다. 느낌이라는 것이 아무것도 아니라는 사실, 도무지 찾아볼래야 찾아볼 수 없다는 사실, 충분히 느끼려고 할 때 그 느낌은 느껴지지 않습니다. 실체가 없기 때문입니다. 충분히 그 슬픔에 젖어보면서 슬퍼하는 나를 관찰하게 되면 슬픈 내가 사라집니다. 슬픔이라는 느낌을 찾을 수 없고 결국에 그 슬픔도 거짓이었음을 알게 됩니다.

온갖 느낌이라는 것은 인연 따라 잠시 나타난 환영이며 신기루입니다. 관(觀)의 힘은 꿈같은 느낌의 실체를 여실하게 보여줄 것입니다. 벗어나려고 애쓰지 말고, 더 가지려고 애쓰지도 말고, 있는 그대로 인정하고 받아들이고 충분히 알아차리면서 느끼기만 하면 됩니다. 그 외에는 아무것도 할 필요가 없습니다.

어찌 생각하면 쉽고 간단한 것이지요. 슬플 때 충분히 슬프기만 하고 아플 땐 그 아픔과 하나 되어 아프기만 하십시오. 순간순간의 느낌에 충실하여야 합니다. 순간순간의 감정에 충실한 것, 그것이 바로 최선의 수행이고 지금 이 순간의 최선의 길인 것입니다.

자꾸만 그 느낌을 어떻게 해 보려고 노력하지 마세요. 지금 이 상황을 어떻게 바꾸어 보려고 애쓰지 마십시오. 다만 있는 그대로 받아들이고 충분히 그 상황과 그 느낌과 충분히 대화를 나누고, 그 느낌에 따뜻한 눈길을 주시기 바랍니다. 따뜻한 시선으로 그 느낌을 바라보아 주시면 됩니다.

우리가 할 수 있는 최선의 선택은 지금 이 순간 바로 그 느낌에 충실하는 것입니다. 그것이 수행이고 그것이 관(觀)이고 그것이 내 삶의 전부입니다.

내 삶이란 오직 '지금 이 순간'이기 때문입니다. 지금 이 순간이 내 삶의 전부이기 때문입니다. 다음 순간도 없고, 지나간 순간도 없고, 오직 지금 이 순간 밀려오고 있는 그 느낌 그것이 전부입니다.

느낌을 느끼고 느낌을 알아차린다는 것은 내 삶의 전부를 알아차린다는 말과 같습니다. 그랬을 때 바로 지금 그 느낌의 실체 없음도 보게 되고, 공(空)함을 보게 되며, 인연 따라 생겨난 허상을 알아차리게 되고, 분별 지을 것이 아니라는 것도 알게 되고, 그렇게 됨으로써 지금 이 순간의 느낌을 가지려고도 하지 않고 버리려고도 하지 않고, 좋아하지도 않고 싫어하지도 않고, 인정하게 되고 받아들이게 되고 아무런 문제 일으킬 것 없이 그냥 그냥 살아가게 될 수 있는 것입니다.

그냥 그냥 여여하게 한결같이 살 수 있는 것이지요. 참 자유롭게 참 행복하고 평화롭게 산다는 수식어를 붙일 것도 없이 그냥 그냥 언어나 수식을 다 놓아버린 채 그냥 살기만 할 수 있습니다.

아니 '그냥'도 놓아버리고 침묵으로 살아갈 수 있습니다.

아니 그 말도 놓아버리고 이렇게….

…

준비과정은 필요 없다

우리의 인생에서 준비는 필요 없습니다. 그 어떤 준비과정도 진리와 멀어지게 할 뿐이고, 수행과 멀어지게 할 뿐입니다. 준비도 과정도 다 필요하지 않습니다. 준비도 과정도 모두가 '바로 그것'이 되어야 합니다. 모두가 다 순수한 목적 그 자체가 되어야 합니다.

참선, 염불, 독경, 진언, 절 등의 수행을 통해 깨달음을 향해 나아가려고 해서는 안 됩니다. 참선하는 바로 그 순간이, 염불하는 바로 그 순간이 이미 본래성품을 드러내는 순간이고, 부처의 순간, 깨달음의 순간이라는 것을 알아야 합니다.

심지어 참선수행을 하기 위해 선방이며 절에 가는 순간도 그것이 절에 가서 가부좌를 틀고 앉아 있기 위한 준비과정이 되어서는 안 됩니다. 절로 가는 그 걸음걸음의 순간 또한 그대로 본래 성품을 드러내는 순간이고, 깨달음을 위한 과정이 아닌 바로 깨닫는 그 순간임을 알아야 합니다.

일주일 동안 회사에서, 학교에서, 가정에서 주어진 일을 하고 주말에 있을 참선모임을 기다릴 필요는 없습니다. 무엇하러 그 긴 시간을 기다리느라 소모해야 합니까. 기다림을 버렸을 때, 그 순간이 바로 목적이 되었을 때, 모든 순간 순간이 온전한 깨달음의 순간이 되는 것입니다.

독경 수행을 하기 위해 경전을 꺼내어 들고, 펴고, 준비하는 그 모든 과정이 독경을 위한 준비과정이 되어선 안 됩니다. 수행을 위한 준비는 다 필요 없는 것입니다. 바로 그것이 수행이 되어야 합니다.

절에 가는 순간, 한 걸음 한 걸음 걷는 순간, 차가 막혀 신호등에 걸려있는 순간, 법당에 들어서는 순간, 경전을 꺼내어들고 방석을 펴는 순간, 그 모든 순간이 경전을 독경하는 순간과 똑같은 수행의 순간인 것이란 말입니다. 그렇지 않고 그 모든 행위가 수행을 위한 준비과정이 되었을 때, 그때부터 괴로움은 시작됩니다. 절에 가서 1시간 수행하겠다고 생각했을 때, 시간이 늦으면 괴롭고, 절에 가는 동안 차가 막히면 답답하고, 어쩌다가 절에 못 가게 되었을 때 그로 인해 괴롭게 되기 때문입니다.

많은 사람들이 행복하기 위해 수행하면서, 수행이 하나의 걸림이 되어 그로인해 또 다른 괴로움을 만드는 경우를 종종 봅니다.

일상의 모든 일들이 그 자체로써 목적이 되었을 때 그 자체로써 수행이 되고, 깨달음의 순간이 되었을 때 그 어떤 순간도 우리를 괴롭힐 수 없게 됩니다. 수행하는 순간 느낄 수 있는 그 행복감과 평화로움을 매 순간 순간 함께할 수 있기 때문입니다.

모든 과정은 그 자체로서 온전한 목적이 되어야 합니다. 그 자체가 그대로 부처님의 성품을 드러내는 순간이고, 수행의 순간이며, 깨달음의 순간이 되어야 합니다.

여기에서 깨달음의 순간이라고 말했는데, 많은 사람들은 수행을 통해 깨달음을 얻는다고 생각합니다. 그런 생각 때문에 수행은 과정이고 그 과정을 통해 깨달음이라는 목적을 향해 나아간다고 착각합니다. 이것은 아주 잘못된 생각입니다.

일체중생에게 모두 불성이 있다는 말은 그 말 자체가 벌써 상대성을 내포하고 있습니다. 일체중생이 그대로 부처님 성품이라고 해야 합니다. 중생이 깨달아서 부처가 된다는 말도 벌써 상대성의 말입니다. 깨닫지 못한 중생이 따로 있고, 이미 깨달은 부처가 따로 있다고 나누어 놓는 말이기 때문입니다.

어리석은 '중생'이 수행이라는 '마음' 닦는 과정을 통해 깨달은 '부처'가 된다는 말은 잘못된 말입니다. 아니 잘못된 말이라기보다는 진리를 그대로 표현한 말이 아니라 방편으로 알아듣기 쉽게 표현한 말입니다. 중생이나 마음이나 부처나 그게 다른 것이 아닌 하나가 되어야 하는 겁니다. 그래서 『화엄경』에서는 '마음과 부처와 중생, 이 세 가지는 아무런 차별이 없다.'라고 했던 것입니다.

다시 말해 우리가 '열심히 수행해 깨달음의 목적을 이루자' 이렇게 깨달음을 먼 목적으로 생각하지 말라는 말입니다. 오직 지금 이 순간이 그대로 깨달음의 순간이고, 부처의 순간이라고 해야 합니다. 그래야 모든 순간순간이 다 소중하고, 다 본래성품을 발현하는 순간이 되는 겁니다.

그랬을 때 우리 삶의 그 어떤 순간도 우리를 괴롭게 만들지 못합니다. 모든 순간이 다 온전한 순간이고, 우리가 그렇게 바라던 깨달음의 순간이라면 온전한 만족만이 있습니다. 만족은 행복을 가져옵니다.

조금 더 쉽게 말하면, 매 순간 순간이 그대로 깨달음의 순간이 된다는 말은, 매 순간 순간 과거도 미래도 다 놓아버리고, 오직 지금 여기에서 깨어있어야 한다는 말입니다. 지금 이 자리에서 알아차리고, 비춰볼 수 있다면 더 이상 바랄 것도 없고, 이룰 것도 없고, 모든 순간순간이 모든 일들이 다 깨어있는 순간이 된다는 말입니다.

절에 가는 순간 가고 있음을 알아차리고, 한 걸음 한 걸음 걷는 순간 걷고 있음을 알아차리는 경행수행이 되는 겁니다. 차가 막혀 신호등에 걸려있는 순간 빨리 가려는 마음이 있고, 절에 도착해서 수행해야겠다는 마음이 있으면 그 순간이 괴롭지만, 신호등에 걸려있는 그 자체가 목적이 되고, 그 자체를 비춰보면 이미 그 순간이 염불하는 순간이나, 참선하는 순간과 똑같은 수행의 순간이고 깨달음의 순간이란 말입니다.

법당에 들어서는 순간 들어섰음을 알아차리고, 경전을 꺼내들고 방석을 펴는 순간 매 순간 순간을 놓치지 말고 알아차리고 깨어있으면 수행시간과 생활시간이 따로 없고, 준비 따로 과정 따로 목적 따로 나뉘지 않는다는 말입니다. 매 순간 순간이 목적인데 준비가 어디 있고, 과정이 어디에 있습니까.

일상생활 또한 마찬가지입니다. 일상생활에서 따로 떼어

내어 수행의 시간을 만든다는 생각을 버리세요. 매 순간 순간이 그대로 수행의 시간이 되어야 합니다. 수행하는 생활을 하려 애쓰지 말고, 생활 그 자체가 수행이 되도록 해야 합니다. 매 순간 순간 삶의 모습을 그대로 수행의 순간으로 바꾸어야 합니다.

매 순간 순간에 일어나는 일들을 온전한 삶의 목적으로 알고, 무언가를 위한 준비과정으로 보지 않으며, 삶과 수행을 따로 떼어놓는 상대적인 생각을 버리면 지금 이 순간이 그대로 수행의 순간이 되고, 나아가 깨달음의 순간이 되는 것입니다.

자식을 키울 때, 자식 잘 키워 훌륭한 사람 되길 바란다거나, 좋은 대학, 좋은 직장 취직 잘 되길 바랄 것이 아니라, 그저 매 순간 순간 키우는 그 자체가 목적이 되어야 합니다. 매 순간 순간 자식이 자라는 것을 바라보는 그것이 자식에 대한 삶의 목적이 되어야지 무언가 바라는 바를 미래에 가져서는 안 된다는 말입니다.

음식을 만들 때 음식 만들어서 자식과 남편 먹이려는 목적으로, 먹이려는 목적을 달성하기 위한 준비과정이 되어서는 안 된다는 말입니다. 음식 재료를 사기 위해서 시장으로 가는 순간, 시장에서 장을 보는 순간, 돌아와 음식을 만드는 순간, 음식을 다 먹고 나서 설거지 하는 순간, 그 모든 순간 순간이 모두가 온전한 목적이 되고, 온전한 깨달음의 순간, 수행의 순간이 되어야 하는 것입니다.

매 순간 깨어있는 비춤으로 관하고 있을 때 그 모든 순간은 그 자체로써 온전한 목적이 되고, 그대로 부처를 이루는 순간이 되는 것입니다.

그렇지 않고 음식을 만들어 먹이는 것이 목적이 되었을 때, 온갖 괴로움이 시작된다는 말입니다. 자식이 먹는 것이 목적이 되어 버렸을 때, 음식 사러 가는 것이나, 장보는 일이나 음식 만드는 일이나, 음식 다 먹고 설거지 하는 과정이 짜증스럽고 별로 소중하지 않은 과정이 되어버립니다. 그랬을 때 그 한 과정을 위해 얼마나 많은 순간을 허비하는 것입니까. 얼마나 많은 순간을 버리는 것입니까.

내 인생의 모든 순간은 어느 한 순간도 더 중요하다거나, 덜 중요한 것도 아니고, 낱낱이 모든 순간이 절대의 순간인 것입니다. 바로 그 순간이 내 인생의 꿈이 실현되는 순간인 것입니다. 모든 순간순간들이 낱낱이 소중하고, 모든 존재 존재가 낱낱이 똑같이 소중하다는 말입니다.

내가 살아가는 매 순간 순간이 그대로 목적이 되도록 하세요. 내가 살아가는 매 순간 순간이 그대로 수행이 되도록, 그대로 깨달음의 순간이 되도록 하자는 것입니다.

밥 먹는 순간은 덜 소중하고, 수행하는 순간은 더 소중하다거나, 일터로 가는 차 안에서의 순간은 덜 소중하고, 일하는 순간은 더 소중하다거나, 어떤 순간은 보내기 아깝고, 어떤 순간은 빨리 스쳐 보내길 바라고, 그런 분별을 다 놓아버려야 합니다. 수행 따로, 생활 따로, 목적 따로, 과정 따로, 그래선 안 된다는 말입니다.

뭔가 어떤 것을 위한 준비는 있을 수 없습니다. 무언가를

위한 과정도 있을 수 없습니다. 오직 모든 행위가 그대로 목
적이어야 하고, 똑같이 소중한 깨달음의 행위가 되어야 합
니다.

우리 삶에 준비나 과정은 다 빼버리고, 오직 목적만이 있
도록 하는 것, 오직 순간만이 있도록 하는 것, 그것이 수행
이고 수행자가 가야 할 길입니다.

변하는 대로 그냥 놓아두라

부처님 가르침의 핵심은 일체 모든 것은 끊임없이 변한다는 진리, 즉 무상(無常)의 진리입니다. 일체 모든 존재는 끊임없이 변합니다. 잠시도 머물러 있지 않고 찰나 찰나로 흐릅니다. 어느 한 순간도 멈출 수 있는 것은 없습니다.

변화를 멈출 수 있는 존재는 없습니다. 어떻게 멈출 수 있단 말입니까. 아무리 노력하고 애를 써도 변한다는 진리를 멈출 수는 없습니다. 진리가 그러하기 때문입니다. 진리가 그렇듯 끊임없이 변화해 가기 때문입니다. 고정된 진리는 하나도 없습니다. 끊임없이 변화할 뿐. 변화한다는 그 사실만이 변치 않고 항상 할 뿐입니다.

진리와 하나 되어 흐를 수 있다면 우리 자신이 그대로 진리가 됩니다. 우리 자체가 곧 진리의 몸이 되어 버립니다. 진리를 깨닫고자 합니까. 그렇다면 진리와 하나 되어 흐르십시오. 그러면 어떻게 진리와 하나 되어 흐를 수 있을까요?

변화한다는 진리, 무상이라는 진리와 하나 되어 흐르면 됩니다. 변화를 받아들이며 온몸으로 온 마음으로 변화의 흐름에 몸을 맡기십시오. 그 흐름을 벗어나려 하지 마십시오. 변화를 두려워하지 마십시오. 변화는 진리입니다. 변화한다는 것은 매우 자연스럽고 진리다운 현상입니다. 그러니 변화를 붙잡으려 하지 마십시오. 우리의 모든 괴로움은 변화를 받아들이지 않는 데서 옵니다.

변화하는 것은 두렵습니다. 변하면 안 될 것 같습니다. 지금 이 모습이 그대로 지속되길 바랍니다. 이 몸이 지속되길 바라고, 이 행복의 느낌이 지속되길 바라며, 내 돈과 명예, 권력, 지위, 가족, 친구, 사랑, 이 모든 것이 지속되길 바랍니다. 그것들이 변하는 것을 참을 수 없습니다. 변화는 곧 괴로움이기 때문입니다. 그러한 전도된 망상이 우리를 두렵게 만듭니다.

'변화' 한다는, 무상이라는 진리를 받아들이지 못하면서 '지속' 과 '안주' 를 바랍니다. 지속됨과 안주 속에 행복이 있을 것이라 착각합니다. 그러나 이 세상 그 어디에도 언제까지고 지속되는 것은 없습니다. 이 세상 그 어디에도 영원히 안주할 수 있는 곳은 없습니다. 머무를 수 있는 곳은 어디에도 없습니다. 오직 변화만이 있을 뿐. 변화한다는 사실이야말로 온전한 진리입니다. 그러므로 변화를 두려워해서는 안 됩니다.

어디에도 머물러 있지 마십시오. 몸도 변하고, 마음도 변하며, 감정도 변하고, 사랑도 미움도 변합니다. 사상이나 견해도 끊임없이 변하고, 욕구나 욕심도 변합니다. 명예나 권력, 지위도 언젠가는 변하고 맙니다.

변화는 자연스러운 것입니다. 아름다운 법계의 본연의 모습입니다. 바로 그것을 받아들이십시오. 함께 변화하십시오. 우리가 할 수 있는 수행이란 바로 이것밖에 없습니다.

모든 것은 변화하는데 나만 변치 않고자 하기 때문에 괴로움이 생겨납니다. 모두가 변화하는데 나는 변하기 싫고, 다 변하는데 내 것은 영원하길 바라며 내 생명, 내 소유, 내 사랑, 내 사상은 영원하길 바랍니다.

모든 것을 변하는 대로 그대로 두십시오. 어떻게 하려고 애쓰지 마십시오. 붙잡아 두려고 노력하지 마십시오. 어떻게 바꿔보려고 다투지 마십시오. 그냥 변한다는 진리를 변하도록 그냥 놓아두십시오. 그 흐름에 드십시오.

변하지 않는 것은 어디에도 없는 이 세상에서 우리 삶의 목적이 '변치 않음'을 추구한다는 것은 얼마나 어리석은 일입니까. 이 세상을 그냥 놓아두십시오. 어떤 것도 붙잡지 마십시오. 집착하지 마십시오. 다만 흐르도록 놓아두십시오. 변화하도록 그대로 두십시오.

'나'라는 것도 붙잡지 마십시오. '나'도 끊임없이 변화할 뿐, 거기에 고정된 실체로서의 '나'는 없습니다. 안주할 내가 없습니다. 이 세상은 그냥 놓아두면 스스로 알아서 흐릅니다. 그리고 그 흐름은 정확합니다. 정확히 있어야 할 일이 있어야 할 그 때에 있어야 할 곳에 흐르고 있습니다. 그래서 이 세상을 법계(法界)라고 하는 것입니다. 명확한 진리, 법에 의해 움직이는 세계라는 뜻입니다.

법계는 변화에 의해 온전하게 흐르고 있습니다. 그 흐름을 거부하지 마십시오. 그대로 놓아두십시오. 어떤 것도 잡지 마십시오. 깨달음 또한 잡지 마십시오. 잡을 것이 없는 것, 고정된 것이 없는 것, 안주할 것이 없는 것, 항상 하지 않는 것을 이름 하여 깨달음이라 합니다. 그런데 왜 도리어 그것을 잡지 못해 안달합니까.

깨달음은 잡았을 때 오는 것이 아니라 완전히 놓았을 때 옵니다. 깨닫고자 애쓸 때 오는 것이 아니라 그 마음조차 완전하게 쉴 때 옵니다. 깨달음 속에 안주하려 들지 마십시오. 안주하는 순간 깨달음은 신기루처럼 사라지고 말 것입니다.

부처님의 말씀은 오직 이것입니다. 그냥 놓아두십시오. 어느 것도 붙잡지 마십시오. 변하는 대로 그대로 놔두십시오. 변화는 진리이니 그것을 따를 일이지 그것을 내 고집으로 붙잡고자 하지 마십시오. 이렇게 단순한 것이 불법입니다. 단순한 진리를 공연히 머리 굴려 어렵게 만들지 마십시오. 단순한 것은 단순하게 놓아두십시오. 그저 푹 쉬기만 하십시오. 푹 쉬면서 변화의 흐름에 몸을 맡기십시오. 함께 따라 흐르십시오. 무엇을 어떻게 하려고 애쓰지 말고 그저 놓아두십시오. 그저 놔두고 푹 쉬기만 하십시오.

깨어있음으로 이끄는 명상

가만히 하던 일을 멈추고, 지금 글 읽는 것을 멈추고 내 안을 비추어 보시기 바랍니다. 내 안에서 어떤 생각이 일어나고 있는지! 내 안에서 어떤 생각이 일어나게 될지! 내 몸이 어떤 움직임이나 행동을 취하게 될지! 바로 이 다음 순간 무슨 생각이 일어나게 될지!

두 눈 똑바로 뜨고 마음의 빛을 안으로 안으로 돌이켜 예민한 집중력을 가지고 지켜보시기 바랍니다.

그럼 지금부터 '바로 다음 순간 일어날 생각, 움직임'에 대하여 잠시 관찰해 보도록 하겠습니다. 잠시 글 읽는 것을 멈추고 마음을 바라보세요.

…

……

아니요. 너무 이릅니다. 천천히 조금 더 지켜보시기 바랍니다.

…

……

잠깐 지켜보다가 금세 다시 이 글을 읽으려는 생각이 일어날 겁니다. '이 다음엔 무슨 말이 씌어져 있을까?' 싶기도

하고, 빨리 이 글을 다 읽어 마치려는 목적의식이 마음 비춤을 그만 두도록 만들려고 할 것입니다.

그 마음도 그저 있는 그대로 알아차리기만 하세요. 바로 그 생각을 보고 있으면 됩니다.

조금 더 비추어 봅시다.

…

……

지금 이 마음 비춤에서 무언가를 얻으려고 애쓰지 마세요. 이렇게 하라는 이유는 무언가 얻을 것이 있으려니 싶은 마음에 욕심을 내어 마음 비춤의 결과를 얻고자 노력하지 마세요.

다만 그 마음까지도 지켜보시기 바랍니다.

…

……

빨리 '마음 비춤'을 수행해서 이 글에서 요구하는 것을 얻어야겠다는 생각도 지켜보기만 할 뿐이고, 빨리 마음 비춤에서 얻을 것을 얻어 다음에 나올 글을 읽어야겠다는 생각도 비추어 보시기 바랍니다.

오직 지금 이 순간 '다음 순간에 이어질 생각'이 무엇일지 가만히 지켜보기만 할 뿐입니다. 오직 그것만이 이 순간의 목적이 되도록 하세요.

빨리 생각을 비추어 보고 다음 글을 읽으려 한다거나, 빨리 생각을 비추고 다음 글을 읽고 나서 내가 해야 할 다음 일을 해야 하겠다 하는 그 마음도 있는 그대로 비추어 보기만 하시기 바랍니다.

그런 생각들이 일어나는 이유는 지금 이 순간에 있지 않기 때문이며, 비추어 봄이 목적이 아니라 빨리 끝내고 다른 것을 해야 하기 때문입니다. 그런 생각들이 일어나는 이유는 지금 이 순간 비추어 보는 집중의 힘이 약해졌기 때문입니다.

다 놓아버리고, 이 다음 순간 해야 할 일들을 다 놓아버리고, 오직 지금 이 순간은 '다음 순간 일어날 생각, 움직임'을 지켜보기만 하시기 바랍니다. 될 수 있다면 충분히 집중하여 지켜봄을 연습하세요.

지켜보는 힘이 강해질 때 우린 오직 이 순간에 있게 될 것이고, 그 순간 아무런 생각도 일어나지 않게 될 것입니다. 그러나 그 순간도 잠시뿐 얼마 안 가 다른 생각들이 일어날 것입니다.

그것은 관찰하는 집중의 힘이 약화되었다는 증거입니다. 강하게 깨어있을 때 예민하게 집중하고 있을 때 과거나 미래에 대한 생각은 소멸될 것이며, 우리는 지금 이 순간 존재하는 것이고 그 순간 우리 내면은 평화로우며 아무런 잡념이며 생각들도 일어나지 않을 것입니다.

다시 한 번 마음을 예민하게 깨어있도록 하고, '이 다음에 일어날 생각이나 움직임' 등을 관찰해 보시기 바랍니다.

…

……

일어나는 생각들에 대해서 아무런 판단도 분별도 하지 마시기 바랍니다. '왜 자꾸 잡념이 들까?' '왜 자꾸 생각이 일어날까? 하고 답답해 할 것도 없고, 산만한 주의력을 탓할 것도 없습니다.

다만 그 일어나는 생각을 있는 그대로 관찰할 뿐 그 생각에 대해 아무런 판단도 하지 말고, 분별이나 비판, 분석하며 따지지만 않는다면 우리는 지금 이 순간 깨어있음을 경험하게 되는 것입니다. 바로 그 순간 참나와 만날 수 있는 조금 좁긴 하지만 소중한 통로와 마주하고 있는 것입니다.

지금 이 순간과의 이러한 대면은 우리를 깨달음으로 이끌 수 있는 소중한 길이며, 우리의 삶을 변화시킬 수 있고 우리들이 가지고 있는 수많은 문제들을 풀 수 있는 소중한 지혜와 내적인 힘을 가져다 줄 것입니다.

지금 우리가 가지고 있는 그 모든 삶의 문제들은 과거와 미래라는 시간의 환상을 바탕으로 하여 판단, 분별, 생각들이 만들어 낸 것이기 때문에, 그 문제를 풀기 위해 생각하고, 분별하며, 분석하고 따지려 든다면 우린 영원히 그 문제를 풀 수 없을 지도 모릅니다.

그 문제를 풀 수 있는 유일한 열쇠는 바로 지금 이 순간 깨어있는 일입니다. 판단과 분별을 다 놓아버리고, 과거와 미래를 다 놓아버리고, 오직 지금 이 순간을 살아가는 일입니다.

될 수 있다면 자주 자주 깨어있음을 연습하시기 바랍니다. 일을 하면서도 밥을 먹으면서도 대중 속에서, 분주함 속에서도 지금 이 순간을 비추어 보는 일을 게을리 하지 말기 바랍니다.

지금 이 순간 관한다는 것이 현실적인 문제와는 아무런

상관이 없을 것 같이 느껴지겠지요. 당연합니다. 지금까지 우리 삶의 방식은 이 순간이 아닌 과거나 미래로 가 있었고, 지켜봄이 아닌 분별과 판단 속에 있었기 때문입니다.

그렇기 때문에 연습이 필요한 것입니다. 자주 자주 이런 깨어있음을 연습해야 합니다. 그 어떤 구체적인 삶의 문제라도 오직 이 깨어있음의 연습만이 그 문제를 풀어줄 수 있습니다.

지금 이 순간 깨어있는 것은(觀照) 지금 이 순간을 있는 그대로 인정하며 받아들인다는 말이고(攝受), 과거나 미래, 판단이나 분별 등 일체를 다 내맡긴다는 말이며(放下着), 지금 이 순간과 연결되어 있는 참나의 존재를(自性佛) 굳게 믿고 그것과 하나 되려는 연습인 것입니다.

회사 일 때문에 답답하십니까? 미워하는 사람 때문에 괴로우신지요? 앞으로 살아가야 할 미래가 꽉 막힌 것 같으십니까? 당장에 필요한 돈 때문에 걱정이 되십니까? 진급이며, 합격에 대한 불안감에 휩쓸리지는 않으신지요? 무엇이든 좋습니다. 괴로운 일이 있으십니까?

저 부처님에서부터 인류의 모든 깨어있는 성자들이 궁극의 해결 방법으로 내던져 준 훌륭한 답이 있습니다.

'지금 이 순간 깨어있으십시오.'

'근심 걱정 다 놓아버리고 다만 지금 이 순간 비추어보기만 하십시오'.

…

……

안과 밖이 따로 없다

나와 너를 나누고 있고, 안과 밖을 나누며, 좋고 싫음을, 옳고 그름을 나누고는 있지만 존재의 실상은 아무런 나눔도 차별도 없습니다. 제 멋대로 나누어 놓고 스스로 나눈 대로 좋다 싫다, 옳다 그르다 하면서 분별하고 그 분별에 따라 행복하고 괴롭다고 생각하는 것일 뿐. 실상의 모습은 그냥 그냥 여여할 뿐입니다.

우리 몸을 생각했을 때 우리 몸이라는 것이 따로 있고, 내 몸 밖의 대상이 따로 있다고 생각하고 있지만, 실상은 몸도 외부의 대상도 그냥 여여하기만 합니다.

안팎의 분별이라는 게 참 공허한 것입니다. 이 법계에서 본다면 안이라는 것도 밖이라는 것도 존재하지 않습니다. 다만 호흡을 할 때 코를 통해 바람이 움직일 뿐. 그저 저쪽 산에서부터 바람이 불어와 우리 뺨을 스치고 다시 다른 쪽으로 불어가듯, 우리 몸 또한 코를 통해 그저 바람이 인연 따라 불어오고 불어가고 아니, 불어온다 간다도 빼고 그저 그렇게 움직일 뿐입니다.

호흡이 끊어지면 그냥 우리 목숨도 없어지는 것 아닙니

까. 바람이 내 안으로 들어오고 나가는 그 코의 기능이 사라
지는 순간 나는 없는 것입니다. 우리는 그저 바람이 들어오
고 나가는 것만을 확인할 수 있습니다. 바람이 들어오고 나
가는 것을 보고 살아있다고 규정짓고 있을 뿐인 것입니다.

우리는 코를 통해 바람이 내 안으로 들어오고 나가고 그
렇게 내가 호흡을 하고 숨을 쉬며 살아있음을 느끼고, 그것
이 끝나버리면 죽었다고 느끼고 있는 것이지만, 법계의 입
장에서 본다면 들어오고 나가고 할 것이 없습니다. 숨을 쉬
고 내고 한다는 것도 우리가 만들어 낸 말일 뿐, 법계에서는
그저 고정된 실체 없이 공하게 인연 따라 바람이 불고 있을
뿐입니다.

우리 몸의 여섯 가지 감각기관을 '나'라고 느끼고, 거기에
대응하는 우리 몸 밖의 여섯 가지를 '대상'이라고 규정짓
고, 그렇게 안팎을 나누고, 나와 남을 나누고 있을 뿐입니
다. 눈으로 대상을 보고, 귀로 소리를 듣고, 코로 냄새를 맡
거나 호흡을 하고, 혀로 맛을 보거나 음식을 먹고, 몸으로
촉감을 느끼고, 뜻으로 온갖 분별을 일으키면서 그 여섯 가
지가 나인 줄로 착각하고, 그 대상들이 상대인 것으로 착각
하고 있는 것입니다.

그러나 법계의 실상은 나와 너도 없고, 눈·귀·코·혀·
몸·뜻이나 색성향미촉법도 없으며, 다만 공한 모습들이 인
연 따라 환영처럼, 신기루처럼 펼쳐질 뿐입니다. 『반야심
경』에서 '무안이비설신의 무색성향미촉법'이라고 한 말이
바로 그 뜻입니다.

그것을 깨닫는 것이 수행입니다. 나와 내 밖의 대상이 다 공한 것임을 그래서 본래에는 나도 너도 없고, 생사도 열반도 없으며, 중생과 부처 또한 다 공했음을 관하는 것이 수행입니다.

그래서 참선에 들 때에는 안도 밖도 없습니다. 참선에 들어 있는 순간은 내가 없습니다. 다만 우리 몸의 기관을 통해 바람이 들어오고 나가는 것을 알 뿐. 다만 그러한 변화를 알아차릴 뿐입니다.

그래서 호흡 수행이 중요한 것입니다. 참선 수행을 할 때는 나도 없고 상대도 없이 오직 바람이 들어오고 나가는 것을 알아차릴 뿐입니다. 이러한 호흡에 대한 알아차림은 너무나도 중요합니다. 이것이야말로 법계의 성품을 깨닫는 기본 수행이기 때문입니다.

염불수행을 할 때 불명을 염하는 그 소리를 잘 관하라는 말도, 절 수행을 할 때 몸의 움직임을 잘 알아차리라는 말도, 좌선 수행을 할 때 호흡을 잘 관하라는 말도, 경행 수행을 할 때 걸음걸음을 온전히 관하라는 말도 다만 그것을 알아차림으로써 안팎이 따로 없음을, 다 공했음을 깨닫기 위한 수행입니다.

우리 몸의 여섯 기관들은 다만 나와 대상을 이어주는 문일 뿐입니다. 그러나 그 문에는 안과 밖이 따로 없는, 문이라고 이름 지을 것도 없는 그저 인연 따라 열리고 닫기는 공한 문일 뿐입니다.

우리가 알고 있는 '나' 라는 실체가 이러한 것입니다. 실제로 내가 있고, 상대가 있는 것이 아니라 다만 여섯 기관을 통해 이 법계가 인연 따라 변화해 가고 있을 뿐인 것입니다.

바로 이 여섯 가지 기관을 가지고 우리는 '나'라고 이름 짓고 있는 것입니다. 그러나 이 여섯 가지 기관이라는 문의 안과 밖이 모두 공합니다. 우리 몸도 공하고, 바깥 대상도 공합니다. 또한 여섯 가지 기관이라는 것도 그저 공할 뿐입니다.

그러면 남는 것은 무엇인가. 아무 것도 없습니다. 그저 텅 비어 있습니다. 그렇기 때문에 우리는 이 여섯 가지 여닫이 문을 잘 관하고 그 여섯 가지 기관으로 들락날락하는 것들을 잘 관해야 합니다.

수문장이 졸고 있으면 성 안에 있는 온갖 금은보화를 누가 훔쳐 가는지 어찌 알겠습니까. 여섯 가지 우리 몸의 기관을 잘 관하지 않고 놓치고 산다는 것은 이처럼 어리석은 일입니다. 이 여섯 가지 기관을 졸지 말고 깨어있는 마음으로 잘 지켜볼 수 있어야 합니다. 육신의 기관도 실체가 없고, 대상도 실체가 없으며, 오고 가는 것 또한 실체가 없습니다. 다만 변화할 뿐입니다. 움직일 뿐입니다.

실체 없이 인연 따라 다만 변화해 갈 뿐입니다. 바로 그 움직임, 변화를 놓치지 말고 알아차려야 합니다. 그랬을 때 안팎이 따로 없는 온 우주 법계의 본래 성품을 볼 수 있는 것입니다.

알아차릴 때 우리 몸은 깨어있습니다. 우리 몸은 가장 이상적인 기운으로 넘칩니다. 우리 몸이 온전하게 살아나게 됩니다. 그대로 우주 법계의 법신불로 화하는 것입니다.

그랬을 때 성 안의 모든 것들도 공하고, 성 밖의 모든 것들도 공하며, 성문으로 들고 나는 모든 것들 또한 공하고, 성문이라는 자체 또한 다 공했다는 것을 깨달을 수 있습니다.

내적 침묵으로 관하라

혼자 있어야 한다는 것은, 외로움과 마주할 수 있어야 한다는 것은, 철저한 고독과 마주한다는 것은, 한 편 바깥 세상에 대한 모든 기대와 관심을 다 놓아버리고 혼자서 걷는다는 말도 되지만, 또 한편 그 내적인 의미는 내적인 고독, 내적인 침묵을 의미하는 것입니다.

내 안에서는 수많은 생각과 기억, 고정관념, 편견, 판단을 비롯한 수없이 많은 것들이 서로 다투고 있습니다. 혼자서 가만히 있다고 다 가만히 있는 것이 아닙니다. 다 혼자서 외로움을 느끼는 것이 아닙니다. 머릿속에서 온갖 생각과 기억들이 춤을 춘다면 그 사람은 결코 혼자 있는 것이 아닙니다. 온갖 과거로부터 온 생각과 기억 판단들과 함께 있는 것입니다.

혼자 있다는 것은, 내면적으로 완전히 침묵한다는 것을 말합니다. 내적으로 침묵한다는 말은 과거로부터 배워왔거나 익혀왔거나 들어왔던 수많은 기억, 판단, 편견, 이미지, 사상, 고정관념, 생각들을 온전히 비워내야 한다는 것을 의미합니다. 한 생각 생각을 일으킨다면 그것은 이미 과거의 일들입니다. 기억 속에 저장되어 있던 수많은 복잡한 것들에 얽매여 있다면 결코 침묵하고 있지 않은 것입니다.

말 없는 것이 침묵이 아닙니다. 내적인 침묵이 참된 침묵입니다. 과거의 기억을 들추어 내지 말고, 그 어떤 가르침이나 사상, 이데올로기도 따르지 말고, 누군가에게 혹은 어디에선가 배워온 것을 쫓지 말고, 지금 이 순간 고요 속의 즉각적인 통찰만을 따르면 됩니다. 온전히 내가 되라는 말입니다.

지금의 나를 돌이켜 보면, 만들어진 나, 교육되어진 나, 훈습되어진 나일뿐 지금 이대로의 텅 빈 나가 되지 못합니다. 과거는 과거일 뿐, 지금까지 가져오지 마십시오. 그랬을 때 우리는 온전히 내가 될 수 있습니다. 내적으로 완전히 침묵할 수 있습니다.

과거에 배운 것, 익혀온 것을 바탕으로 지금을 판단하지 말고 아무런 판단이나 기억도 일으키지 말고 오직 지금 이 순간 '있는 그대로를 있는 그대로 바라볼 뿐'이 되어야 합니다. 그것만이 완전한 내적 침묵 속을 거님도 없이 거닐고 있음입니다. 그것만이 내 안의 온갖 기억들을 비워낼 수 있는 길입니다.

무언가를 배우려고 하지 말고, 깨달음을 찾아 나서려 하지 말아야 합니다. 찾는다는 것은 이미 또 다른 색안경이며 기억, 앎을 만드는 것일 뿐이고, 또다시 '교육되어진 나'를 만드는 일이 될 뿐입니다.

내 안에는 너무 많은 생각, 사상, 기억, 앎들이 있습니다. 그로인해 우리는 침묵하지 못합니다. 그로인해 속 뜰의 나 자신을 마주하지 못합니다. 그런 것들이 우리를 가로막고 있습니다.

참나를 찾기 위해서, 깨달음을 얻기 위해서, 또 다른 스승을 찾아 나서고, 또 다른 성전을 찾아 나선다고 하면 그것은 이미 또 다른 사상을 배우고자 하는 것일 뿐이고, 내 안에 또 다른 관념을 주입시키는 것밖에 되지 못합니다.

불교는 쌓는 공부가 아니라 비우는 공부입니다. 다만 방편으로 비우기 위해 쌓는 것을 가르칠 뿐입니다. 그동안 제가 한 말이 '비우기 위해 쌓는 것'을 말했다면 지금 제가 하는 말은 '비움' 그 자체를 말하고 있는 것입니다.

온전한 비움을 위해, 내적인 완전한 침묵을 위해 우린 아무것도 하지 않아도 됩니다. 애써 찾아 나서지 않아도 됩니다. 그저 아무런 분별도 없이, 아무런 판단도 없이, 과거를 떠올리거나 미래를 계획함도 없이, 있는 그대로를 마음 모아 알아차리면 됩니다.

아무런 판단 분별없이 '알아차림'만이 있을 수 있다면 바로 그 순간 알아차리는 나도 없고 알아차려지는 대상도 없습니다. 관하는 '나'가 없는 이유는 '나'라는 것은 과거의 산물이기 때문이고, 그 과거의 기억으로 걸러진 판단 분별 때문에 생기는 것이기 때문입니다. 온전히 관할 때 '관하는 나'도 없고, '관하여지는 대상'도 없습니다.

다른 것을 할 필요는 없습니다. 내 안팎에서 일어나는 일체 모든 생각이며 느낌을 있는 그대로 관하되, 옳다거나 그르다거나 좋다거나 싫다거나 하는 그 어떤 분별도 일으키지 말고, 다만 관하면서 그것과 하나 되어 흐르기만 하십시오.
　이것이 바로 수행입니다. 궁극의 수행이며, 수행 아닌 수
행인 것입니다.

지금 이 순간으로 보라

지금 이 순간으로 보아야 합니다. 지금 이 순간, 현재로 보아야 바로 볼 수 있습니다. 현재로 볼 때 무분별로 볼 수 있고, 현재로 볼 때 있는 그대로 볼 수 있으며, 현재로 볼 때 보다 존재의 본질에 다가갈 수 있으며, 근원의 성품을 볼 수 있습니다.

모르긴 해도 우리들이 세상을 바라볼 때 현재로 보는 경우는 거의 없다고 생각됩니다. 우리가 세상을 보는 방식은 과거의 잣대를 가지고, 과거의 경험이며, 배워 익힌 것들로써 삐뚤어진 모습의 현재를 재어 보는 것에 불과합니다.

이를테면 여기 '목탁'이 있다고 했을 때 이것을 보며 '목탁이다' '나무다'라고 이름 짓기를 시작하고, 한 층 나아가 '호감 가는 것' '싫은 것'이라고 느낌을 개입하기 시작한다면 우린 목탁을 현재로 보지 못하고 있는 것이며, 있는 그대로의 본질로써 다가서지 못하는 것입니다. '목탁이다'라고 하면 벌써 그것은 과거에 배워 익힌 것이고 경험을 통해 안 것을 끄집어내는 것에 불과합니다. 물론 '나무'라는 것도 한 단계 이름 짓는 분별을 벗겨냈을 뿐 여전히 현재로써 온전히 보고 있다고 할 수는 없습니다.

어떤 사람을 만납니다. 부모님이나 형제, 자매, 친구들, 직장 동료라도 좋습니다. 우리는 그 사람을 만나는 순간 벌써 과거로 그 사람을 보게 됩니다. 과거에 나를 욕하고 때린 사람, 나와 의견이 잘 안 맞는 사람, 혹은 내가 좋아하는 사람, 미워하는 사람 등등 과거로부터 온 수많은 그 사람에 대한 분별을 가지고 그 사람을 대하게 됩니다. 그것은 과거로 보는 것이지 현재로 보는 것이 아닙니다. 과거로 본다는 것은 지금 이 순간의 그를 온전히 보지 못하는 것을 의미합니다.

이미 지나간 과거는 아무 의미가 없습니다. 과거는 환상에 불과하고 신기루이며 꿈과 같은 것입니다. 우리가 현재를 현재로 보지 못하고 과거로써 현재를 보게 되면 우린 지금 이 순간의 현재에, 그 존재의 근원에서 자꾸만 멀어지게 될 뿐입니다.

그 사람이 과거에 행한 그 어떤 잘잘못이나 선행을 가지고 지금 그 사람을 대해서는 안 됩니다. 오직 지금 이 순간으로만 볼 수 있어야 합니다. 과거로 보게 되면 그 사람은 좋은 사람일 수도 있고, 미운 사람일수도 있고, 나에게 욕한 사람이기도 하고, 칭찬해 준 사람이기도 하고 온갖 분별로써 그 사람을 대할 수밖에 없는 것입니다.

현재로써 본다면 그 어떤 사람을 만나더라도 우리는 무차별의 평등한 한 사람을 만날 수 있습니다. 아무런 분별도 짓지 않고 그저 순수한 있는 그대로의 한 사람을 볼 수 있게 되는 것입니다. 바로 그랬을 때 우린 그 사람을, 또 그 사물을 온전히 보는 것이고, 그 존재의 본질에 다가설 수 있는 것입니다.

늘 바라보던 대로, 과거의 잣대를 가지고 그 사람을 만나게 되면 그 사람을 바꿀 수 없습니다. 늘 과거의 기억대로 미운 사람, 사기꾼으로만 상대방을 바라보게 되면 내 마음속에서도 '미운 사람'으로 남아 있을 것이고, 그 사람의 마음속에서도 스스로 '미운 사람'으로 살게 될 것입니다.

그러나 우리가 그 과거로 인해 시작된 분별을 놓아버리고 지금 이 순간 텅 빈 마음으로 상대를 만나게 된다면 나도 상대방도 지금 당장 변화를 시작할 수 있는 것입니다. 과거의 잣대를 가지고 있는 한 현재를 변화시킬 수는 없습니다. 과거의 잣대를 다 놓아버리고 텅 비어 평등한 무분별의 시선으로 보아야 그 존재를 변화시킬 수 있고, 나 또한 변화를 시작할 수 있는 것입니다.

또한 어떤 사람을 만날 때 이 사람이 미래에 나에게 어떤 도움이 될 수 있을까 어떤 이익을 줄까를 생각하고 만난다면 그것은 미래로 보는 것이지 현재로 보는 것이 아닙니다. 그랬을 때 우린 그 사람의 본질에서 멀어지게 됩니다.

그러나 지금 이 순간 다만 현재로써 볼 수 있다면 그 사람에 대한 그 어떤 분별도 붙지 않을 것입니다. 오직 지금 이 순간 나는 한 사람-사람이라는 것도 분별이지만-을 보고 있을 뿐입니다. 좋은 사람, 미운 사람을 보고 있는 것이 아닌, 도움 될 사람, 도움 안 될 사람을 보고 있는 것이 아닌, 그저 한 사람을 보고 있을 뿐입니다.

세상 모든 만물을 만날 때 과거나 미래가 아닌 현재로 만

날 수 있다면 우린 그 존재를 분별하지 않고 있는 그대로 볼
수 있습니다.

나무 한 그루를 볼 때에도 그 어떤 사람을 만날 때라도 현
재로써 볼 수 있다면 그 때 비로소 우린 나무를, 한 사람을
직접적으로 볼 수 있는 것입니다. 과거나 미래에 투영된 색
안경을 끼고 상대방을 바라보는 것이 아니라 아무런 판단이
나 기억, 분별도 다 놓아버린 평화로운 시선으로 있는 그대
로를 직관적으로 볼 수 있는 것입니다.

그랬을 때 나무 한 그루를 보면서 우주 법계 전체를 볼 수
도 있고, 한 사람을 보면서 부처님의 모습을 만날 수도 있는
것입니다.

단 한 순간만이라도 현재로써 세상 만물을 보도록 해 보
십시오. 물론 그것은 매우 어려운 일입니다. 반면 너무나도
쉬운 일이기도 합니다. 세상은 항상 있는 그대로의 모습으
로 그 자리에 그렇게 서 있기 때문입니다. 그것을 그저 우린
바라보기만 하면 되는 것입니다. 그러니 사실은 '있는 그대
로' '현재로써' 보는 것이 더 쉬운 일입니다. 그냥 '있는 그
대로를 있는 그대로 보는 것'이 더 쉽지, 우리들처럼 '있는
그대로를 과거나 미래의 잣대로써 왜곡하여 보는 것'이 더
쉽겠습니까.

아무런 이름도 짓지 말고, 아무런 분별도 하지 말고, 아무
런 과거의 연상작용도 가지지 말고, 아무런 미래의 기대도
가지지 말고, 기존의 지식이나 상식, 경험들일랑 다 불살라
버리고 오직 지금 이 순간 그냥 보기만 하시면 됩니다.

과거나 미래라는 시간의 관념에서 자유로워지시기 바랍니다. 지금의 나를 형성시켜 왔고, 나의 정체성을 만들어 준 것이 과거라는 어설픈 착각에서 벗어나야 한다는 말입니다. 또 내 꿈과 희망을 실현시켜 줄 장밋빛 미래를 꿈꾸고 있는, 그 미래에 대한 기대 또한 다 놓아버릴 수 있어야 한다는 말입니다.

현재로써 본다는 이 말의 의미를 조금 더 깊이 사유해 보시기 바랍니다. 이 말은 아주 중요한 말이고 우리들 마음공부에 있어서, 또 세상 사는 삶의 방식에 있어서 아주 소중하고 밝은 삶의 해답을 가져다 줄 것입니다.

아마도 지금까지 우리가 세상을 보는 방식은 현재가 아닌 과거나 미래로써 세상을 바라보기만 했을 것입니다. 과거로써 또 미래로써 사람이며 모든 사물들을 판단했을 뿐, 지금 이 순간의 현재로써 그 존재를 보지 못했습니다.

그렇지만 한 번 진지하게 생각해 보십시오. 과거나 미래가 실존하는 것일까요? 과거나 미래가 있습니까? 과거나 미래를 살아 본 사람이 어디 있습니까? 우린 오직 현재를 살 수 있을 뿐입니다.

과거와 미래는 없습니다. 시간이라는 것은 우리들이 만들어 놓은 환상이고 꿈이며 신기루입니다. 여몽환포영(如夢幻泡影)이며, 여로역여전(如露亦如電)인 것입니다. 일 분, 이 분, 한 시간, 한 달, 일 년 이렇게 시간이 흐르고 있다는 착각 속에서 살지만, 어디 우리가 시간을 볼 수 있습니까? 시간이라는 것은, 과거나 미래라는 것은 인간이 만들어 놓은 환상이고 꿈에 불과합니다.

미래는 오지 않았으니 말할 것도 없고, 과거는 우리 머릿속에 기억된 지난 현재의 흔적일 뿐, 실체적이거나 모양을 가진 실재가 아닙니다. 내가 분명히 과거를 살아왔다고 억지를 쓸지 모르지만, 우리는 분명 현재를 살아왔지 과거를 살아오지는 않았습니다. 과거의 그 순간은 분명 현재였지 과거가 아니었다는 말입니다.

과거의 살아온 기억들이나, 현재의 몸뚱이, 성격, 특기, 재능 혹은 현재의 지위나 권력, 돈, 명예 그런 것들이 '나' 라고 생각하면 안 됩니다. 그것은 '나' 가 아닙니다. 그런데도 불구하고 과거나 미래의 모습들을 '나' 라고 생각하고 우린 끊임없이 과거나 미래로만 세상을 보며 살아갑니다.

물론 미래에 그 어떤 희망을 꿈꾸며 행복할 수 있겠지요. 그러나 희망이란 우리를 현재에서 멀어지게 만듭니다. 미래의 희망을 품는 것은 또 과거의 배운 것들을 잘 기억하고 떠올리는 것은 그동안 아주 바람직하며 올바른 것이라고만 교육을 받아왔습니다. 그것이 우리들 삶의 방식이기도 했습니다. 그러나 이제 그런 고정관념일랑은 완전하게 비워버리셔야 합니다. 상식은 죄다 쓰레기라고 누군가 말했다고 합니다.

또 틱낫한 스님은 희망을 꿈꾸지 말라고 말했다고 합니다. 이 말은 과거나 미래는 환상이며 신기루이기에 과거나 미래에 끄달리고 집착하면 안 된다는 말로 이해할 수 있습니다.

누군가가 마음공부, 수행 열심히 하면 행복해 질 수 있느냐고, 나도 깨달을 수 있겠느냐고 묻습니다. 그러나 답변은

'아니요'입니다. 언젠가 행복해 질 수 있는 것이 아닙니다. 바로 지금이 그 순간이라는 것을 다만 알 수 있을 뿐입니다. 깨달음을 향해, 그 어떤 삶의 행복을 찾기 위해 끊임없이 걷고 또 걷고 내달리고 있지만 우린 한 발자국도 가지 않아도 됩니다. 우리가 바라는 바로 그 순간은 바로 지금 이 순간이기 때문입니다.

현재로 볼 수 있어야 아무런 분별도, 잣대도, 옳고 그름도, 맞고 틀림도 없는 온전한 무분별, 무차별의 정견(正見)으로 세상을 볼 수 있습니다. 부처님의 시선으로 세상을 볼 수 있습니다.

현재라는 바로 이 순간만이 우리 안에 깃들어 있는, 온 우주 법계에 충만해 있는 자성불, 주인공, 본래 면목, 참나를 만나게 해 줄 수 있습니다. 자성불, 참나를 만날 수 있는 유일한 통로가 바로 '지금 이 순간'인 것입니다.

이 세상엔 본래부터 옳고 그름이라거나, 맞고 틀림이라거나, 좋고 싫음이란 있지 않습니다. 본래부터 무분별이고 무차별이지 차별, 분별은 우리 인간들이 만들어 낸 환상에 불과합니다. 우리 스스로 그런 환상의 분별을 만들어 내어 그 속에 빠지고 그로 인해 괴로워한단 말입니다.

그러니 얼마나 어리석습니까. 본래 고요하여 한 번도 괴로운 적 없었던 여여한 법계를 사람들이 제 스스로 분별 짓고 차별하여 좋고 싫음, 맞고 틀림, 나고 죽음 등의 분별을 만들어 냈고, 또 스스로 만든 그런 분별에 울고 웃고 하며 괴로움과 즐거움에 헤매고 있다는 말입니다.

가만히 생각해 보십시오. 이 얼마나 기막힌 일이고 어리석은 일입니까. 세상은 본래부터 고요하고 텅 비어 아무런 분별이 없습니다. 세상은 과거도 없고, 미래도 없으며 시간이란 관념 따위는 애초부터 존재하지도 않습니다. 시간이며 과거, 미래가 없으니 물론 현재라고 표현하는 것조차 군더더기일 뿐이지만, 애써 방편으로 표현하지 않을 수 없다보니 '지금 이 순간' '현재로써 보라'고 말하고 있는 것일 뿐입니다.

현재로 보면 아무런 괴로움도 있을 수 없습니다. 과거로 보고 미래로 보았을 때 즐거움이 있고, 괴로움이라는 분별이 일어나지 현재로 본다면 아무런 분별이 없기 때문에 즐거움도 괴로움도 없습니다. 아무리 괴로운 순간이라도 그 순간 온전히 현재로 보게 되면, 온전히 깨어있는 마음으로 관하게 되면 그 순간은 '괴로운 순간'이 아닌 그저 '순간'이 될 뿐입니다. 무분별의 순간이 될 뿐입니다.

지금 이 순간, 현재로 보면 이 세상은 고요하고 텅 비어있습니다. 이 세상은 아무런 분별도 없으며, 그 때 비로소 있는 그대로를 있는 그대로 볼 수 있습니다. 비로소 그 때 일체 만유의 존재 근원의 본질을 볼 수 있습니다. 나와 만물의 성품자리를 볼 수 있는 것입니다. 그것이 견성(見性)입니다.

지금 이 순간 아무런 분별도 짓지 말고 과거나 미래라는 시간의 잣대를 다 놓아버리고 오직 현재로써 바라보기만 하시기 바랍니다.

'지금 이 순간'이 우리가 그렇게 찾고 있던 '바로 그 순간'입니다.

마음공부 5가지 실천법

모든 괴로움의 원인은 집착에 있습니다. 집착이란 항상 하지 않는 대상에 대해 항상 하기를 바라고, 머물러 있기를 바라는 것입니다.

그러나 세상은 그렇지 않습니다. 세상은 그 어느 것도 머물러 있지 않습니다. 이 세상의 유일한 진리는 항상하지 않고 변화한다는 것입니다. 오직 변화한다는 그 진리만이 변화하지 않을 뿐입니다.

제행무상. 변화하는 것이 진리라면 그대로 변화하게 내버려 둬야 합니다. 어리석은 우리가 진리를 거스를 수는 없는 법. 거스를 수 없다면 받아들여야 합니다.

진리대로 산다는 말은 변화하는 대로 변화를 받아들이며 산다는 말입니다. 변화를 받아들인다는 말은 다시 말하면 집착하지 않는다는 말입니다. 집착하지 않고 있는 그대로 받아들이며 사는 것이 모든 수행자의 삶의 모습이 되어야 합니다.

이 세상은 반드시 변화합니다. 내 마음도 변화하고, 상대방의 마음도 변화하고, 나의 사랑도 변화하며, 나의 소유물들도 다 변화하고, 내 몸뚱이조차 변화하여 공으로 돌아갑니다. 이 세상의 모든 이치는 그렇게 변화할 뿐입니다. 그러한 변화를 받아들이는 것 그것이 모든 수행의 시작이며 끝입니다. 온전히 받아들이며 그 변화에 내 삶을 내맡기는 것, 그것이 수행입니다.

내 앞에 펼쳐지는 그 모든 존재며 경계, 그 모든 것은 변화라는 진리의 한 모습이며 그것은 그대로 진리의 나툼이고 부처의 나툼인 것입니다. 우리가 할 수 있는 유일한 일은 받아들이는 것입니다.

그렇게 수행자의 첫 번째 수행은 변화하는 대로 변화할 수 있도록 어느 것 하나 붙잡아두지 말고, 거부하지 말고 받아들이는 '섭수(攝受)'의 수행입니다. '수(受)', '받아들임' 그것이 진리대로 사는 첫 번째 길이자 궁극의 길입니다.

그러면 변화하는데 어떻게 변화하는가. 무슨 근거로 변화하는가. 그것이 바로 인연법, 이 세상은 그대로 인연 따라 나툰다는 것입니다. 원인을 지으면 반드시 그에 따른 결과가 따라옵니다.

이 세상 그 어떤 곳에 숨어도 인연과보라는 법칙을 피할 곳은 없습니다. 인연과보는 죽음이후에도 반드시 따라오는 법. 지금 내 삶이 진행되어 가는 모습은 내가 과거로부터 지어 온 업장이 현실화되는 과정인 것입니다.

내가 짓지 않은 것은 결코 현실화될 수 없습니다. 지금 일어나는 현실은 분명 내가 지은 일이고 과거의 결과인 것입니다. 쉽게 말해 누가 나를 욕하더라도 그것은 내 과거의 과보를 받고 있는 것이라고 볼 수 있습니다. 그러니 당장에 욕

얻어먹는 것은 괴롭지만 그것은 과거의 악업의 결과를 받음으로써 녹여가는 과정인 것입니다.

그러니 괴로운 일도 크게 보면 좋은 일입니다. 다 부처님의 일이고 진리의 일입니다. 괴로운 일은 과거세 악업의 과보를 받는 일이고, 그럼으로써 내 업장은 그만큼 깨끗해지는 일인 것입니다.

또한 좋은 결과만 받겠다고 일도 열심히 안 하고 좋은 일이 있기만을 바랄 것도 없습니다. 내 삶에 대박이 터지고, 행운만이 있길 바랄 것도 없습니다. 인과법에 대박이란 없습니다. 내가 과거세에 지은 복을 지금 받는 것일 뿐입니다. 그러니 좋은 일만 자꾸 일어나는 것은 그만큼 내 안의 복을 자꾸 까먹는 일이고, 선업의 업장을 다 써버리고 있는 것에 불과합니다.

다시 말해 나쁜 일이 생기는 것은 내 악업이 녹아내리느라고 그러는 것이고, 좋은 일이 생기는 것은 과거에 지은 복, 선업을 받느라고 그러는 것입니다. 그러니 나쁜 일이라고 거부할 것도 없고, 좋은 일이라고 더 받고자 애쓸 것도 없습니다. 이 세상에서는 그저 꼭 필요한 일이 인연 따라 필요할 때 일어나고 있을 뿐입니다.

그러니 싫다고 거부할 것도, 좋다고 애착할 것도 없이 그저 시비 분별을 다 놓아버리고 있는 그대로 다 받아들여야 하는 것입니다. 좋은 것도 싫은 것도 다 받아들이는 것이 인연법을 실천하는 일이고, 우리의 업을 맑히는 일인 것입니다.

그러나 사람들의 삶의 방식은 좋은 것은 더 얻지 못해 애쓰고 집착하며, 싫은 것은 버리지 못해 애쓰고 괴로워합니다. 변화한다는 이치를 받아들이지 않고 항상 하기를 바라며 붙잡아두려 합니다. 붙잡아두었을 때, 그래서 '내 것'이란 소유물들이 많아질 때, 좀 더 많이 소유하고 집착하는 대상을 붙잡아 두었을 때 행복하다고 착각하며 살고 있습니다.

그렇게 죽을 때까지 집착하고 집착하고 그 집착의 대상을 끊임없이 소유하고자 하는 연장이 우리의 삶입니다. 집착하는 대상을 얻었을 때 행복하고, 집착하는 대상을 잃었을 때 괴로움은 찾아드는 것입니다. 그러나 이 세상에 항상하는 것은 어디에도 없기 때문에 집착할 만한 것은 어디에도 없습니다. 변화한다는 진리 앞에서 집착은 괴로움을 동반할 뿐입니다.

말 그대로 집착이라는 것은 그 어떤 대상에 대해 영원하기를 바라는 것이며, 변화를 거부하려는 것이고, 내 마음이 그 대상에 들러붙어 있는 것을 말합니다. 제행무상의 이치, 변화라는 진리는 거스를 수 없습니다. 그러나 사람들은 그것을 거부하여 모든 것을 집착하려 듭니다. '내 것'으로 만들려고 하는 지독한 아집. 그것이 모든 괴로움의 시작이란 말입니다.

그렇게 스스로 만들어낸 집착과 집착으로 인한 괴로움 때문에 허우적거리는 중생을 위해 부처님께서는 새삼스럽지만 집착을 놓도록 이끌어 주고 계십니다.

변화 그 자체를 받아들이는 '수(受)'의 수행을 통해서 우리는 진리답게 살 수 있습니다. 그러나 이미 많은 사람들이 아니 모든 사람들이 받아들이지 않고 잡아두려 애쓰고, 집착하려 애씁니다. 행복하기 위해 집착을 부여잡는 어리석음을 감행합니다.

그래서 또 다른 수행을 이름붙이지 않을 수 없게 된 것입니다. 방하착이라는 말도 할 것 없지만 수많은 사람들이 집착을 하고 사니 어쩔 수 없이 '집착을 놓아라' 하고 말을 하는 것입니다. 이것이 바로 수행자에게 당부하는 두 번째 수행법 '방하착'입니다.

이러한 '방(放)'의 수행은 분명 첫 번째 '받아들임'의 수행과 별개의 것이 아닙니다. 받아들이지 못하고 집착을 하니까 그 집착을 놓아버리라고 말하는 것일 뿐.. 방하착, 가지고 있는 집착을 놓았을 때 모든 괴로움은 소멸되고, 변화라는 진리를 받아들일 수 있게 되고, 진리와 하나 되어 흐를 수 있게 됩니다.

그런데 여기서 중요한 것. 이렇게 방하착하라고, 가지고 있는 모든 집착을 놓으라고 말하니까 많은 사람들은 집착을 놓으려고 애쓰고 집착을 놓지 못해서 괴로워합니다. 방하착이 또 다른 괴로움을 불러일으킵니다. 수행이 또 다른 괴로움을 몰고 옵니다. 수행 잘 하고 싶은데 수행이 잘 안 돼서 괴로운 문제가 생겨납니다.

그러나 애쓰는 것은 수행이 아닙니다. 수행하려고 애쓰고, 부처가 되려고 애쓸 필요는 없습니다. 지금 이대로 우리의 존재도 삶도 완전하기 때문입니다. 애쓴다는 것은 이미 지금 이 순간에 만족하지 못하고 무엇인가를 찾아 갈구한다는 말이며 지금 이 순간 만족하지 못했을 때 행복은 깨어지고 괴로움은 시작됩니다.

집착을 없애기 위해 애쓰지 마십시오. 어떤 노력도 하지 말고, 어떤 분별도 하지 말고, 어떤 판단이나 평가도 하지 말고, 다만 집착하고 있음을 물샐 틈 없이 바라보기(觀)만 하면 됩니다. 있는 그대로 아무런 분별없이 바라보기만 하면 됩니다. 다만 바라보기만 하는 것 그것이 바로 받아들이는 것이고, 그랬을 때 진리와 하나 되어 살아갈 수 있습니다.

다 같은 말입니다. 받아들이라는 말이나 집착을 놓으라는 말이나 바라보라는 말이나 다 같은 말의 다른 표현일 뿐이고 방편일 뿐입니다.

그래서 세 번째 수행으로 '관', 알아차리기, 바라보기를 말하는 것입니다. 관한다는 말은 오직 지금 이 순간에 존재한다는 말입니다.

과거도 미래도 다 놓아버리고 오직 지금 이 순간에 존재할 때 존재는 완전하고 완벽하게 깨어있게 됩니다. 그 때 존재 본연의 깨달음과 함께하는 것입니다. 깨어있음과 함께 하지 않는 그 어떤 행동들도 모두가 업(業), 카르마가 되고 말지만, 관과 함께 하게 되면 업의 굴레에서 벗어나게 됩니다.

지금 이 순간 깨어있음의 힘은 그대로 부처가 되고, 이 세상이 본래불이라는 본래부터 완벽하다는 법신불을 일깨우는 수행이 됩니다.

이 세상은 본래가 부처인 것입니다. 이 우주법계 삼라만상 그 어느 것도 부처 아닌 것이 없습니다. 그 어떤 것도 완전하지 않은 것은 없습니다. 나도 세상도 모두가 완전한 참 성품의 나툼입니다. 존재도 행위도 모두가 부처의 나툼인 것입니다. 그렇기 때문에 나라는 존재도 부처요, 내가 행하는 모든 일들 또한 부처의 행이며 완전한 행이 될 수밖에 없는 것입니다.

그것은 물론 앞에서 말했던 '수(받아들임)'와 '방(놓아버림)' '관(알아차림)'의 함이 없는 수행이 뒷받침 되었을 때의 일입니다. 그랬을 때 우리는 중생으로써 사는 것이 아니라 부처로써 살아갈 수 있는 것입니다. 내가 사는 것이 아니라 부처로 사는 것입니다.

본래 부처라고 말해도 아직은 부처가 아니니 괴롭다고 말하겠지만 괴롭다는 것도 우리들 착각이란 말입니다. 꿈속에서 아무리 괴로운 일을 당하더라도 꿈 깨고 보면 그 일은 괴로움이 아님을 알게 되는 것처럼.

마찬가지로 우리들 삶 속에서 우리가 괴롭다고 느끼고 살지만 본래 괴로운 것은 하나도 없습니다. 다만 우리 스스로 만들어 낸 허상일 뿐. 밧줄을 보고 뱀이라고 놀라 도망쳐 놓고 그 다음날 밝은 가운데 밧줄이었음을 알게 되면 놀람도 괴로움도 공연한 것이었음을 알게 되는 것처럼 말입니다. 우리가 느끼는 괴로움이 그런 것입니다.

그러니 괴로움을 없애려고 애쓸 것 없습니다. 괴로움의 대상을 제거하려고 애쓸 이유가 없는 것입니다. 공연히 스스로 만들어 낸 괴롭다는 느낌만 놓아버리면 그 뿐.

이와 같이 괴로움도 다 허상일 뿐입니다. 이 세상의 모든

일들이며, 존재, 또 경계들은 그대로 완전한 부처님의 나툼
인 것입니다. 이 세상은 어느 하나 빼놓을 것도 없이 법신불
그대로입니다. 우리가 어리석기 때문에 모르고 있을 뿐, 어
둡기 때문에 밧줄을 뱀으로 착각하는 것일 뿐, 본래 이 세상
은 완전한 일이 항상 완전하게 일어나고 있을 뿐입니다.

내가 하는 일도 모두가 완전하고 온전한 부처님의 일입니
다. 나라는 존재 또한 그대로 부처인 것입니다. 그러나 그렇
지 않다고 느끼는 이유는 '나' 라는 아상이 자꾸만 개입되기
때문입니다. 내가 아니라 부처라고 하는데 애써 '나' 라고
자꾸만 고집하고 있기 때문입니다.

이 세상에는 본래 '나' 란 없습니다. 무아(無我)가 모든 존
재의 본래 모습입니다. 제법무아 그것이야말로 모든 존재에
대한 진리의 표현입니다. 제법무아를 실천하며 산다는 것,
진리대로 산다는 것은 다시 말해 '나' 로 살지 않고 '부처' 로
사는 것을 의미합니다.

'나' 로 살아선 안 됩니다. 내가 산다고 착각해서는 안 됩
니다. '나' 라는 아상을 가지고 내 것을 늘려나가려는 '아집'
에 얽매여 살면 안 됩니다. '나' 라는 상, 내가 살고 있다는
상, 그것이 모든 괴로움의 시작이 됩니다.

'나' 가 없다면 괴로울 주체가 없기 때문에 괴로울 것도 없
는 것입니다. 그래서 아상만 버리면 그대로 부처라는 말을
하는 것입니다. 이 세상에는 '나' 가 없습니다. 오직 온전한
'부처' 만이 있을 뿐입니다. 그렇기에 이 세상 모든 일은 '내
일' 이 아닌 '부처님 일' 일 수밖에 없습니다.

내 일로 부여잡지 말고, 내 것으로, 나로 붙잡아 두려 하지 말고, 나에 대한 집착에서 벗어나서 오직 부처밖에 없음을 깨달아야 합니다. 그러기 위해 이 세상 모든 일은 '내 일'이 아닌 '부처님 일'로 돌려놓을 수 있어야 합니다. 그래서 아상으로 살지 않고 '전체 아(我)', 대아(大我), 진아(眞我), 참나로 사는 것입니다.

이것이 바로 네 번째 수행인의 자세입니다. 이렇게 네 가지 수행만 삶 속에서 지키고 살 수 있다면 그 어떤 괴로움도 있을 수 없습니다.

다시 한번 정리해 보면, 첫째, 수, 섭수, 받아들임, 좋다고 잡지도 않고 싫다고 버리지도 않고 다만 있는 그대로 받아들이고 살면, 그렇게 대 긍정으로 살면 괴로울 일이 없습니다. 변하는 것을 변하도록 내버려 두고 인정해 줄 수 있다면 그 어떤 것도 집착하지 않게 되는 것입니다. 다 받아들였을 때 업을 녹일 수 있고, 인과응보라는 육도윤회의 사슬에서 조금씩 벗어날 수 있는 것입니다.

둘째, 방, 방하착, 놓아버림, 변한다는 이치를 받아들이면 집착할 게 없음을 알게 됩니다. 그러나 한 치라도 집착이 있다면 놓아버려야 합니다. 모든 집착을 놓는 자리가 바로 부처의 자리인 것입니다. 다 놓아버리고 나면 그저 텅 비어 충만합니다. 놓아버렸는데 공연히 무슨 괴로움을 붙잡겠습니까. 놓아버림이 바로 깨달음입니다.

셋째, 관, 관조, 알아차림, 집착을 놓으려면 다만 바라보면 됩니다. 집착하고 있을 때 집착하고 있다고 알아차리면 됩니다. 판단하지 말고, 분별하지 말고 다만 알아차리면 됩니다. 알아차리는 순간 집착은 사라집니다. 관은 '지금 여기'에서 온전한 만족을 가져옵니다. 지금 이 순간이 온전한 부처님 숨결임을 일깨워줍니다.

넷째, 불, 자성불, 부처님 일, 온 우주 법계 삼라만상은 모두가 부처님의 나툼입니다. 나도, 존재도, 경계도, 일도, 모든 것이 온전한 부처님의 숨결입니다. '나'는 무아이고 불완전의 시작이며 괴로움의 주체입니다. 그러므로 모든 것은 '내 일'이 아니라 '부처님 일'로 돌려놓아야 합니다. 그러면 괴로울 것이 없습니다. 내가 괴로운 것이 아니라 부처님이 괴로운 것이고, 즐거움도 내가 즐거운 게 아니라 부처님이 즐거운 것이니, 좋고 싫음에 걸림 없이 자유로울 수 있는 것입니다.

이와 같이 네 가지 수행의 자세를 수행자는 항상 삶 속에서 견지해야 합니다. 그랬을 때 참된 부처님의 지혜를 찾게 됩니다. '나'로서 어리석게 사는 것이 아니라 '부처님'으로서 지혜로운 삶을 살게 될 수 있는 것입니다.

제행무상을 받아들이고, 제법무아를 받아들이고, 인연과보의 법칙을 받아들이고, 다만 지금 이 순간에 깨어있을 때, 그러한 깨달음의 순간순간을 삶 속에서 연습할 때 우리는 조금씩 부처님으로 살 수 있게 되고 부처님의 반야 지혜를 체득하게 될 수 있는 것입니다.

그러나 이렇게 지혜를 증득하기 위해서 내 마음만 밝혀서 끝나는 문제는 아닙니다. 아주 중요한 하나가 더 남아 있습니다. 그것은 바로 앞서 말했던 '지혜'와 함께 '복덕'을 증장시키는 일입니다.

부처님은 지혜와 복덕이 두루 원만하신 분이라고 했습니다. 지혜와 복덕은 '귀의불 양족존'에서 보듯이 부처님의 두 가지 모습입니다.

앞의 네 가지 수행이 지혜를 증장하는 수행이라면 여기서 말하고자 하는 다섯 번째 생활 속의 수행이 바로 복덕을 증장하는 실천수행입니다. 바로 '보시바라밀'의 수행입니다. 이타적인 베풂의 수행입니다. 그것은 복덕을 증장시키는 수행이며, 자비의 수행입니다. 베풂이 없는 지혜나 지혜가 없는 베풂은 모두가 절름발이에 불과합니다.

수레의 양 바퀴가 고루 균형 잡혀야지만 법륜의 바퀴를 잘 굴릴 수 있듯이 복과 지혜를 고루 실천해야만 참된 수행자라 할 수 있습니다.

깨달음을 얻으신 부처님께서 그 깨달음을 일체중생에게 회향하지 않으셨다면 다만 한 사람의 이름 모를 사람으로 잊혀 졌을 것입니다. 상구보리 하화중생이라는 보살의 서원처럼 상구보리가 중요한 만큼 똑같이 하화중생의 대 서원이 꼭 필요한 것입니다.

지혜롭기만 하고 자비롭지 않다면 그 지혜는 잘못된 쪽으로 사용될 수 있습니다. 지혜와 자비는 사실 같은 진리의 다른 표현입니다. 온 우주 법계가 둘이 아니라는, '나'와 '너'가 둘이 아니라는 절실한 자각이 지혜라면 그러한 실천이 자비이기 때문입니다.

내가 나에게 공양을 베풀 때 자비를 베푼다고 말하지 않는 것처럼, 온 우주 법계 모든 존재가 그대로 나와 둘이 아니기 때문에 내가 배고플 때 밥을 먹는 것처럼 남이 배고플 때 똑같이 내가 배고픈 것처럼 밥을 주는 것이고, 물론 그러한 베풂은 베풂이라고 이름할 수조차 없습니다.

내가 나에게 밥을 주고 베풀었다고 하지 않는 것처럼 나와 남이 둘이 아닐 때 아무런 상 없이 베푸는 참된 무주상보시가 될 수 있는 것입니다.

다시 정리하면 다섯 가지란, 수(受), 방(放), 관(觀), 불(佛), 시(施)이며, 이는 다시 섭수, 방하착, 관조, 자성불, 보시로 풀어 쓸 수 있고, 받아들이고, 놓아버리고, 알아차리고, '부처님 일'로 돌려놓고, 늘 베푸는 삶을 사는 것이라고 해석해 볼 수 있습니다. 이 다섯 가지의 수행이 모든 수행자의 일상이 되어야 하는 것입니다.

이 다섯 가지의 생활실천법 안에 연기법의 실천, 인과응보의 실천, 삼법인의 실천, 무아법의 실천, 공성의 실천, 사성제의 실천, 사념처의 실천, 『금강경』에서 말하는 아상을 녹이는 실천, 무분별, 무집착, 무소득, 무소유의 실천을 비롯한 일체 모든 부처님 가르침의 실천이 고스란히 녹아 있습니다.

물론 이 다섯 가지는 앞에서 말씀드렸던 것처럼 다 같은 말의 다른 표현일 뿐이고, 다른 방편일 뿐입니다.

생활 속에서 어떤 마음으로 살아야 할 것인지, 당장 괴로운 경계를 맞아 어떻게 마음을 돌려야 할지, 어떻게 수행해

나가야 할지, 어떻게 삶을 살아나가야 할지에 대한 작은 도
움이 될까 하여 다만 다섯 가지로 크게 분류하여 놓았을 뿐
입니다.

나가야 할지, 어떻게 삶을 살아나가야 할지에 대한 작은 도
움이 될까 하여 다만 다섯 가지로 크게 분류하여 놓았을 뿐
입니다.

지혜로운 삶

지금 이 순간 평화롭다

어떤 한 경계에서 가슴 시린 쓰라린 아픔을 경험해 보지 않은 사람은 그 아픔을 딛고 일어서는 법을 알 수가 없습니다.

사람들은 성공만을 바라고 바라는 대로 잘 되어지는 것에서 즐거움을 느끼겠지만, 사실 늘 성공만 하고 바라는 바대로 이루기만 하고 사는 사람이 있다면 그 사람 내면의 뜰은 공허할 수밖에 없을 것 같습니다.

실패 속에서 또 그 아픔을 딛고 일어나는 그 속에서 더 강인해 질 수 있을 것이고, 바라는 바가 좌절되어지는 그 속에서 좌절을 딛고 일어설 수 있는 지혜로움이 생겨나며, 세상을 얕보지 않을 수 있고 좀 더 겸손해질 수도 있지 않을까 생각합니다.

요가를 가르치는 분이라거나 몸 다스리는 법에 대해 강의하는 분들 애기를 들어보니 그 분들 비슷한 공통점이 어렸을 때 죽고 싶을 만큼 몸이 너무 허약했다고들 합니다. 너무 몸이 약하고 병이 많다보니 건강이라는 것이 얼마나 소중한 것인지 알게 되고 그랬으니 제 몸 죽어나지 않으려고 얼마나 열심히 공부했겠습니까.

제 몸 아파보지 않은 사람은 건강이라거나, 운동이라거나,

요가라거나 아무리 얘기를 해 줘도 나 몰라라 하지 죽기 살기로 뛰어들어 공부할 수가 없습니다. 뭐, 당연한 일입니다.

한 번 아파 본 사람만이 그것을 두 번 다시 경험하지 않으려고 정말이지 피나는 노력을 한단 말입니다. 그러다 보니 결국에는 생각지 못하게 그 분야에서 뛰어난 능력을 발휘할 수 있는 것이고 능통한 사람이 될 수도 있는 것 아니겠습니까.

취직 할 때도 쉽게 쉽게 좋은 직장 취직 잘 한 사람은 직장 고마운 줄 잘 모릅니다. 그러니 그만큼 열심히 일 하기 어려울 수도 있습니다. 그런데 한 1년이고 2년이고 실업자로 있다가 그렇게 논다는 것이 얼마나 비참하고 눈치 보이고 어려운지 충분히 경험했다가 어렵게 어렵게 취직한 사람은 정말 고마운 마음으로 즐겁게 열심히 일합니다.

어지간히 어려운 일, 치사한 일이 있어도 꾹꾹 참고 견딜 수 있는 힘도 생기고 일 그만두지 않으려고, 집에서 논다는 것이 얼마나 괴로운 건지 잘 아니까 회사에서 힘겨운 일이나, 답답한 일이 생겨도 어지간하면 뛰쳐나올 생각 않고 최선을 다한단 말입니다. 제가 주변에서 많은 사람들 만나다 보니까 여러 번 보아온 일입니다.

로또 복권에 당첨이 되었다거나 주식 투자해서 대박이 났다거나 그랬을 때 당장엔 이 경계가 '행복'이라고 느끼겠지요. 그러나 그렇게 한 번 노력도 안 하고 큰돈을 만져 본 사람은 절대 소박하고 정직하게 작은 돈 벌면서 살 수가 없습니다. 수십억 수백억을 쉽게 벌었다면 분명 쓰는 것도 아주 쉽게 쓸 수밖에 없고, 쉽게 쓰는 습을 익혀 놓으면 그게 결국 업(業)이 되고 맙니다.

그러니 그 사람은 계속해서 요행만 바라지 정직하게 내가 일한 만큼 돈 벌면서 소박하게 살아갈 수가 없어집니다. 어디 몇 백억 쉽게 벌어 쉽게 막 쓰던 사람이 한달에 일이백만 원씩 받아가면서 정직한 직장생활을 할 수 있겠습니까. 그러니 처음엔 이 경계가 행복인 줄 알았겠지만 결국에는 사람을 망쳐놓는 역경계였을 줄 누가 알았겠습니까.

또 수행도 마찬가지입니다. 멀쩡하고 행복하게 잘 사는 사람들한테 아무리 부처님 가르침 가르쳐주고 행복에 이르는, 평화와 자유에 이르는 길이라고 말을 해도 그리 크게 느끼지 못합니다.

그 사람은 지금도 충분히 행복하다고 느끼기 때문입니다. 그런데 뭐하러 또다른 행복을 목숨 걸고 찾겠습니까. 물론 수행하고 공부하는 사람도 있겠지만 그렇게 간절하지 못 하고 그러다 보니 수행도 적당히 하고 시간 있을 때, 마음 내킬 때 적당히 하지 이게 생사를 결단 짓는 중대한 문제라고 여기면서 미친 듯이 달려들지 않는단 말입니다.

그런데 한 번 삶의 저 아래 진흙탕에 떨어질 때까지 떨어지고, 괴로울 때까지 괴로워 해 보고, 정말 죽기 직전까지 갈 만큼, 자살하고 싶을 만큼 삶에서 아파하고 괴로워 해 본 사람은 이 가르침이 너를 살려줄 수 있다 하고 이 가르침이 행복에 이르는 길이다 하면 정말 죽기 살기로 수행하고 정진하지 않을 수 없는 겁니다.

실제로 그렇습니다. 너무나도 큰 괴로움 앞에서 이러지도 저러지도 못하면 불법 속에서 행복을 찾을 수 있다 하는 그 말을 정말 뼛속 깊은 곳에서 받아들이고 온몸을 다 바쳐서 죽기 살기로 실천하지 않을 수 없는 것입니다.

언젠가 정말 너무 괴로워서 자살하겠다고 어떤 분이 찾아 오셨기에, 또 자살밖에 길이 없다고 워낙 확고하게 이야기 하시기에 기왕에 자살할 거라면 내 몸 내가 죽이면 그것 큰 죄가 되니까 차라리 죽을 요량이라면 법당에서 절하다가 죽 으면 어떻겠냐고 했더니 가만 생각하시다가 그러겠노라고 하신 분이 계셨습니다.

그날부터 하루 종일 밥도 안 드시고 절만 하시는데, 밤도 꼬박 새시면서 절만 하시는데 정말 절하다가 돌아가시면 어 쩌나 하고 걱정할 정도였습니다. 그런데 절대 절하다가는 죽지 않더군요. 그렇게 한 며칠을 절만 하시더니 죽어가야 될 사람이 생기 있는 눈이 되어서 이제 가겠다고 합니다.

죽으러 가겠다는 말인지 알았는데 살 생각이 생겼노라고 하시면서 돌아가셨지요. 집에 돌아가신 후 그 뒷얘기를 들 어보니까 매일같이 3,000배 이상 절을 하셨다고 그럽니다. 지금은 문제가 다 해결되었다고 합니다. 문제 다 해결하고 나 살려준 것이 불법이다 싶어 불교 공부를 얼마나 열심히 하셨는지 모릅니다. 그분이 지지난 달인가 짐 다 싸들고 이 밝은 길 따라 출가하겠노라고 오셨더랍니다. 지금 출가 하 셔서 수행자의 길을 올곧게 잘 걷고 계십니다.

이 분이 괴로운 역경이, 자살하고 싶을 만큼의 괴로운 역 경이 없었다면 이렇게 다시 태어날 수 있었겠습니까? 아마도 나중에 스님 되시면 훗날 설법하실 때 신도님들께 당신 이야기 웃으면서 이야기 하실지 모르겠습니다.

그래서 괴로움을 모르는 사람은, 괴로움을 당해서 아파해 보지 않은 사람은 또 역경 속에서 좌절해 보지 않은 사람은 더 큰 행복 속으로 들어가기 어려운 것입니다.

그러니 우리 사는 삶이라는 게 어떻습니까? 지금 당장 괴로움인 것 같지만 사실은 그것이 행복의 밑거름이 되고, 지금 당장 행복인 것 같지만 그것이 사실은 괴로움의 시작인 일들이 얼마나 많습니까.

역경이 곧 순경이고 순경이 곧 역경일 수 있는 것입니다. 다시 말해 역경과 순경이 따로 있는 것이 아닌 것입니다. 우리 눈으로 보았을 때 그 순간 괴로울 수도 있고, 즐거울 수도 있겠지만 눈에 보이는 것이 전부가 아니란 말입니다.

우리 마음속에서 역경이다, 순경이다, 혹은 괴로움이다, 즐거움이다, 이렇게 나누어 놓는 마음만 없으면 이 세상의 모든 경계는 그저 분별없는 텅 빈 경계일 뿐입니다.

우리는 세상의 경계들을 죄다 두 가지로 나누어 놓고 어느 하나는 선으로 어느 하나는 악으로, 어느 하나는 행복으로, 어느 하나는 괴로움으로, 그래 놓고서 둘 중 하나를 선택하는 데만 정신이 없었습니다.

그러다 보니 이래도 좋고 저래도 좋은 무분별의 참된 지혜의 눈을 가지지 못하고 삐뚤어지고 왜곡되고 치우친 관점만을 지니게 된단 말입니다. 그러니 거기에서 행복과 불행이 생겨납니다.

이를테면 '건강과 질병' 이렇게 나누어 놓고, 우린 건강하기만을 바라면서 삽니다. 건강하면 좋은 것이고 질병에 걸리면 나쁜 것이라고 분별하면서 말입니다. 그러나 질병에 대해서 나쁘다고 분별할 필요는 없는 것입니다. 또 당장에 건강하다고 좋아하면서 안일하게 대처하여 운동도 안 하고 몸도 안 돌보게 되면 겉으로는 건강하지만 내적으로 언젠가 터질지 모르는 질병을 안고 사는 것이 아니겠습니까.

질병이 걸림으로써 몸의 건강이 얼마나 소중한 것인가도 알게 되고, 그로인해 앞으로 더 열심히 운동하고 심신을 단련해야겠다는 것도 알게 되고, 또 내면에 쌓여있던 탁하던 기운들도 한 며칠 앓아누움으로로써 훌훌 털고 일어날 수 있게도 되는 것입니다. 그러니 질병은 나쁜 것, 건강은 좋은 것 그렇게 나누어 놓을 성질의 것이 아니란 말입니다. 질병에 걸리는 것도 좀 더 넓고 지혜로운 시각으로 보면 우리를 공부시키는 것이고, 이끄는 자성불의 나툼인 것입니다.

역경이 처해 봐야 비로소 괴로운 줄 알고 괴로움에서 벗어날 생각을 하게 되며 그렇게 됨으로써 부처님 가르침을 좀 더 바르게 치열하게 수행하려는 마음을 내게 되었다면 그 역경은 도리어 불법으로 이끌려는 방편 공부였을 것입니다.

그러니 어떤 경계를 가지고 역경이다 순경이다 하겠습니까? 다 우리 인간들이 만들어 놓은 분별심일 뿐이지 이 법계는 항상 공평하고 여여할 뿐입니다. 나쁠 때라고 생각하지만 그 때가 가장 좋을 때일 수 있고, 좋을 때라고 생각하지만 그 때가 가장 조심해야 할 때일 수 있는 것입니다.

'젊어서 고생은 사서도 한다' 는 말이 있습니다. 젊어서 뿐 아니라 늙어서도 다 마찬가지입니다. 고생은 돈 주고 사서라도 해야 한다는 말입니다. 그만큼 우리 인생을 값지게 만들어주고 우리 삶에 밑거름이 되기에 그렇습니다.

항상 성공만하고 항상 마음대로 하고 살아온 사람, 실패나 역경을 경험해 보지 못한 사람을 생각해 보십시오. 얼마나 불쌍하고 가여운 사람이겠습니까. 역경 속에서 수많은 실패 속에서 이겨내고 비틀비틀 쓰러질 듯 하다가도 오뚝이처럼 당차게 일어서면서 세상을 살 줄 아는 사람, 그 사람은 내면에 딱 힘이 서게 되는 것입니다.

어떤 경계 속에서도 이겨낼 수 있는, 이 세상의 그 어떤 경계에도 속지 않고 당당할 수 있는 그런 내면의 중심이 잡힌 사람이라는 겁니다.

한 가지 괴로운 경계가 온다고 했을 때 우린 '괴롭다' 고만 생각하지 그 경계의 고마운 점, 이익되는 점은 보지 못한단 말입니다. 그러니 이런 저런 분별하지 말고 오직 우리는 항상 깨어있는 자세를 잃지 않아야 합니다.

그러면 어떻습니까? 지금 현재 법우님의 마음은 어떻습니까? 즐거우십니까 아니면 괴로우십니까? 일이 잘 풀리는가요 아니면 잘 안 풀리는가요? 지금의 경계가 역경입니까 순경입니까?

아닙니다. 역경도 역경이 아니고 순경도 순경이 아니며, 괴로움도 괴로움이 아니고 즐거움도 즐거움이 아닌 것입니다. 순역의 양 극단의 분별을 다 놓아버리십시오. 다 놓아버리고 내 앞에 다가오는 그 어떤 경계라도 부처님의 나투신 경계로 즐겁게 받아들여야 합니다. 그러면 모두가 고마운 공부의 꺼리들입니다.

지금 우리는 한없이 자유롭습니다. 역경도 순경도 아니고 다만 여여하고 평등한 하나의 순수한 경계일 뿐입니다. 결국 이 세상에서 ‘괴로운’ 경계란 없는 것입니다. 또한 마찬가지로 이 세상에서 ‘즐거운’ 경계 또한 없습니다. 이 세상 모든 경계는 다만 그러한 경계일 뿐 좋고 나쁜 경계는 아니란 말입니다.

괴로움도 고마운 공부의 재료이고, 즐거움도 고마운 공부의 재료인 것입니다. 역경이든 순경이든 우리 마음속에서 분별해 가지고 행·불행을 마음속에 품고 살 필요가 없는 것입니다.

순역의 경계, 즐거움 괴로움의 경계를 다 놓아버리고 무분별로써 일체를 다 받아들이면서 자유롭고 당당한 걸음을 휘적휘적 내딛으시기 바랍니다.

지금 이 순간 우리는 평화롭습니다. ‘나는 아니다’ 라고 생각하는 사람이 있겠지만 아닙니다. 모든 사람이 지금 이 순간 평화롭고 고요합니다. 다 놓아 버리고 나면 지금 이 자리가 부처님의 자리인 것입니다.

이 세상은 본래로 완벽하다

이 세상은 본래로 완벽하고 완전합니다. 이 법계 어느 구석에도 애초부터 불완전하게 삶을 부여받은 존재는 없습니다. 존재 자체로서 이미 원만히 구족되어 있는 법신 부처님의 숨결 그 자체인 것입니다.

사람들도 그렇고 동물, 식물 미생물에 이르기까지 일체 모든 존재는 모두가 제 삶의 몫을 정확하게 알고 있습니다. 제 삶의 길을 정확하게 걷고 있는 것입니다. 법계의, 대자연 우주의 숨결에 그대로 몸과 마음을 맡기고 자연스럽게 아주 자연스럽게 흘러가기만 하면 우리의 삶은 여여하고 진리와 하나 된 삶인 것입니다. 단 하나 인위적인 손길, 억지스런 생각들, 온갖 분별에서 오는 사람들의 관념이 그런 법계의 여법한 모습에 동참하지 않고 있을 뿐.

우리는 생각에서 나온 답, 이리 저리 따져 옳고 그름을 명확하게 해 놓아야지만 올바른 해답을 낼 수 있을 것이라 생각합니다. 머릿속에서 온갖 궁리와 관념을 짜내어야만 보다 훌륭한 정답에 이를 것이라고 굳게 믿고 있습니다. 대자연 법계의 해답을 기다리는 것이 아니라 우리 머리로 짜낸 답을 기다리고 있습니다.

대자연 우주는 옳고 그르고를 나누지 않은 무분별의 절대 긍정의 답을 항상 나투고 있지만, 아직 사람들은 그 법계의 답보다 사람들의 머릿속에서 짜내어진 답을 더 올바른 것으로 믿고 있습니다.

온갖 분별에서 오는 지식들은 전 우주적이며 근원적이고 전체적인 통찰을 가져다 줄 수 없습니다. 다만 눈에 보이는 당장의 옳고 그른 좁은 소견의 답변만을 가져다 줄 뿐입니다. 그러나 무분별의 지혜, 대자연 우주 법계의 지혜는 당장 눈에 보이는 옳은 답이 아닌 근원적이고 전체적인 참된 지혜, 참된 통찰을 가져다줍니다. 그러다 보니 당장에는 눈에 보이는 세계에서는 옳지 않아 보일 수도 있고, 분별의 지혜보다 더 좋지 않게 느껴질 수도 있습니다.

그러나 무분별의 무차별의 나눔 없는 지혜만이 참된 우리 삶의 이정표가 될 수 있습니다. 이제 그만 어리석은 분별의 세계 속에서 좁은 소견 속에서 벗어나야 할 때입니다.

이제 인류가 그동안 해 왔던, 특히나 근대화 과정에서 과학이며 산업 발전 운운하면서 대량 살상, 대량 생산, 대량 소비로 이름 되는 이 엄청난, 진리를 거스르는 일들을 그만두어야 합니다. 당장에는 편안하고 편리할지 모르지만 분별지(分別智)가 만들어 낸 과학과 산업이 우리에게 가져다 준 것은 그 편리함 뒤에 더 큰 불안과 총체적인 위기를 가져다 주고 말았습니다.

우리 머릿속에서 나온 옳고 그름에서 옳음을 선택한 이 분별의 지식은 단지 작은 편리를 가져왔을지언정 평화와 평온을 가져다주지는 못했습니다. 이제 그런, 옳고 그른 두 가지로 나누고 그 가운데 옳음을 선택하는 그런 분별의 지식은 놓아 버릴 때가 되었습니다. 그런 좁은 지식을 가지고, 온전하지 못한 얄팍한 지식을 가지고 이 세상을 온통 오탁악세로 몰아가는 그런 일은 이제 그만두어야 합니다.

그로인해 세상이 더럽혀지고, 온 우주가 시름시름 앓고 있습니다. 사람도 앓고 자연도 앓고 온 우주가 괴로워하는 이 소리를 언제까지 외면하고만 있을 것입니까. 이제 우리들 머릿속에서 옳고 그름을 나누고 그 가운데 옳음만을 선택하는 그 좁은 소견의 분별지를 완전히 놓아 버려야 합니다. 눈앞에 보이는 세계만을 볼 것이 아니라 보이지 않는 법계의 숨소리를 느낄 수 있어야 합니다.

몸의 어느 한 부분이 좋지 않다고 하면 그 부분만을 보고 그 부분에만 해당되는 약 처방을 해 주지만, 그건 내 몸 전체적인 문제이지 그 부분만의 문제가 아닌 것입니다.

세상도 마찬가지입니다. 세상의 어느 한 부분에 문제가 생기면 그 부분만을 보고 그것만을 임시방편으로 고칠 수 있는 것을 생각하지 전체적인 통찰의 지혜를 닫아 버린 지 오래입니다.

온 우주 법계 대자연의 숨결은 어느 하나 서로 깊은 인연관계 속에 이루어지지 않은 것이 없습니다. 모든 존재며 생명들은 어느 하나 중하고 천할 것도 없이 서로가 서로를 살려주는 온전한 부처의 모습을 하고 있습니다. 그렇기 때문에 우리 삶의 모든 문제를 풀어내려면 온 우주 법계 전체를 보아야 하고 전체적인 통찰의 지혜가 절실하게 요청됩니다.

하나에 문제가 있다고 하나만 본다면 그건 우리들 어리석은 분별지일 뿐, 전체적이고 온전한 법계의 무분별지가 되지 못합니다.

우리가 알고 있어야 하는 가장 중요한 사실은, 또 그동안 우리가 간과하고 있었던 중요한 사실 하나는, 내 생각, 내 소견 보다 온 우주 법계 대자연의 생각이 항상 더 근원적이며 옳다는 사실입니다.

지금 세상을 보면 사람들의 생각으로 자연을 판단하고, 사람들의 생각으로 동식물을 판단하며 사람들 식대로 이 세상을 마음대로 바꾸고 있습니다. 그 생각만이 옳은 생각이라는 굳은 착각에 빠져 있으면서….

자연을 마구 훼손하여 사람들의 편리를 위해 사용하며, 농사를 지을 때에도 사람들의 욕심에 따라 농약이며 비료, 제초제를 뿌려대고, 사람들 몸에 병이 나더라도 세균을 더 강한 세균으로 죽이거나, 힘으로 변형시켜 버리거나, 그도 아니면 그냥 그 부분을 잘라 없애 버리기에 여념이 없습니다. 개발을 하면서도 바로 코앞의 내일만을 내다보지 100년 후, 아니 천년만년 후 미래를 생각하지 않으며, 사람의 이익만을 생각하지 온 우주 법계 저 동식물, 미생물이며 산하대지 만물, 풀 한 포기 나무 한 그루, 바람과 물과 새들의 전체적인 이익을 함께 생각하지 못합니다.

모두 다 사람들 생각이, 현대 과학의 생각이 더 옳다고 생각하는 오류 때문에 발생되는 일들입니다. 사람의 생각보다 대자연 우주 법계의 생각이 더 옳다는 사실을 애써 외면해 버리기 때문에 발생되는 일들인 것입니다.

사람들의 생각은 그 부분에 한정된 분별 속에서 오는 지식에 불과하지만, 우주 법계 대자연의 나툼은 전체적이고 무분별적인 온전한 통찰의 지혜인 것입니다.

내 생각으로 살지 말고, 우주 법계 내 안의 자성부처님 생각으로 살아야 합니다. 내 생각이 더 옳다고 고집하지 말고 온 우주 법계 대자연의 순리에 턱 맡기고 물 흐르듯 우리는 그 법계의 흐름에 동참하기만 하면 됩니다.

그래야 보다 근원적인 삶이 열립니다. 보다 전체적이고 전우주적인 무분별의 지혜로써 세상을 살아갈 수 있게 되는 것입니다. 내가 사는 것이 아닌 부처님이 사는 삶으로 전환 되는 것입니다.

머리 굴려 답을 찾으려 하지 말고, 애써 옳고 그름을 따져 물어 옳은 것만을 취하려 하지 말고, 사람과 자연 온 우주 법계의 만생명이 함께 행복해 질 수 있는 길, 무한한 시간과 공간을 온전히 배려할 수 있는 전체적인 통찰이 담긴 진리 의 길을 찾아야 할 때입니다.

지금까지 우리 삶의 방식이었던 분별의 지식, 차별상을 몽땅 놓아 버리고, 사람들의 삶의 방식을 놓아 버리고, 대자 연 우주 법계, 법신 부처님의 무분별, 무차별, 전체적이고 근원적인 삶의 방식에 동참해야 할 때인 것입니다.

세상과 하나되기

　요즈음 들어 더욱 그런 생각이 가슴을 칩니다. 사람이며 동식물, 산하대지 자연 삼라만상, 풀 한 포기며, 나무 한 그루, 흙 한 줌에서 볼을 스치는 바람에 이르기까지 이 추운 날 오후 따스한 햇살 한 줄기, 저녁나절 절 앞마당으로 고개를 숙이는 산 그림자며, 저 산 너머로 수줍은 듯 붉게 그려지는 노을, 절 앞마당에서 꼬리를 흔들며 뛰어노는 우리 절 강아지, 심안이 또 마음이, 이 모든 내 주위의 식구들이 나와 한 가족, 한 몸이구나 하는….

　가만히 생각해 보면 사람의 손길이 범접하지 않은 그냥 가만히 내버려 둔 것들이 가장 생기발랄하게 살아있구나 하고 느낍니다.

　세상의 법칙대로 있는 그대로 내버려 진 것들에게서 그 어떤 살아있는 스승 같은 그 무엇을 느끼게 됩니다. 있는 그대로 내버려 둔다는 것은 애쓰지 않고, 억지 부리지 않고, 자기 생각 내세우지 않고 대자연의 순리에 모든 것을 맡기며 물 흐르듯 자연스럽게 살아간다는 것을 말하는 것일 겁니다.

　그러고 보면 나를 포함한 우리 사람들이 있는 그대로 아주 여법하게 잘 살고 있는 우리의 많은 자연 식구들을 너무 못살게 굴지 않았는가 하는 반성을 하게 됩니다.

사람의 손길이 타게 되면 함께 사람의 욕심도 타게 되고, 그러면서 자연스러움의 맛을 잃게 될 것 같습니다. 사람들이란 자연을 대하는 방법을 모르기 때문입니다. 있는 그대로의 자연을 있는 그대로 느끼고 바라보는 사람이 얼마나 되겠습니까. 있는 그대로 충분히 본다는 것은 자연을 충분히 사랑한다는 것이고 그 순간 아무런 분별없이 자연과 하나가 된다는 말입니다.

사람들은 자연을 바라볼 때 어떻게 써먹을까 하는 궁리만 하는 것 같습니다. 어떻게 이용하면 나에게 이익이 될까 하는, 그런 것 이외에 그냥 자연을 바라볼 수는 없을까요. 아무런 분별도 가지지 않고 아무런 판단이나 이용가치를 따지지 않고 있는 그대로 바라보는 것 말입니다.

가만히 발길을 멈추고 언제나처럼 사무실 앞을 지키고 서 있는 한 그루 작은 나무를 바라본 적이 있으신가요? 그 나무에 등을 기대고 가슴을 기대에 본 적이 있는지요. 한 여름에 땀을 식히려고 그늘을 찾는다거나, 내 편리에 의해 이용하려는 마음으로 찾는 것 말고 있는 그대로의 자연을 평화로운 마음으로 만나 보셨는지 말입니다.

우리 사람들은 자연과 진정으로 만날 줄 알아야 할 것 같습니다. 내 이기심이나 이용가치를 따지지 않고 순수하게 만나는 것 말입니다. 그랬을 때 우린 비로소 사람과 만나는 법도, 다른 모든 세상과 만나는 법도 알 수 있을 것입니다.

그랬을 때 아마도 우린 비로소 모든 것들과 만날 수 있는 준비가 된 것이 아닐까요?

눈·귀·코·혀·몸·뜻으로 만나는 모든 감각적인 대상을 대할 때도 그저 있는 그대로 아무런 판단이나 분별없이 순수하게 바라봐 주십시오. 그냥 그렇게 느끼는 것입니다. 그냥 그렇게 보는 것이고 함께 하는 것입니다. 그렇게 보았을 때 보는 대상과 보는 이가 따로따로가 아니게 됩니다. 둘은 따로 나뉘지 않는 순수한 하나가 되고 또한 순수한 사랑이 되는 것이라 생각합니다.

'바라보기' 이것은 이 복잡한 세상에서 우리가 소박하게 그러나 진지하게 실천할 수 있는 아마도 가장 소중한 수행이 아닐까 생각해 봅니다.

이 세상과 하나 될 수 있고, 풀 한포기 작은 자연과도 하나 될 수 있으며, 딱정벌레와도 하나 될 수 있고, 또한 많은 사람들과 하나 될 수 있고, 진리와 하나 될 수 있는, 어쩌면 유일할지 모를 실천행이 아닐까 하고 생각하게 됩니다.

이 바쁜 세상 속에서 바쁨 속에 내몰려 이리 저리 쫓기지만 말고, 잠시 짬이라도 내어 텅 빈 맑은 시선으로 세상을 바라보십시오. 그동안 알지 못했던 전혀 다른 세상이 보일지 모릅니다.

바쁜 걸음 잠시 멈추세요. 들고 나는 숨을 바라보고, 걷는 걸음걸음을 바라보고, 하루 종일 조잘거리는 입도 한 번 바라보고, 쉴 사이 없이 움직이는 몸도 바라보고, 원숭이처럼 늘 날뛰기만 하는 생각들도 바라보고, 예전부터 사무실 청소하시던 아주머님도, 매일같이 출퇴근 시켜주시는 버스 기사 아저씨도, 출퇴근길에 스치던 이름 모를 눈에 익은 많은 사람들도, 회사 앞에서, 혹은 아파트 앞에 서 항상 마주치는 경비 아저씨 하며, 이따금씩 들리는 미용실, 슈퍼마켓 주인 아주머님 또한 어쩌면 사소하다고 생각하고 별 관심 없이 스쳐 지나쳐 온 수많은 이웃들에 대해서 오늘은 좀 더 마음을 모아 따뜻한 사랑을 담은 시선으로 바라보아 주시길….

보도블록 사이로 힘겹게 솟아난 작은 야생풀도 바라보고 입사 때부터 있어왔지만 한 번도 관심어린 사랑으로 보지 못했던 나무 한 그루도 보아주고, 집 뜰 곳곳에 피어오른 소박한 풀들에서부터 저벽 저벽 뒷산으로 올라 시선 가는 곳곳 마음으로 바라보고, 때때로 새벽 청청한 공기를 맞으며 산 위로 떠오르는 첫 햇살을 온몸으로 느껴보고, 퇴근길 서산 위로 붉게 물든 노을도 충분히 보아주고, 사무실 한 쪽에 외로이 서 있는 화분에 물도 줘 보십시오. 우리가 바라보아야 할 것들은, 또 우리가 마음을 모아 관심 가져 주어야 할 것들은 내 눈과 마음에 밟히는 생명 있고 없는 모든 것들입니다. 어쩌면 아주 사소한 것들이지만 그 사소함이 나 자신만큼 중요하다는 것을 바라봄을 통해 느낄 수 있을 것 입니다.

참으로 바라보았을 때, 바라보는 나도 없고, 바라보는 대상도 없으며 좋은 대상도 싫은 대상도 없고, 옳은 것도 그른 것도 없고, 오직 순수한 동체대비의 사랑과 지혜로움이 우리들 빽빽한 속 뜰을 맑게 적셔 줄 것 같습니다.

지식이 아닌 지혜로 사는 법

우리 앞에 어떤 문제가 생겨났을 때 보통 사람들은 그 문제를 해결하기 위한 방법으로 온갖 지식과 알음알이를 총동원합니다. 지금까지 과거로부터 들어왔고 배워왔으며 익혀 온 온갖 방법을 다 써 보고, 그것도 모자라면 다른 사람들에게 묻거나 책을 찾아보고 요즘 같으면 인터넷을 뒤져보면서 온갖 지식들을 총 동원하여 그 지식들을 잘 분석하고 판단하며 분별하여 결론을 도출해 냅니다.

그래서 머릿속에 많은 지식들이 들어 있는 사람은 책을 찾아보거나, 사람들에게 묻거나 할 일들이 그만큼 줄어들고, 많이 아는 만큼 남들이 그 사람에게 많이 묻곤 하겠지요. 아마 요즘 사회에서는 그런 사람을 똑똑한 지식인이라고 부를 겁니다. 아는 것이 많아야 사는 데 그만큼 편리하다고 생각하기 때문입니다.

요즈음을 살아가는 우리들에게 가장 강요되고 있는 것 중 하나가 바로 이러한 지식들을 넓혀 나가고 소위 식견을 넓히는 일일 것입니다. 이런 삶의 방식은 누구에게나 아주 익숙하고 당연한 문제해결 방법이며 삶을 살아가는 기본적인 방법입니다. 그런데 잠깐 돌이켜 생각해 보면, 아는 것이 많은 사람일수록, 지식이 많을수록 우리 머릿속은 더 복잡해지고 번거롭습니다.

우리들의 통념에서야 아는 것이 많고, 지식이 많으면 더 편리하고 더 행복하고 사회에서 더 많이 인정받을 수 있습니다. 그렇지만 사회적인 통념이 그렇다고 다 그렇게 믿지는 말기 바랍니다.

우리들은 그동안 너무 사회적인 관념에 얽매여 살았습니다. 그러다 보니 우리 자신의 순수성이며 독창성을 잃고 모든 사람이 사회에서 요구하는 바대로 나아가려 한단 말입니다. 우린 누구누구처럼 되기 위해 얼마나 애를 쓰며 살고 있습니까. 누구처럼 똑똑하고 공부 잘하려고, 누구처럼 돈 잘 버는 사업가가 되려고, 누구처럼 리더십을 키워 정치가가 되려고, 누구처럼, 누구처럼 우린 얼마나 남들을 닮으려고 애써 왔습니까.

그러다 보니 '나 자신'이 되질 못하고 끊임없이 내 밖의 어떤 사람을 닮아가려고 애만 쓰고 산단 말입니다. 이제 사회적인 관념들을 다 놓아버리고 한번 시작해 보도록 합시다.

앞에서 아는 것, 지식이 많으면 번거롭다고 했습니다. 사실 우리는 아는 것이 머릿속을 꽉 채우고 있지 않아도 다 잘 살아 갈 수 있는 힘을 가지고 있습니다. 우리 몸이 그럴 수 있도록 다 짜여있고 질서 잡혀 있는 것입니다. 내적인 삶의 질서는 언제나 한결같이 우리 안에 자리 잡고 있습니다. 내 안에 밝고 원만한 지혜가, 본래 자리에서 나오는 밝은 깨침의 소리가 항상 울려 퍼지고 있다는 말입니다.

그런데 우린 그 소리를 듣지 못합니다. 내적인 삶의 질서에 순응하며 살아가질 못한단 말입니다. 왜 그럴까요? 아는 것이 많아서, 그 알음알이들이 그 소리를 가로막고 있는 것입니다. 내 안에서 울려나오는 지혜의 목소리를 지식이 가로막고 있단 말입니다. 지식이 지혜를 가로막고 있습니다.

서점에 가면 책들이 무수히 많지만 대부분의 서적들은 우리들에게 온갖 지식을 충족할 수 있도록 도와줍니다. 그러나 내 안에 지식을 쌓아주기는 하지만 내 안을 맑게 비워주는 책들은 그리 많지 않습니다. 쌓는 것은 지식이고, 비우는 것은 지혜라고 할 수 있습니다. 자꾸 쌓기만 하면 우린 그 쌓여있는 것들로 인해 내 안에 본래 충만한 지혜의 소리를 들을 수 없는 것입니다. 비우면 비울수록 더 충만하고 더 지혜로워 질 수 있습니다.

예를 들어 몸에 병이 들었다고 생각해 봅시다. 몸에 병이 들어 아프면 우리는 그 문제를 어떻게 해결합니까? 지금까지 배워오고 익혀왔던 온갖 지식들을 동원하게 마련입니다.

감기 몸살로 아플 때는 밀가루 음식은 먹으면 안 된다더라, 아플 때 일수록 밥을 많이 먹어야 정신을 차린다더라, 어떤 음식은 먹으면 안 되고 어떤 음식을 먹어야 한다더라, 이뿐 아니라 책에서 듣고 사람들에게서 들어온 온갖 지식들을 총동원하여 우린 몸의 병을 치료 하려고 애를 씁니다.

아무리 먹고 싶은 것이 있어도 그 음식이 이 병에 좋지 않다고 하면 절대 안 먹고, 또 아무리 먹기 싫고 하기 싫은 것이라도 몸에 좋다고 하면 기를 쓰고 먹으려 하고 하려고 한단 말입니다. 지식이 많으면 많을수록 해야 하고 하지 말아야 할 것들이 더 많아집니다. 그만큼 우린 얽매이는 것이 많아지는 것이지요. 그만큼 우린 부자유한 것입니다.

또 자기가 알고 있는 지식만큼 행동을 하려고 합니다. 어떤 사람은 지난번 감기 때 무슨 음식을 먹고 나았다면 감기만 걸리면 그 음식을 찾게 마련이고, 또 어떤 사람은 어느 약방에서 약을 지어 먹고 나았다면 그 약국에서 꼭 그 약을 찾으려고 하고, 나름대로의 병에 대한 알음알이만큼 행동을 하게 마련입니다.

그런데 과연 어떤 것이 나에게 꼭 맞는 확실한 병약이고 처방일까요? 사람이 다 다르고, 그 사람에 따라 병이 다 다른데 어떻게 똑같은 지식으로 이렇게 처방해야 한다고 정해져 있겠습니까.

먹기 싫지만 병에 좋다면 억지로 먹는 것이 좋을지, 아니면 마음에서 원하는 것 즐거운 마음, 맛있는 마음으로 먹는 것이 좋을지, 고정관념으로 따지지 말고 그냥 당연하게 생각해 보란 말입니다. 즐거운 마음으로 내가 좋아하고 먹고 싶은 음식을 맛있게 먹는 것이 가장 좋은 약이 될 수 있는 법입니다.

내 몸에 병이 걸렸다 싶으면 그냥 받아들여 보십시오. 내 몸과 마음에 그 어떤 독한 인연으로 인해 병이 왔겠구나 하고는 한 며칠 병이 원하는 만큼 앓아주겠다 하고 말입니다. 아프면 한 며칠 앓고 나면 툭툭 털고 일어날 수 있습니다.

괜히 약 먹는다고 하지만 약이라는 것들이 그 병의 근본을 치유하게 해 주긴 역부족이라는 사실은 많은 사람들이 다 아는 바입니다. 그런 마음으로 앓아주면서 내가 하고 싶은 것 하고, 먹고 싶은 것 먹으면 그것이 가장 좋은 근원적 치료 방법인 것입니다.

우리 몸이란 다 제 스스로 치유할 수 있는 능력을 가지고 있기 때문입니다. 바깥에 의지하는 것 보다, 그 어떤 병의 지식들에 의존하는 것보다 오히려 나 자신에게 의지하여 턱 맡겨 놓는 것이 그래서 자연치유할 수 있도록 하는 것이 더 근원적인 치료방법입니다. 그러고 나면 먹고 싶어 먹는 것이 그대로 양약이 될 수 있는 것입니다. 이와 같다는 말입니다.

우리에게 있어 지식이라는 것은 우리 안에 있는 자연치유 능력과도 같은 내적인 삶의 질서를 가로막게 마련입니다. 내 몸은 이것을 원하지만 기존의 고정관념이나 지식에서는 다른 것을 원할 때 우린 얼마나 얽매이게 되고 휘둘려 괴롭힘을 당하겠습니까.

우리 몸은 완전한 하나의 소우주이고 법계입니다. 그대로 나 자신이 온전한 부처님, 법신이란 말입니다. 애써 머리 굴리고 판단 분별하지 않아도 다 알아서 잘 살아갑니다. 배고프면 밥을 찾고, 또 부르면 뒷간을 찾고, 졸리면 자고, 짠 음식을 많이 먹었으면 알아서 물을 찾게 마련이고, 몸에 수분이 많아지면 또 알아서 빼게 마련이라는 것입니다.

물 흐르듯이 우리 몸도 자연스럽게 흘러갑니다. 법계의 이치에, 내적인 삶의 질서에 턱 맡기고 나면 내 안에서 우러나오는 밝은 지혜의 소리를 들을 수 있습니다. 왜 옛 스님들께서 '배고프면 밥 먹고, 부르면 똥 누는 것'이 평상심이 그대로 도라고 말씀하시지 않았습니까.

언젠가 지리산에 올랐을 적 일입니다. 며칠 동안 인상적인 두 팀을 만났는데 한 팀은 등산에 대한 전문적인 지식을 배웠던 분들이라 장비에서부터 걷는 법, 등산하는 기술 등 온갖 전문적 지식을 충분히 갖추신 분들이셨고, 또 한 팀은 그야말로 며칠씩이나 있을 종주인데도 불구하고 뒷산 오르는 기분으로 상식적인 선에서 준비를 해 오셨습니다.

첫째 날은 전자의 분들과 대화를 나누었더니 아는 것이 너무 많고 지식이 너무 많으니 대화를 나누면서도 제 마음이 많이 무거웠습니다. 이를테면 걸을 때에도 경치 좋은 곳이 나오거나 아름다운 곳에서라면 30분도 좋고 한 시간도 좋고 산을 느끼면서 행복감에 젖어보기도 하고, 정상에 앉아 명상을 즐기기도 할 터인데 그 분들은 대충 50분을 걸으면 꼭 10분 정도를 쉬어 주어야 하더란 말입니다.

또 저녁 때 별빛이 너무 고와 도무지 잠이 들 수 없어서 한참을 별을 바라보며 걷다가 앉았다가 흠뻑 감상에 젖어 있었더니 내일 아침 몇 시에 일어나 밥을 먹고 출발해야 하고 꽉 짜여진 일정 때문에 일찍 잠에 들어야 한다는 것입니다.

그런데 후자에 만났던 분들과 대화를 나누는데 참 마음이 편하고 아름답고 싱그러웠습니다. 상식선에서 3일 산에서 머물면 이정도면 되겠다 싶어 마음 가는대로 준비를 했고, 딱히 어찌 어찌 일정을 잡지 않다 보니 경치 좋은 곳에서는 한참을 앉아 느끼기도 하고, 밤하늘 별빛을 바라보며 여유

있는 별자리 여행도 하고 말입니다.

그뿐 아니라 산행을 하며 모든 부분에서 지식이 많으니 그 지식에 내 몸을 의지하는 일이 많아지고, 사소한 지식들이 없다보니 그저 마음 가는대로 산을 느끼고 걸을 수 있더란 말입니다.

과연 어떤 분들이 산을 더 정감 있게 느끼고 진정 산과 하나 될 수 있었을까요? 아는 것이 많고, 지식이 많으면 그 지식으로 인해 정작 보아야 할 것들을 놓치기 쉽습니다. 보기 위해 지식이 있는 것인데 오히려 산을 보고 느끼는 일보다 지식이 더 앞서기 때문입니다.

산을 오르는 이유는 정상에 도착하기 위해서가 아니라 한 발 한 발 내딛기 위해서이며, 그 순간 산과 함께하고 느낄 수 있기 위해서가 아닐까요. 산을 느끼는데 무슨 지식이 필요하겠습니까. 산을 바라보는 넓은 가슴이면 충분하지 않을까 싶습니다.

얼마 전 사진을 찍는 어떤 법우님께서 사진을 많이 찍으러 다니다 보니 오히려 좋은 사진을 찍어야 한다는 마음 때문에 정작 내 안에서 대상을 바라보는 아름다운 눈을 잃게 되는 것은 아닌가하는 말씀을 하신 것을 아직 기억하고 있습니다. 아름다움을 느끼고는 혼자 느끼기 아까워 사진 속에 담고자 찍을 터인데 아름다움을 느끼고 찍어야 하는 순서를 망각하고 찍는 데 마음이 가 있다 보면 아름다움을 내 안에서 충분히 느끼는 것은 그만큼 소홀해 지고 말겠지요.

세상 모든 일들이 이와 같습니다. 수행하는 일도 수행에 대한 잡다한 지식과 알음알이가 많다보면 수행에 대해, 마음공부에 대해 머릿속에서 정리하기 바빠 정작 직접 실천을 하는 일은 뒷전이 되고 말 때가 있습니다.

그래서 지식이라는 것은 나 자신의 텅 빈 맑은 시선을 가리고 왜곡시킬 때가 많습니다. 내가 나 자신이 되지 못하는 것입니다. '있는 그대로를 있는 그대로 보아야' 할 터인데 있는 그대로를 지식이라는 색안경을 끼고 바라보니 말입니다.

불교의 핵심은 정견(正見) 즉 '있는 그대로를 있는 그대로 보는 것'에 있습니다. 있는 그대로를 있는 그대로 보려면 온갖 알음알이며 지식들로 꽉 채워진 머릿속을 비우고 속 뜰에서 울려나오는 내적인 삶의 질서에 온전히 맡기고 흐를 수 있어야 합니다.

바깥에서 배워오고 익혀온 온갖 알음알이며 지식들 때문에 우리 안에서 새어나오는 밝은 빛을 보지 못해서는 안 될 것입니다. 온갖 지식이며 알음알이들을 다 놓아버리고, 그냥 내 안의 삶의 질서에, 내 안의 자성부처님께 일체 모든 것을 내 맡기고 걸어보시기 바랍니다. 그러면 내 안에서 저절로 다 알아서 살아주게 마련입니다.

우리가 애써 머리 굴리지 않아도 잘 때 되면 자라는 신호를 보내주고, 먹을 때가 되면 알아서 먹어야 한다는 신호를 보내주고, 어떻게 해야 될지 모르는 상황에서도 우리가 머리 굴리고 판단 분별하면서 복잡스럽지 않게 마음을 고요히 하고 속 뜰을 비추어 보고 있으면 내 안에서 밝은 해답이 흘러나오게 된다는 말입니다.

그것이 바로 지혜입니다. 바깥에서 쌓아온 온갖 알음알이들을 지식이라고 하고 내 안에서 텅 빈 가운데 우러나오는 소리를 지혜라고 하는 것입니다. 온전히 놓아버리고 내맡긴 가운데 지혜는 드러나는 것입니다.

지혜로써 삶을 살아간다는 것은 내가 사는 것이 아니라 내 안의 삶의 질서에 일체를 내맡기고 산다는 것을 의미하며 그것이 바로 '내가 사는 것이 아니라 부처님이 사시는 것'이 되는 것입니다.

수행자라는 마음도 놓아라

불교를 공부하는, 수행하는 많은 이들은 하루하루 조금씩 더 행복해 지고 있습니다. 나날이 향상되고 있으며 마음의 평화를 이루고 있습니다. 만약 그렇지 않다면 처음부터 다시 시작해야 합니다. 여기에서부터 다시 시작할 것이 아니라 맨 처음으로 되돌아가야 합니다.

지금까지 쌓아 올렸던 모든 배움과 수행 그리고 공부 그 모든 것들을 다 무너뜨려야 합니다. 그렇지 않고서는 더 나아갈 수 없습니다. 스스로 나아가고 있다고 생각할지 모르겠지만 그것은 퇴보입니다.

지식을 쌓아두었다고 한 걸음 앞으로 나아가고 있는 것입니까? 그렇지 않습니다. 이 세상은 온갖 지식인들 때문에 잔뜩 망가져 가고 있습니다. 지식이 없었다면 오늘날과 같은 이와 같은 큰 파괴는 일어나지 않았을 것입니다. 지식이 있으니 파괴의 규모도 엄청나게 거대하게 진행됩니다. 저 이라크에서 전쟁이 일어나는 것도 일반인들이 생각할 수 없을 정도로 똑똑한 몇몇 지식인들에게서 나왔습니다.

이 세상이 개발과 발전이라는 이름으로 점차 파괴되어 가고 자연이 붕괴되어 가는 것도 그렇고, 의학이라는 이름으로 수많은 사람들이 오히려 병들어 가는 것도 그렇고, 경제라는 이름으로, 부유함이란 이름으로 수많은 산과 들이, 수많은 생명들이 죽어가는 것도 그렇습니다. 모두가 어리석은 지식에서 나온 것입니다.

지식이란 어리석음입니다. 지식을 채움으로써 완전해 질 수는 없습니다. 참된 지혜란 지식을 놓았을 때 옵니다. 그러니 공부하는 자는 지식만을 늘릴 생각일랑 쓰레기통에 집어넣는 것이 낫습니다. 잘못된 공부를 하고 잘못된 수행을 하는 자들은 오히려 참된 지혜를 욕되게 하고 있습니다.

불교공부를 하거나, 수행을 하거나, 마음을 닦아가는 사람들일수록 정말이지 큰 아상에 빠져들곤 합니다. 수행을 많이 하면 할수록 '수행을 잘 하고 있다' '나는 수행 잘 하는 사람이다' 라는 등의 '나 잘난' 상이 생겨나게 마련입니다.

수행하는 사람들은 수행의 과정에서 잘 지켜볼 수 있어야 합니다. 마음공부를 해 나갈수록, 불교 공부를 해 나가고 실천해 나갈수록, 얼마나 내 안에서 '나는 공부 많이 한 사람이다.' 라는 상이 생겨나고 있는가를….

이건 수행자들에게 있어 상당히 중요한 문제입니다. 수행이란 다른 것이 아니라, 바로 이 점을 잘 지켜보는 것입니다. 잘 지켜보아 거기에 빠지고 집착하지 않는 것이 수행입니다. 왜냐하면 무언가를 하면 할수록 '한다' 는 상이 생겨나기 때문입니다. 그 '하는' '과정' 과 '생겨나는' '상' 을 잘 살펴야 합니다. 그것이 아상이 어떻게 만들어지고 어떻게 소멸되는가에 대한, 즉 '나' 라는 것이 어떻게 만들어지고 소멸되는가에 대한 귀한 수행의 재료를 전해줄 것이기 때문입니다.

그래서 수행을 잘못하는 사람은 수행을 많이 하면 할수록 스스로 수행했다는 상이 커집니다. 겸손하고 하심하지 못하고 스스로 거만해지며, 남들을 얕보는 마음이 생겨납니다.

물론 그러지 않을 수가 없습니다. 이 공부가 너무나 엄청난 공부이고 참된 진실의 지혜를 알게 해 주는 공부다 보니 이 공부를 하다 보면 저 스스로 교만해 지지 않을 수가 없습니다. '나는 수행을 하는 사람인데' '나는 마음을 닦는 사람인데' 하면서 자신도 모르게 상대를 얕잡아 보게 됩니다. 수행을 더 열심히 하는 사람일수록, 공부를 더 많이 한 사람일수록 그렇게 되기 쉽습니다. 어떻게 그렇게 되지 않을 수 있겠습니까. 이 엄청난 공부를 하면서 어찌 그런 마음을 갖지 않을 수 있겠습니까. 그건 어쩌면 당연합니다. 그만큼 이 공부는 큰 지혜의 공부이기 때문입니다.

그런 마음을 갖지 않아야 한다는 말이 아닙니다. 그런 마음을 가지면 잘못이고 틀렸다는 말을 하는 것이 아닙니다. 어쩔 수 없이 그런 마음이 일어납니다. 그것은 매우 자연스러운 일이며 당연한 일입니다. 그러니 그런 마음 일어남에 스스로를 자책할 필요는 없습니다. 다만 잘 지켜볼 수 있어야 합니다. 그것을 놓쳐버리면 정말이지 그 달콤함에서 영영 헤어 나오기 어려울지 모릅니다.

사람들의 속성은 대접해 주면 줄수록 스스로가 정말 대단한 줄 착각합니다. 지혜롭다고 수행 잘 한다고 말해줄수록 제 스스로 지혜로운 수행자로 착각하길 좋아합니다. 스님들도 '스님' '스님' 하며 떠받들어 주면 스스로 잘난 줄 알고 신도님들께 하대하려고 합니다.

가만히 생각해 보십시오. 얼핏 잠깐 생각해 보라는 말이 아닙니다. 내 안 깊숙이까지 들어가 깊이깊이 반추해 보십시오. 나는 얼마나 나 잘난 맛에 살고 있습니까. 내가 불교 공부를 좀 했다는 생각, 나는 수행 잘 하고 있다는 생각, 나는 지혜로운 수행자라는 생각, 나는 우월하다는 생각, 상대적으로 너는 잘못됐다는 생각, 내가 옳다는 생각들, 내 안에는 너무도 많은 양의 그런 상들이 가득합니다.

그런데 수행을 잘 하면 할수록 이런 마음이 드는 건 왜 그렇습니까. 수행을 많이 하면 할수록 스스로 수행 많이 했다는 우월감이 오는 것은 왜 그렇습니까. 그게 바로 수행의 과정에서 오는 가장 중요한 수행의 재료이기 때문입니다. 그런 마음들이야말로 가장 고마운 수행의 재료들입니다. 그것이야말로 우리에게 있어 가장 중요한 수행입니다.

'난 수행자다' 하는 그 아상, 그 '나 잘난 마음' 그 마음을 잘 닦아낼 수 있어야 비로소 수행자의 대열에 들 수 있습니다. 이건 아주 중요한 문제입니다. 많은 수행자들이 한번쯤은 생각해 봄직도 하지만 깊이 있게 비추어 보고 관해보지는 않는 부분이기도 합니다.

물론 이건 수행자에게만 해당되는 문제는 아닙니다. 모든 사람들이 자기 자신을 어떤 것과 동일시 해 놓고 그것이 자신인 줄 착각합니다. 그래서 그렇게 동일시 된 자기 자신보다 못한 사람들에게는 하대하며 우월감에 젖어있고, 그 보다 잘난 사람들에게는 열등을 느끼며 온갖 부러움을 보냅니다.

그러나 이 세상에 그 어떤 것도 나 자신과 동일시 할 것은 아무것도 없습니다. 어떤 것이 '나'일 수 있겠습니까. 딱 잘라 '이것이 나다'라고 할 만한 것은 아무것도 없습니다. 그런데 무엇을 가지고 스스로 열등과 우월의식을 가질 것입니까. 그것이야말로 우리들이 가장 깊게 사유해 보고 초월해야 할 어리석은 분별심입니다.

돈 좀 있고, 계급 좀 높고, 명예도 좀 높고, 학벌이나 회사나 이름 좀 드날린다고 합시다. 그것이 나입니까? 절대 그것이 나는 아닙니다. 그냥 그것은 일종의 잠시 걸치는 겉옷일 뿐입니다. 사람들은 거기에 속을 것입니다. 아니 나를 포함한 이 세상 모든 사람들이 그런 겉모습에 속고 사는 것이 우리 사는 삶의 모습입니다. 알면서도 속고 모르면서도 속는 것입니다.

그러나 속지 마십시오. 왜 속고 살아야 합니까. 지혜로운 이라면 그것을 타파할 수 있어야 합니다. 세상에서 씌워놓은 온갖 상들에서 홀가분하게 벗어날 수 있어야 합니다. 하물며 나 자신 스스로 얽매일 것입니까.

'나는 수행자다.' '나는 회사 사장이다.' '나는 스님이다.' '나는 학교 선생님이다.' '나는 돈 많이 버는 사람이다.' '나는 능력 있고 외모도 출중한 사람이다.' '나는 의사고 변호사고 회장이다.'

그것은 내가 아닙니다. 속지 마십시오. '그것'을 자기 자신과 동일시하지 마십시오. 세상에서는 그것을 중요시 여길 것입니다. 그렇다고 따라가지 마십시오. 그것은 달콤합니다. 좋은 차를 타고, 좋은 집에 살면서, 돈을 펑펑 쓰고 살면 남들이 모두 나를 대접해 줍니다. 남들이 나를 바라보는 눈빛이 다릅니다. 나를 공경하고 아부하며 믿고 따릅니다. 그것은 너무나도 달콤합니다. 그것을 버리기 싫습니다. 놓치기 싫습니다. 그런 달콤한 유혹을 버릴 수 없습니다. 더 많이 벌고 싶고, 더 많이 주목받고 싶고, 더 높은 자리에 오르고 싶으며, 내 이름을 더 많이 빛내고 싶습니다.

그러나 그것을 버릴 수 있어야 합니다. 설사 그것을 다 누리고 살더라도 거기에 집착하지 않을 수 있어야 합니다. 그게 우리들의 수행입니다.

그것이 '아상'을 녹이는 무아의 수행이고, 집착을 버리는 방하착의 수행이며, 어디에도 고정된 실체가 없다는 삼법인의 수행이며, 항상하는 것이 없다는 무상의 수행, 텅 비어 있다는 공의 수행, 다만 조건 따라 변화해 갈 뿐이라는 인연법의 수행입니다.

'나'라고 생각되는 일체 모든 것을 버려야 합니다. '나'는 없기 때문입니다. '내 소유'에 얽매이고 집착하지 마십시오. '내 것'은 어디에도 없습니다. 하물며 수행하는 사람이 '나는 수행자다'라는 상을 내면서 스스로 남들보다 우월하다는 생각을 할 수 있겠습니까. 나는 수행하는 사람이니 우월하고 남들은 수행이 뭔지도 모르는 사람이니 열등한 것인가요. 그렇지 않습니다. 그런 생각이 있다면 그렇지 않습니

다. 설사 그것이 사실이라 하더라도 그런 생각이 있다면 그
것은 거짓입니다. 그것은 내가 나를 속이고 있는 것입니다.

 물론 나 또한 나를 속이고 있습니다. 내 스스로도 거기에
서 벗어나고 싶습니다. 그래서 더욱 더 그러한 내 마음을 내
속을 더 깊이 있게 지켜보고자 합니다. 내 스스로 나를 속이
고 있는 것을 깊게 지켜보고 바라보며 알아채고자 노력할
뿐입니다. 다만 그렇게 지켜볼 뿐. 깊이 지켜보아야 보입니
다. 그래야 내가 얽매이고 있는 것의 실체에 눈뜰 수 있습니
다. 어설프게 관하면서 관 수행이 어쩌고, 위빠싸나가 어쩌
고 하지 마십시오.

 당분간은 그저 다만 바라보기만 하십시오. 스스로 그 틀
을 얼마만큼 훤히 바라보고 있는지 깊이 바라보십시오. 왜
냐하면 그렇게 스스로 남들에게 알려주려고 하면 '알려준
다'는 그 틀 속에 빠져 스스로 커다란 상을 하나 만들게 됩
니다. 자신은 이제 '알려주는 사람'이 됩니다. 그것이 '법
사'여도 좋고, '스님'이어도 좋고, '포교사'나 혹은 '선생
님'이어도 좋습니다. 누군가보다 더 우월하다는 그 모든 표
현들, 그래서 알려줘야 한다는 그 모든 표현들, 그것이 또
다른 상을 만들어 내어 나 자신을 더욱 얽어맵니다.

 어쩌면 스님들은 '스님'이라는 틀을 깨는 사람들입니다.
부단히 스님을 깨고 나오는 사람들입니다. 그래서 비로소
스님이라는 상에서 깨어났을 때 비로소 스님이 될 수 있는
사람들. 스님이 아닐 수 있을 때 비로소 진정한 스님이 될
수 있는 그런 사람들입니다.

수행자는 수행자라는 틀을 깨려는 사람들이며, 선생님은 선생님이라는 틀을 깨려는 사람들이고, 교수님, 사장님, 회장님 그들은 교수, 사장, 회장이 아니어야 합니다.

그것이 아니었을 때 비로소 그것이 될 수 있기 때문입니다. 『금강경』에 '불법은 불법이 아니다. 그러므로 불법이다.' 란 구절이 있습니다. 그것은 우리 모두에게 적용되는 표현입니다.

스님은 스님이 아닙니다. 그러므로 스님입니다. 스님이 스님이라고 하면 그는 스님이 아닙니다. 수행자가 스스로 수행자라는 상에 빠져 있게 되면 그는 더 이상 수행자일 수 없습니다. 그것이 아닐 때 비로소 그것이 될 수 있습니다. 아무것도 아닐 때 비로소 그 무엇도 될 수 있습니다.

'무엇'이 되고자 하지 마십시오. 그 무엇도 되지 않을 수 있었을 때 비로소 참된 자신을 만날 수 있습니다. '이것이 나다' 라고 할 만한 그 어떤 것도 없을 때 비로소 내가 누구인지 조금씩 보이기 시작할 것입니다.

수행자의 힘, 믿음과 맡김

내가 지금 믿고 있는 것은 무엇입니까. 부처님을 믿고 있습니까, 하느님을 믿고 있습니까, 아니면 어떤 사실이나 원칙, 진리를 믿고 있습니까. 무엇이든 좋습니다. 왜 그것을 믿습니까. 두렵기 때문입니다.

세상에 대한 두려움 때문에 믿습니다. 그 두려움이란 알지 못함, 즉 무지에서 오는 두려움입니다. 우리는 이 세상에 대해 알지 못합니다. 어리석습니다. 어리석다 보니 온통 불분명하고, 불투명하며, 복잡하고, 불규칙하게 느낍니다. 무엇 하나 온전한 것이 없습니다. 그러다 보니 두렵고 무섭습니다. 미래에 대해서도 두렵고, 일에 대해서도, 죽음에 대해서도, 모든 것이 알 수 없는 두려움뿐입니다.

그러다 보니 무언가에 의지하지 않을 수 없습니다. 나를 안락하게 해 줄 도피처를 찾지 않을 수 없습니다. 바로 그때 사람들은 어떤 '절대'나 혹은 '신', '불'을 가정해 놓고, 그것만이 온전하다고 가정해 놓고, 이제부터 그것을 믿기로 작정하기 시작합니다.

그럼으로써 이 세상이라는 두려운 곳에서 의지할 곳을 얻게 됩니다. 그것이 우리가 알고 있는 '믿음'의 실체입니다.

그러나 그러한 믿음은 언제고 바뀔 수 있습니다. 선택한 믿음이기 때문입니다. 내가 믿을 대상에 대한 확증 없이 그저 두려움 때문에 믿기로 마음먹었기 때문에 언제든 나의 믿음은 바뀔 수 있습니다.

하느님을 믿다가 하느님이 나의 두려움을 해소시켜 주지 못하거나, 내가 바라는 바를 얻게 해 주지 못하면 선뜻 믿음의 대상을 부처님으로 바꿀 수 있는 것입니다. 또 어떤 사람은 부처나 신보다도 나무나 산이나 바다를 믿을 수도 있고, 그 믿음의 대상은 무엇이든 될 수 있습니다. 그것은 그 대상이 내 믿음으로 확증된 것이 아니라 내가 그것을 정해 놓고 믿기로 마음먹은 때부터 믿음이 시작되었기 때문이고, 그렇기에 그 믿음은 온전한 믿음이 아닙니다.

믿음은 그런 것이 아닙니다. 온전한 믿음이라면 믿음의 대상은 바로 내가 되어야 합니다. 나만이 내 스스로 경험하며, 존재하고 있기 때문입니다. 나 자신에 대한 믿음, 나 자신의 근본에 대한 확신과 신뢰 그것이야말로 온전한 믿음의 시작입니다.

내 바깥을 믿는 것은 '믿음'이 아니라 '선택'입니다. 수많은 내 바깥의 대상들 가운데 한 가지를 선택하여 믿기로 하는 것일 뿐입니다. 그것은 온전하지 못하고, 내 스스로 확증해 보지 못한 것입니다. 그것은 내 안의 두려움과 나약함, 그리고 알지 못하는 어리석음 등 나의 부족함을 어떤 대상에게 의지함으로써 보상받고자 하는 허약한 심리일 뿐입니다.

자기 자신에 대한 믿음만이 온전합니다. 내가 나를 믿지 못하면 누가 나를 믿겠습니까. 내가 나를 믿지 못하고 내 바깥의 대상을 믿는다면 그렇다면 나는 얼마나 공허할 것입니까. 내 안에 내 주인을 세우지 못하고 내 바깥에 의지한다는 것이 얼마나 나약한 일입니까. 그것은 나 자신에 대한 두려움입니다. 스스로 두려움을 느끼기 때문에 내 바깥의 대상을 절대화, 신격화, 진리화 시켜 놓고 그것을 믿고 의지하려는 것일 뿐입니다. 그것은 가짜 믿음입니다. 그러한 종교는 가짜입니다. 자기 자신에 대한 신뢰와 확신이야말로 온전하고 참된 믿음입니다.

자기 자신에 대해 믿음을 가지는 사람은 두렵지 않습니다. 자기 근원에 대한 믿음을 가진 사람은 나약하지 않고, 두렵지 않으며, 강하고 용기와 자신감에 넘쳐흐릅니다. 자기 자신이야말로 진리이며 신이고 부처인 것을 믿기 때문입니다. 그랬을 때 참된 용기가 생기고, 두려움은 사라집니다. 그 어떤 것도 다 받아들일 수 있는 용기가 생깁니다.

이 세상에서 그 어떤 괴로움이나 두려움이 오더라도 그 경계가 자신을 휘두르지 못합니다. 나야말로 진리의 나툼임을 알고 있습니다. 진리가 나를 헤칠 리가 없음을 알고 있습니다. 내가 이 세상에 태어난 것은 다 진리다운 이유가 있기 때문임을 알고 있습니다. 나라는 존재는 진리의 일을 하기 위해 이러한 모습으로 여기에 있음을 온전히 알고 있습니다.

내 앞에 펼쳐지는 그 어떤 괴로움도, 그 어떤 경계도 기꺼이 다 받아들일 준비가 되어 있습니다. 그것이 내가 이곳에 온 목적이라는 것을 알고 있습니다. 내 앞에 나타나는 그 어

떤 존재도 모두가 법계에서 부여한 나름대로의 온전한 목적
이 있음을 알고 있습니다. 그렇기에 그 어떤 존재도, 그 어
떤 일도 온전히 존중하며 기꺼이 받아들일 준비가 되어 있
습니다.

그것이 나 자신에 대한, 내 근본에 대한 믿음입니다. 나
자신에 대한 믿음이 있을 때 우리는 일체 모든 것을 '맡길'
수 있습니다. 내 안의 근본에, 내 안의 진리에, 내 안의 신이
며, 내 안의 부처에게 일체 모든 것을 내맡길 수 있는 용기
가 생깁니다.

참된 믿음은 그렇듯 모든 것을 내맡기고 받아들일 용기와
자신감을 가져옵니다. 물의 흐름처럼 내 인생의 법다운 흐
름에 턱 내맡기고 따라 흐를 준비가 되어 있습니다.

나약하고 두려우며 어리석은 사람은 결코 나 자신을 나
자신에게 내맡길 수 없습니다. 믿지 못하는 사람은 결코 턱
내맡기지 못합니다. 그러나 참된 믿음은 모든 것을 내맡길
수 있는 용기를 줍니다. 이제 그는 더 이상 괴로울 일이 없
습니다. 그 어떤 경계가 오더라도 기꺼이 받아들일 준비가
되어 있습니다. 그것이 무엇이든 진리의 나툼이며 내가 진
리답게 살아가는 한 방식임을 알고 있기 때문입니다.

그것은 알지도 못하는 내 밖의 어떤 존재에게 나를 행복
으로 가져다 달라고, 두려움과 괴로움을 없애 달라고 믿고
의지하는 것과는 차원이 다른 믿음입니다.

어떤 종교를 선택하겠습니까. 어떤 믿음을 선택하겠습니
까. '선택'을 해서는 안 됩니다. 어느 하나를 선택하면 다른

선택에 대한 미련이 남을 것입니다. 그랬을 때 내 마음은 평온을 잃고 혼란을 가져옵니다.

선택하지 말고 다만 믿으십시오. 내 바깥을 기웃거리면 선택할 것만 계속해서 늘어납니다. 그러나 내 안을 바라보고 내 내면의 근본에 대한 믿음을 가지면 분열이 없고 혼란이 없습니다. 그것은 선택이 아닌 당위입니다. 나 자신은 여러 가지가 아닙니다. 여럿 중에 어떤 것을 믿을까, 선택할까의 나뉘는 문제가 아닙니다.

그저 나 자신을 믿는다는 것은 선택이 아닌 확신입니다. 그랬을 때 힘이 생기고 자기중심이 우뚝 서며, 일체를 내맡길 수 있는 용기가 생깁니다. 이렇듯 참된 믿음은 내맡김이고, 용기입니다. 믿음이 없다면 불안과 두려움이 늘 나를 따라다니겠지만, 참된 믿음이 있다면 그 어떤 두려움도 불안도 없습니다.

오직 당당한 용기로써 내맡김만이 있는 것입니다.

두려워하지 마십시오. 참된 믿음으로 일체 모든 것을 맡기십시오.

수행이란 '나 자신'이 되는 문제

　우리가 수행을 하는 것은 온전한 나 자신이 되는 문제입니다. 아이러니 하게도 온전히 '나 자신'이 될 때 그 때 비로소 온전한 '전체'가 되는 것이고, 법계와 하나가 되는 것입니다.

　수행을 하고 있을 때 내가 비로소 나 자신이 될 수 있습니다. 그런데 우린 대부분의 시간 동안 나 자신으로 살지 못하고 늘 무언가로 또 누군가로 살곤 합니다.

　나를 규정지을 때 꼭 다른 누군가와의 비교나 판단 분별이 개입됩니다. 그러다 보니 나라는 순수한 존재가 좋고 나쁜, 옳고 그른, 잘나고 못난, 지혜롭고 어리석은, 수행을 잘 하고 못 하는 그런 분별의 존재가 되고 마는 것입니다.

　'나'는 그냥 '나' 자신으로써 남았을 때 가장 평화롭습니다. 누군가와 비교 분별 판단하여 나 자신을 잃어버렸을 때, 누군가 보다 더 낮거나 혹은 못난 사람이 되었을 때 모든 문제가 시작되는 것입니다. 그렇기 때문에 수행을 한다는 것은 그저 '나 자신'이 되는 문제인 것입니다. 지금 이 순간의 나 자신이면 그만이지 다른 어떤 순간을 바랄 것도 없고, 다른 누군가와 견주어 질 것도 없습니다.

수행을 하고 있는 순간 그냥 그것으로 좋은 것입니다. 관하고 있는 순간 이렇게 깨어있는 그 자체만으로 좋은 것입니다. 온전하게 깨어있을 때는 내가 나 자신이 됩니다. 나와 내 밖의 다른 존재의 구별이 무의미하고, 지금의 어리석은 나와 미래의 깨달은 지혜로운 나라는 구분도 없습니다. 그저 지금 이렇게 온전한 자각만 있을 뿐. 그러한 자각이 있을 때 평화가 옵니다.

그런데 보통 수행하는 사람들에게 있어 가장 큰 장애가 되는 것이 바로 이 점입니다. 수행을 하면서 '내가 수행한다' 는 '나는 기도를 잘 한다' 는 그런 상이 생겨나는 것이 큰 병통이란 말입니다. '나는 수행자다' '나는 수행을 잘 한다' 는 말 속에는 또 다른 분별이 자리하고 있고, 내가 나 자신이 되지 못한다는 암시가 있습니다.

다시 말해 스스로 수행한다는 생각이 있을 때, 수행 안 하는 사람에 대해 나와 비교하는 마음이 생기고, 나는 이렇게 매일 아침 기도하고 있는데 저 사람은 기도도 안 하고 잠만 자고 있구나 하는 얕보는 생각도 들고, 다른 수행 안 하는 사람들에 대해 참 어리석다거나, 불쌍하다거나, 못 났다는 분별이 듭니다. 그런 생각이 들었을 때 나는 더 이상 수행을 하고 있는 것이 아니고, 수행자가 아닙니다.

수행은 그런 게 아닙니다. 그렇게 견주는 것이 아닙니다. 그저 수행하고 있는 그 자체로써 그만인 것입니다. 수행한다는 생각도 없는 그저 함이 없이 하고 있는 그 자체인 것입니다.

견준다는 말, 비교한다는 말은 나와 남이라는 분별이 있고, 차별이 있으며 그랬을 때 내가 '나 자신'이 될 수 없습니다. '나 자신'이 된다는 말은 누군가와의 차별이나 분별이 사라진 그저 있는 그대로의 '나 자신'을 의미하는 것입니다. 나와 남을 구분하는 속에서 나를 규정짓는 것이 아닌 그저 아무런 분별도 비교도 다 끊어진 그 속에서 '나 자신'이 될 수 있어야 하는 것입니다.

그러자면 내가 지금 이 순간에 온전하게 깨어있어야 합니다. 지금 여기에서 온전한 비춤, 알아차림이 있을 때 내가 진정 '나 자신'이 될 수 있습니다. 온전한 각성의 상태에는 분별이 없고 차별이 없습니다. 관(觀)이 있을 때 내가 사라지고, 나와 남의 구분이 사라지며, 나와 나의 문제가 사라지고, 내가 그대로 온 우주와 하나가 되는 것입니다. 그것이 바로 진정한 '나 자신'을 찾는 일인 것입니다.

내가 있고 나와 구분되는 무언가가 있을 때 그 때 모든 괴로움은 시작됩니다. 만약 내가 참된 수행을 하고 있다면 수행을 한다는 생각도 없을 것이고, 수행을 하지 않는 게으른 사람을 탓할 일도 없으며, 나보다 수행 잘 하는 사람에 대한 부러움도 없을 것입니다.

온전한 수행 속에서는 나와 남의 분별이 없기 때문에 어떻게 보면 내가 수행할 때, 남도 똑같이 수행하고 있는 것입니다. 수행을 모르는 사람이라도, 기도를 하지 않는 사람이라도, 행여 게으르게 빈둥거리며 놀기만 하는 사람일지라도 내가 수행을 하는 순간 그들도 수행을 하고 있는 것이 됩니다.

내가 수행을 할 때 이 세상 전부가 함께 수행을 하는 것입니다. 아니 그 때 내가 이 세상 전부가 되는 것입니다. 참된 수행이라는 것은 이렇듯 아무런 차별도 구분도 없는 것이란 말입니다. 내가 수행할 때 남도 똑같이 수행하는 것이 될 수 있을 때, 남들과 비교나 판단이나 시비 분별할 것도 없이 다만 '수행' 만이 있을 때, 그 때 비로소 수행을 하고 있는 것이지, 수행을 하면서도 잘 한다거나 못 한다거나 시비가 붙으면 벌써 수행은 수행이 아닌 것이 됩니다.

다시 말해 온전히 수행하는 순간은 다만 수행만이 있어야 한다는 말입니다. 그러니 수행하는 사람이 남들 수행 안 한다고 탓할 것은 없습니다. 나는 수행자라고 으쓱할 것도 없고, 나의 훌륭한 수행에 대한 과보를 바랄 것도 없습니다. 수행이라는 그 말 자체도 끊어져야 하고, 수행하는 주체인 '나' 라는 것마저 완전히 사라지는 것입니다.

내 수행이 바로 남의 수행이기 때문입니다. 내가 참된 수행을 할 때 온 세상과 내가 참된 하나를 이루기 때문입니다. 그러니 남들 수행에 대해 참견할 것도 없고, 남들 게으름을 탓할 것도 없고, 남편이나 자식들 수행 안 한다고 안타까워 할 것도 없고, 나는 수행 잘 한다는 상을 가질 것도 없으며, 반대로 수행이 잘 안 된다거나, 수행력이 없다거나 할 것도 없이 내가 수행할 때는 오직 수행만이 있으면 됩니다. 그것 외에 다른 것은 없습니다.

그렇게 모든 차별이 끊어지고 내가 '나 자신' 이 될 때, 온전한 깨어있음이 유지될 때, 그 어떤 일도 모두가 수행이 되

고 기도가 되는 것이며, 나의 수행이 모든 이들의 수행이 되
는 것입니다. 수행자는 모름지기 다만 내 수행만을 볼 일이
지, 남들의 수행에 대해 따질 것이 없습니다. 남들이 수행
못 한다고 얕볼 것도 없고, 나보다 수행 잘 한다고 기가 죽
을 것도 없습니다.

사실 수행을 잘 하고 못 한다는 것은 없습니다. 내 분별이
수행을 잘 하고 못 한다고 나누는 것이지, 참된 수행의 세계
에서는 잘 하고 못 하고도 또 하나의 어리석은 분별일 뿐입
니다.

주위를 돌아보지 말고 다만 '나 자신'이 되시길….
다만 나 자신으로써 내 수행의 길을 걸으시길….

화두 '나는 누구인가'

우리 인생의 가장 근원적인 물음은 '나는 누구인가' 하는 것입니다. 우리가 깨닫는 그 순간까지, 깨닫지 못한다면 죽음에 이르는 마지막 그 순간까지 언제까지고 스스로에게 던져야 하는 질문이 바로 '나는 누구인가' 하는 물음이라는 말입니다.

그것만이 모든 수행자의, 아니 모든 사람들이며 모든 존재들의 공통된 물음이고, 그것을 찾는 것이 우리 모두의 본업인 것입니다.

왜 그렇겠습니까? 단순합니다. 이렇게 세상을 살아가지만 내가 누구인지 모르고 세상을 살아가기 때문입니다. 나도 누구인지 모르면서 남들을 평가하려 하고, 시비 분별하려고 하고 '내 것'을 늘려 나가려고 하고 나를 포장하려 들고 내 생각이 있다거나, 옳다거나 생각하고 몸뚱이를 치장하려 들고 있다는 것이 말이나 되는 얘기입니까?

물론 내가 나를 알고 있다고 할지 모르겠습니다. 내가 나를 모르면 누가 나를 알겠냐고 따질지 모릅니다. 스스로를 잘 안다고 여긴다면 답을 해 봅시다. '나는 누구인가'에 대한 답을 말입니다.

몸뚱이는 늘 변하는 것이니 이 몸이 내가 아닙니다. 세포 조직 또한 늘 변화하니 1년 전 나의 몸과 지금의 나의 몸 또 1년 후 나의 몸은 몸뚱이로 보았을 때 전혀 별개의 사람일 뿐입니다. 그런데도 그 때도 '나' 지금도 '나'라고 하지 않습니까.

몸뚱이가 내가 아니면 성격이 나일까요? 성격도 항상 변합니다. 착한 사람이 나쁘게도 나쁜 사람이 착하게도 변하지요. 어릴 적 성격과 커서 성격이 다른 사람이 얼마나 많습니까.

마음이 보통 나다 하고 얘기하겠지만 그 마음이라는 게 도대체 무엇이냐 말입니다. 여전히 오리무중입니다. 알 길이 없습니다.

내가 나를 모르고 산다는 게 말이 됩니까? 이건 정말 웃긴 얘기고, 정말 황당하면서도 아주 비상식적인 얘기입니다. 내가 나를 모르면서 안다고 생각하고, 이미 알고 있다고 여기다 보니 더 이상 알려고 하질 않게 됩니다.

고작해서 이름을 안다, 태생을 안다, 고향을 안다, 어느 학교를 나오고 어느 직장엘 다니고 어떤 사람과 결혼하여 어떤 자식을 낳았다는 것을 안다고 나를 알고 있다고 생각하면 큰 오산입니다.

내가 나에 대해 훤히 안다고 생각하지만 그 안다는 것이 얼마나 어리석은 알음알이에 불과한지 가만히 '안다'는 것에 대해 되짚어 봅시다.

우리가 안다고 생각하는 것은 내 스스로 그렇게 안다는

말이 아닙니다. 물론 내 스스로 살아 온 경험을 통해 알 수도 있겠지요. 그러나 그것은 아주 단편적이고 어떤 특정한 사건에 대한 반응들의 단편을 알고 있는 것에 불과합니다.

우리는 살다보면 '나 자신'에게 놀라는 경우를 보게 됩니다. '그 때는 나도 내가 왜 그랬는지 모르겠어' '나도 나에게 놀랐어' '내가 어떻게 그런 생각을 할 수가 있지. 내가 무서워'

그건 다시 말해 나도 나 자신에 대해 잘 모른다는 반증입니다. 그러면 우리가 자신 스스로를 안다고 여기는 것은 도대체 무엇 때문일까요? 무엇을 보고 안다고 말하는 것일까요?

그것은 나에 대한 남들의 평가를 조합하여 나라는 것을 만들어 낸 것에 불과합니다. 남들이 그렇다고 하니까 그런 줄 아는 것에 불과합니다.

남들이 '너 참 똑똑하다' 하고, 학교에서 '성적표'를 주면서 많은 사람들 가운데 몇 등이니 너 참 똑똑하다 하니까 스스로 '난 똑똑한 사람'이라는 편견을 자신과 동일시하는 겁니다. 사회에서 인정해 주면 스스로 인정받는 사람이 되는 거고, 사회에서 인정해 주지 않으면 스스로 인정받지 못하는 사람이라고 자학하곤 합니다.

남들이 '잘 생겼다'고 많이 얘기하면 스스로 잘 생겼다고 생각하고 '나는 잘 생긴 사람'이라는 알음알이를 하나 더 추가합니다. 너 참 운동 잘 한다고 하면 그런 말을 많이 듣다 보면 '난 운동 잘 하는 사람'이라고 생각한단 말입니다.

그렇게 사회적으로, 남들의 시선에서 이렇다고 하면 그것이 내가 되어 버립니다. 내 스스로 내가 되는 것이 아니라 남들의 시선에 의해 내가 되는 것입니다.

그러나 내가 가지고 있는 그 수많은 편견들, '나'에 대한 수많은 알음알이들이 정말 '나'일까요? 그렇지 않습니다. 내가 가지고 있는 '나'에 대한 알음알이들은 거의 다가 남들로부터 얻어진 것에 불과합니다. 남들이 그렇다고 하니까 그렇게 여기는 것입니다. 다른 사람의 눈을 통해 나를 보고 있는 겁니다. 내 스스로 나를 보지 못하니까 내 스스로 내가 누구인지를 모르니까 남들의 말에 의존하고 있는 것입니다.

보편적으로 많은 사람들이 '너 잘생겼다' '똑똑하다' '키가 크다' '능력 있다' '성격 좋다' '운동 잘 한다' 그렇게 얘기하면 그 정보와 데이터를 통계해서 '나는 이런 사람이다' 하고 결정짓는 것에 불과한 것입니다.

그런 식으로 '내가 누구인가'에 대한 해답을 내리고 그것이 정말 나의 실체라고 생각하고 있는 것입니다. 이렇게 남들이 나에 대해 이야기 하는 온갖 정보며 말들을 통해 나를 결정짓는 것은 왜 그러는 것일까요? 왜 내가 나를 보지 못하고 남을 통해 나를 보느냔 말입니다.

그건 내가 나를 모르니까 그런 겁니다. '나는 누구인가'에 대한, '이뭣고'에 대한 환한 답변을 스스로 내릴 수 없으니까 남들의 말과 남들의 평가 남들의 시선에 나를 내맡기는 겁니다. 남들에 의존해서 나를 평가하려 드는 것입니다. 내가 나를 모르니까 남들을 통해 나를 알려고 하는 겁니다.

그러다 보니 남들의 말 한마디 한마디가 나를 크게 뒤흔들어 놓게 마련입니다. 남들이 나에게 욕을 하고, 능력 없다고 하면 스스로 능력 없는 사람, 욕 얻어먹는 사람으로 판단하게 됩니다.

물론 처음에는 아니다 싶겠지만 그런 남들의 의견들이 점차 많아지다 보면 스스로 '나는 능력 없는 사람'으로 결정짓게 된단 말입니다. 그러다 보니 우리가 남들의 말에 많이 휘둘리게 되는 겁니다. 남들이 욕을 하든 능력 없다고 하든 내가 내 스스로 중심이 서 있는 사람이라면, 내 스스로 내가 누구인지를 아는 사람이라면 그런 말에 흔들릴 이유가 뭐가 있겠습니까. 내가 나를 모르니까 남들이 나에 대해 하는 말에 크게 휘둘리는 겁니다. 남들의 말이 모여 내가 누구인지 알 수 있기 때문입니다.

남들이 나를 욕했을 때 내 마음이 아플 이유는 없습니다. 그건 그냥 그 사람 말일 뿐이지 그 말이 나를 직접적으로 아프게 할 아무 이유가 없습니다. 그 말이 그대로 나를 대변하는 말이 될 수는 없지 않습니까. 그런데도 우리는 남들로부터 얻어진 나에 대한 판단과 정보들을 모아 나를 만들어 내기 때문에 내 마음이 아픈 것이란 말입니다.

그러니 많은 사람들이 이리 휘둘리고 저리 휘둘리고, 남들의 시선과 판단과 말에 휘둘리면서 자기중심을 잡지 못하고 있는 것입니다. 그게 모두 다 내가 누구인지 모르기 때문에 벌어진 일들입니다.

이게 얼마나 어리석고 황당한 일입니까. 내가 나를 모르고 남들을 통해 나를 알려고 한다는 게 말입니다.

그런데 더욱 당황스런 일이 하나 더 있습니다. 그렇게 나를 판단하고 나를 결정 지어 왔던 바로 그 '남'들도 여전히 스스로를 모른다는 사실입니다. 다른 사람들 역시 자신 스스로가 누구인지 모릅니다. 스스로 내가 누구인지 모르는 사람이 어떻게 다른 사람이 누구인지를 알려줄 수 있겠습니까?

스스로 자신이 누구인지도 모르는 사람이 하는 말이나 평가 견해 의견들을 가지고 어떻게 내가 누구인가에 대한 해답을 내릴 수 있느냔 말입니다. 유치원생이 어떻게 유치원생을 가르쳐 줄 수 있겠습니까.

어리석은 사람들의 어리석은 판단과 견해에 휘둘려 나도 함께 더욱 더 어리석어지는 일들이 이렇게 우리 삶 속에서 버젓이 벌어지고 있단 말입니다.

그렇기 때문에 우리는 우리 스스로 '나 자신'을 알아야 합니다. '나는 누구인가'에 대한 해답을 스스로 내리지 않는 이상 언제까지고 남들의 시선과 판단과 견해에 휘둘리게 될 것입니다. 남들을 통해 나를 결정짓고 남들의 말 한마디에 괴로웠다 즐거웠다를 반복하며 그렇게 끊임없이 어리석은 아상만 키워 갈 것이란 말입니다.

그래서 우리 삶에서 가장 중요한 물음은 '나는 누구인가'에 대한, '이뭣고'에 대한 답을 찾는 일이라고 했습니다. 그것이 바로 화두(話頭)인 것입니다. 이 화두를 깨지 못하는 이상 우리는 절대로 자유로워질 수가 없고, 주변 사람이며 경계에 휘둘리게 될 것이고, 내 스스로 중심 잡고 당당하게 살 수가 없게 될 것입니다.

부처님이야말로 다른 사람의 말이나 평가 견해에 아무런 영향도 받지 않고 휘둘리지 않습니다. 욕이나 칭찬에 흔들리지 않습니다. 남들이 아무리 부처님을 보고 잘했다느니 잘못했다느니 능력이 있다느니 없다느니 깨달았다느니 깨닫지 못했다느니 하더라도 아무런 상관이 없는 것입니다. 부처님은 스스로가 누구인지 환하게 깨쳐 알고 있기 때문입니다. 내가 누구인지 벌써 훤히 알고 있다면 더 이상 내가 누구인지 남들을 통해 알아낼 것도 없고, 그런 남들의 어리석은 판단 분별에 놀아날 것도 없는 것입니다.

우리도 부처님처럼 '나는 누구인가'에 대한 해답을 스스로 내릴 수 있어야 하겠습니다. 그 답은 어디에서 나옵니까. 바로 내 안에서 나옵니다.

어떻게 나옵니까? 자꾸 묻고 또 묻고 우리 안을 향해 자꾸만 물음을 던졌을 때 우리 안에서 그 답이 열리는 것입니다.

집안에 있는 주인이 손님이 집으로 들어오고 싶어 해도 자꾸 문을 두드려야 문을 열어주지 문도 두드리지 않는데 문을 열어주겠습니까? 내 안의 주인을 만나고자 한다면 자꾸만 내 안의 문을 두드려야 합니다. '나는 누구인가' 스스로에게 자꾸 물을 수 있어야 합니다.

삶 속에서 수행자는 늘 물을 수 있어야 합니다. '나는 누구인가' 하고 진지한 물음을 던질 수 있어야 하고, 한 번 진실로 물었다면 내면으로 들어가 그 답을 찾을 수 있어야 할 것입니다.

'나는 누구인가' 그 답을 찾는 것이 모든 수행자의 길입니다.

이 글을 읽고 있는 당신은 누구입니까? 물론 답이 안 나오겠지요. 아무리 물어도 답도 안 나오고 답답하고 갑갑하겠지요. 막막하고 잘 하고 있는지도 모르겠고, 도대체 뭘 어쩌라는 건지 진퇴양난이 될 겁니다. 여전히 모를 뿐, 오직 모를 뿐, 아무리 찾아도 답은 나올 기미도 안 보일 겁니다.

그러더라도 자꾸 두드려야 됩니다. 자꾸 알려고 하면 할수록 더욱 모르겠고 모르겠습니다. 그러나 도대체 답답하고 모르겠는 것이 잘 가고 있는 것입니다. 숭산 스님 표현처럼 '오직 모를 뿐'으로 모르는 그 속으로 들어가고, 답답한 그 속으로 들어가 더 두드려야 하는 것입니다. 오히려 알 것 같다고 하면 모르는 것이고, 도무지 모를 때가 잘 가고 있는 것입니다. 오직 모르겠고 답답한 그것이 화두입니다.

백척간두진일보(百尺竿頭進一步) 하라는 말은 도무지 모르겠고 모르겠고 미치겠어서 막 터질 것 같을 때, 막 죽을 것 같을 때 그 때 죽을까봐 그만두고 나오지 말고 거기에서 한 발 더 가서 그냥 죽어버려야 한다는 말입니다. 그냥 살겠다는 생각도 다 버리고 그냥 몽땅 놓아버려서 백척간두에서 진일보 했을 때 그 때 답이 나올 것이란 말입니다.

'나는 누구인가' 하는 그 물음만 자꾸 던질 것이 아니라 한 번 물었으면 그 다음부터는 답만 찾으면 됩니다. 답만 찾아야 모르겠고 답답한 참화두 속으로 들어가지지, 자꾸 '이 뭣고'만 되풀이 하면 머리만 복잡해지고, 머릿속만 어지럽

히는 꼴이 되어 참된 화두는 놓치게 됩니다.

머릿속으로 화두를 찾지 말고, 온몸으로 '오직 모르는' 그 답답하고 갑갑한 그 속으로 들어가야 참화두를 찾을 수 있을 것입니다.

다시 한 번 묻습니다.

'이 글을 읽고 있는 당신은 누구입니까?'

무집착, 그 하나에서 전체를 본다

무언가를 나누어 주거나 또 무언가를 받을 때, 참 기분이 좋습니다. 줄 때도 기분이 좋고, 받을 때도 기분이 좋습니다. 그런데 주었을 때 좋은 기분하고 받았을 때 좋은 기분은 좀 다릅니다.

주었을 때 기분이 좋은 이유는 무얼까요. 무언가를 주게 되면 '내 것'이 소멸되기 때문에 괴로워야 할 텐데 좋은 것은 무엇 때문입니까. 그것은 우리 안의 참나, 다시 말해 온 우주 법계의 참성품이 둘이 아닌 하나로써, 대아(大我)로써 존재하기 때문입니다. 주는 자도 받는 자도 주는 것 또한 모두가 하나의 성품이니까 무엇을 주고받고도 없이 그냥 좋은 것입니다.

즉 주었을 때 좋은 기분은 가만히 살펴보면 근원적인 기쁨이라고 할 수 있고, 받았을 때 좋은 기분은 보통 세간적인 기쁨이라고 할 수 있습니다. 받았을 때 '내 것'이 늘어나는 것이니까 받았을 때는 들뜨는 기쁨이지만 주었을 때의 기쁨은 그저 담담하고 맑습니다. 물론 주고받고를 다 초월해 버렸다면 주는 것이든 받는 것이든 똑같이 근원적인 기쁨을 얻을 수 있겠지만 보통이 그렇다는 말입니다.

다시 말하면 주었을 때 우리는 기쁨을 느낍니다. 근원적인 통찰의 기쁨을 느끼는 것입니다. 주었을 때 좀 더 근원의 마음자리를 느끼게 됩니다. 좀 더 본래의 마음자리, 참성품과 가까이 하게 되는 것입니다.

일반적으로 생각하면 주었을 때 '내 것'이 소멸되니까 괴로워야 하겠지만 참으로 맑게 주었을 때는 '큰 나(大我)'가 '큰 나'에게 주고 또 받는 것이기 때문에 결국 그것도 '큰 나'가 받는 것이니까 좋은 것이란 말입니다.

이것이 우리가 베풀고 보시를 해야 하는 이유입니다. 보시가 단순한 복을 짓는 일을 뛰어넘어 깨달음의 씨앗이 되는 이유인 것입니다. 보시를 했을 때, 그 베풂의 행위로 인해 기쁨을 느낄 때, 우리가 내 본래자리 참성품과 하나됨을 아주 미세하게나마 느낄 수 있는 순간인 것입니다.

물론 주고 나서, 베풀고 나서 좋은 느낌이 아닌 싫은 느낌일 수도 있습니다. 주고 나서 마음이 괴롭다거나 '내 것'을 잃었다는데 아깝다거나 허탈감을 느낄 수도 있습니다. 그것은 집착이 남아 있기 때문입니다. 집착이 남아 있는 베풂은 기쁠 수가 없습니다. 참된 베풂은 집착이 없는 데서 옵니다.

베풂이야말로 무집착의 온전한 실천입니다. 집착하지 않아야 맑게 베풀 수 있고, 또한 베풀었을 때 집착을 버릴 수 있습니다. 좀 단정적으로 말하면 베푸는 것이 집착하지 않는 것입니다. 무집착이야말로 모든 중생들의 괴로움을 풀어 줄 수 있는 해답입니다.

집착이 모든 괴로움의 씨앗이 되기 때문입니다. 모든 괴로움의 씨앗은 집착이고, 집착을 놓아야 평화롭고 행복한 삶을 살 수 있으며, 바로 그 집착을 놓으려면 베풀어야 합니다.

집착을 놓는 것이 모든 수행의 핵심입니다. 집착을 버리는 것이 마음을 비우는 것이고, 공으로 나아가는 길이며, 반야 지혜를 얻는 깨달음의 길입니다. 지혜가 무집착이고, 무집착이 보시이며, 보시가 복덕이니 이 넷은 하나로 귀일합니다.

그렇기 때문에 보시와 지혜는 하나일 수 있는 것입니다. 복과 지혜가 수레의 양 바퀴일 수 있는 것. 조금 달리 말하면 집착 없는 행이야말로 베풂의 행위입니다. 집착 없이 일을 할 때 그 일은 복덕을 증장시키며 지혜를 증장시킵니다.

집착 없이 자식을 낳아 기르고, 집착 없이 회사에서 일을 하고, 집착 없이 사랑을 하며, 집착 없이 수행을 하고, 집착 없이 출가를 하고, 또 결혼을 하고, 집착 없이 길을 거닐었을 때, 집착 없이 삶의 길을 걷고 있을 때, 다시 말하면 함이 없이 무엇이든 행하고 있을 때, 그 걸음걸음은 그대로 지혜가 되고 복이 됩니다.

모든 일에 집착이 없으면, 모든 행위 하나 하나에 집착이 없으면 그 모든 삶이 무량대복전이 되는 것입니다. 수행 따로 하고, 복 따로 짓고 그러는 게 아니라 집착 없는 행위는 그대로 보시이고 그대로 지혜이며 그대로 복이 되는 것입니다.

집착 없는 행을 하려면 과거도 미래도 다 놓아버릴 수 있어야 합니다. 과거를 기억은 할지언정 연연해 하거나 붙잡고 늘어질 것은 없고, 미래를 계획은 할지언정 연연해 하거나 집착할 것은 없는 것입니다. 과거나 미래에 마음이 걸리게 되는 것 그것이 바로 집착입니다.

그렇기에 집착 없는 행은 오직 지금 이 순간에 존재함으로써 얻을 수 있습니다. 오직 지금 이 순간 과거도 미래도 놓아버리고 다만 이 순간에 존재할 때 집착은 없습니다. 아니 이 순간에 깨어있을 때 '나'도 없고, '남'도 없고, 아무것도 없는 텅 빈 공(空)만이 남습니다. 그랬을 때는 줘도 준 것이 아니고 받아도 받은 것이 아니며 주고받은 것 또한 공한 삼륜청정의 보시가 이루어지는 것입니다.

그렇게 지금 이 순간에 깨어있는 마음으로 사물을 볼 때 이 세상은 좋고 나쁠 것도 없고 옳고 그를 것도 없는 텅 빈 고요 그 자체입니다. 좋다 싫다, 옳다 그르다 하고 고집할 것이 없으니 그 마음의 모든 분별이 쉬게 됩니다. 모든 분별을 쉬고 텅 빈 시선으로 세상을 보게 되면 이 세상은 전혀 새로운 순간이 열립니다.

이 세상은 이전에 알고 있던 세상도 아니고, 내 틀 속의, 내 고정관념 속의 세상도 아니며, 오직 지금 이 순간 밖에 없는 어린아이같이 순수하고 텅 빈 새로운 순간이 되는 것입니다. 날마다, 아니 매 순간순간이 새롭지 않을 수 없게 되는 것입니다.

이렇게 집착이 없다는 것은 분별할 것이 없다는 말이고, 날마다 새롭다는 말이며, 그러한 시선으로 세상을 살아가게 된다면 그 삶 자체가 보시의 삶이 되고 복을 짓는 삶이 되는 것입니다.

부처님 가르침과 그 실천을 따로 따로 공부하고 따로 따로 실천하고 그 수없는 방편을 다 수행하려고 애쓴다면, 그것부터가 분별의 시작이고 번뇌의 시작이 아닐까요.

하나를 잡고 늘어지면 그 하나에서 전체를 보게 됩니다. 무집착(無執着). 방하착(放下着). 그 하나만 붙잡고 부여잡고 공부를 하면 그냥 거기서 다 통하게 됩니다.

『금강경』도 무집착이고, 『화엄경』도 무집착이고, 공사상도 무집착이고, 무아(無我)도 무집착이며, 연기(緣起)도 무집착이고, 『금강경』의 범소유상 개시허망(凡所有相 皆是虛妄)도, 응무소주 이생기심(應無所住 而生基心)도, 『반야심경』의 오온개공(五蘊皆空)도, 『화엄경』의 일체유심조(一切唯心造)도, 『법화경』의 제법종본래 상자적멸상(諸法從本來 常自寂滅相)도, 『열반경』의 제행무상 시생멸법 생멸멸이 적멸위락(諸行無常 是生滅法 生滅滅已 寂滅爲樂)도, 팔만사천의 모든 법문이 무집착 하나로 귀결됩니다.

또 조금 다르게 표현한다면 팔만 사천의 모든 법문이 다 보시바라밀이고, 다 무분별이며, 다 깨어있음이고, 지혜와 복덕이며, 관입니다.

하나를 잡고 그냥 죽기 살기로 뛰어들면 됩니다.

있는 그대로 자신을 드러내라

많은 사람들이 자기 자신을 상대에게 드러내고자 할 때, 좀 더 멋진 모습으로 비춰지고자 좀 더 괜찮은 사람으로 보이고자 애를 씁니다. 있는 그대로의 자신을 드러내지 않고 본래의 모습에서 덧씌워진 모습을 보이려고 애를 씁니다. 그러나 다른 사람에게 '어떻게' 보이길 바라는 마음, 그 마음이 있는 이상 우리는 부자유하고 걸리는 것이 많아집니다.

의도적으로 멋진 모습으로, 혹은 좀 더 낳은 모습으로 비춰지길 바라지 마십시오. 좀 더 나아 보이려는 마음, 좀 더 멋지게 보이려는 마음은 못난 속내를 스스로 드러내는 것일 뿐입니다.

지금 이대로의 내 모습에 자신감을 가지세요. 지금 이 모습이야말로 내가 나일 수 있도록 만들어 주는, 이 세상에 하나밖에 없는 유일한 모습의 '나 자신'인 겁니다.

부처님은 인연 따라 이 세상에 나툽니다. 그런데 똑같은 모습으로 나투지 않고 독자적이고, 창의적이며, 새로운 무언가를 늘 나투고 있습니다. 새로도, 바람으로도, 구름으로도, 하늘로도, 온갖 종류의 모습으로 나투고 있습니다. 나 자신이라는 것도 부처님의 내 방식대로의 나툼입니다.

획일적으로 '누구처럼' 되어야겠다는 생각은 내가 나 자신을 버리는 일이고, 나 자신으로서 드러나는 불성을 망가 뜨리는 것입니다. '나 자신'이 되어야 한다는 말이나, 어떻게 되기를 바라는 마음을, 남에게 잘 보이기를 바라는 마음을 버려야 한다는 말은 다시 말해 지금 이 순간 있는 그대로의 나 자신을 인정하고 받아들여야 한다는 말입니다.

의도적으로 '어떤' 모습으로 비춰지려고 애쓰지 말고, 오직 있는 그대로의 자기 모습을 자연스럽고도 자유롭게 솔직하게 표현하세요. 그것이야말로 나 자신이 스스로 행복하며 걸림 없고 자유스러운 불성의 온전한 나툼인 것입니다.

불교를 믿는 불자가 되었다고 했을 때 보통 사람들은 '부처님처럼' 살려고 애쓰는 것을 불자가 되는 것으로 착각하곤 합니다. 그러나 그것은 작은 방편에 불과합니다. 부처님처럼 산다는 것은 지금 이 순간의 나로서 산다는 것을 의미합니다. 지금 이 순간 온전한 알아차림으로 매 순간 순간 깨어있는 삶을 의미합니다.

부처님처럼 되려고 애쓸 때 그 순간 우리 마음의 평화는 깨어집니다. 되고자 하는, 바라고자 하는 '부처'가 있고, 아직 되지 못한, 이루지 못한 '나'가 있기 때문에 그 간격만큼의 부자유와 분리가 우리를 괴롭게 합니다. '부처님처럼' 혹은 '수행자처럼' 된다는 말의 본래 의미는 어떤 특정한 삶의 모습이나 양식에 따라 행동해야 한다는 것이 아니라 있는 그대로의 자연스러운 자신을 나타내는 것을 말합니다.

하늘과 구름과 바람과 산과 바다가, 새와 짐승들과 곤충

들, 꽃과 나무가, 온전히 독자적이고 온전한 자신만의 본래
모습을 갖추고 있듯, 우리 또한 '나' 만의 독자적이고 온전
한 모습이 있습니다. 나무가 꽃이 되겠다고 애를 쓰거나, 산
이 바다가 되겠다고 노력을 한다면 어리석은 일이겠지요.
마찬가지로 사람도 그저 내가 나 자신으로 살면 될 일이지,
'누구처럼' 살겠다고 노력하고 애를 쓰게 된다면 자신 스스
로의 본래 모습을 잃어버리고 맙니다. 나 스스로의 본래 모
습을 삶 속에서 고스란히 드러낼 수 있어야 내 안의 불성을
그대로 발현할 수 있는 것입니다.

제 스스로 그런 부자유와 분리를 많이 경험합니다. 출가
를 하고 많은 신도님들을 접하며, 또 많은 법우님들을 만나
면서 내 안에는 '큰스님처럼' '청정한 수행자처럼' '흔들림
없고 평화로운 사람처럼' 살고자 하는, 그래서 많은 이들에
게 칭찬받고, 인정받고 훌륭한 수행자로 칭송과 찬탄을 받
을 수 있어야겠다는 그런 생각들 말입니다.

그런데 그런 생각들이 있을 때 제 행동에도 마음에도 많
은 제약이 생깁니다. '어떻게' 행동해야 하고 말해야 한다
는 나름대로의 방식을 정해 놓고 그 틀에 맞추려다 보니 내
적인 걸림과 부자유가 생겨나고 그렇게 행동하지 못했을 때
괴로움을 느끼며, 그렇게 행동하려고 애쓰는 억지의 노력도
감수해야 합니다.

그러나 그런 틀로부터 자유로울 수 있다면, '어떻게' 라는
방식으로부터 자유로울 수 있다면, 그래서 자유롭게 그저
내 방식대로 '나 자신' 의 길을 휘적휘적 걷게 될 때 참된 자

유로움에 눈을 뜨게 됩니다.

결국에는 내 스스로 만들어 놓고 내 스스로 걸려 넘어졌다가 또한 일어서는 것도 스스로 해야 할 일입니다. 그래서 수행자에게 중요한 것은 '솔직함' '진실' 입니다. 자신 내면의 마음이나 느낌에 진실하고, 하나도 감추는 것 없이 있는 그대로의 모습을 드러낼 수 있어야 합니다.

심지어 못난 속 뜰까지도 있는 그대로 보이는 것이 좋지, 애써서 포장하고 감추지 않아야 합니다. 숨기는 것이 많은 사람일수록 내적으로 순일하지 못하고 순수하지 못합니다. 어둡고 둔탁하며 두렵고 떳떳하지 못합니다.

그래서 참회 중에도 가장 좋은 참회는 대중 앞에서 스스로 솔직하게 잘못을 드러내어 내면의 어두운 죄업을 활짝 털어버리는 것입니다.

승가에서는 예로부터 자자와 포살이라고 하여 스스로 잘못을 대중 앞에 참회하는 의식이 있어왔습니다. 대중참회라고 하여 대중 앞에서 나의 허물과 잘못을 있는 그대로 드러내고 진실로써 대중 앞에서 참회할 때 그 죄는 가벼워지고 깨끗해 질 수 있다고 하는 것입니다.

있는 그대로의 자신에게 자신감을 가지십시오. 어떻게 보이려고 애쓰지 말고, 어떤 모습으로 바뀌려고 애쓰지 말고, 솔직하고 진실된 모습으로 지금 이 순간의 나 자신에게 만족하고 받아들이시기 바랍니다. 그랬을 때 우리는 지금 이 순간 현존할 수 있고, 지금과 미래의 간격이 좁아지며 '지금 여기' 에서 깨어있는 삶을 살 수 있게 됩니다. 그 때 지금 이 자리에서 아무런 갈등이나 부자유 없는 걸림없이 자유로운 삶을 살 수 있게 되는 것입니다.

'변화'라는 것도 사실은 그랬을 때 찾아옵니다. '어떻게' 변화하겠다고 욕망하고 바라는 것보다, 그래서 그렇게 변화된 모습을 갈망하며 지금의 모습에 당당하지 못하는 것보다, 그러한 마음을 다 놓아버리고 오직 지금 이 순간 있는 그대로의 나를 마음껏 드러내며 현존할 수 있을 때 가장 획기적이며 강력한 그리고 지혜로운 내적인 변화가 찾아오는 것입니다. 변화는 이렇듯 안에서부터 와야 합니다. 바깥으로부터 오는 변화는 강하지 못하며, 금세 변화하고, 나를 온전하게 바꾸어 놓을 수 없지만, 안으로부터 오는 변화는 경이로우며 혁명적으로 소리 없이 다가옵니다.

모든 것을 내 안에 돌려놓고, 내 안에 다 맡겨 버리고, 지금 이 순간의 나 자신이 바로 부처임을 자각하여 있는 그대로의 나 자신을 진실하게 마음껏 드러내시기 바랍니다.

당신이 바로 부처님입니다. 당신이야말로 당신이 그렇게 밖으로 찾아 헤매던 진리이며 붓다입니다. 밖으로 부처님을 찾아 헤매고 밖으로 깨달음이며 변화를 찾아 헤매지 말고 안에 있는 부처를 있는 그대로 드러내기만 하면 됩니다.

부처는 찾는 것이 아니고 그저 드러내는 것입니다. 상대에게 '어떻게' 보이려고 애쓰지 않고 있는 그대로 진솔하게 자신을 드러내는 것, 그것이 내 안의 부처를 찾는 길인 것입니다.

불교 공부의 주의점, 방편과 근본

불교 공부를 해 나갈 때 한 가지 중요하게 짚고 넘어가야 할 점이 있습니다.

방편법(方便法)과 근본법(根本法), 세속제(世俗諦)와 제일의제(第一義諦), 진제(眞諦)와 속제(俗諦), 다시 말해 세간법(世間法)과 출세간법(出世間法)에 대해 잘 구분할 수 있어야 한다는 점입니다.

방편법이라고 한다면 사람들의 근기에 따라 부처님께서 응병여약(應病與藥)으로 대기설법(對機說法) 하신 것처럼 저마다 사람들의 근기에 따라 조금씩 달리 설해질 수 있는 가르침입니다. 그러나 그 방편들이 겉보기에는 다르게 설해져 있다고 하더라도 근본법에 있어서는 전혀 다르지 않은 동일한 하나로써 근본법으로 귀일 되고 있음을 알아야 할 것입니다.

이를테면 공(空)과 무아(無我)에 치우쳐 있는 사람에게는 유(有)와 진아(眞我)를 설함으로써 그 한 쪽으로 치우침을 타파해주어 중도의 참된 깨우침으로 갈 수 있도록 설해줄 것이고, 유와 아상에 치우쳐 있는 사람에게는 무와 무상 무아 공을 설함으로써 그 한쪽으로 치우쳐진 사견을 타파해

주어 또한 중도의 참된 진리로 이끌어 줄 것이란 말입니다.

이렇듯 방편의 가르침에서는 그 사람마다의 상황에 따라 또 근기에 따라 다르게 설해질 수 있는 것입니다. 그러나 그 근본에 있어서는 하나도 변함이 없는 진리 그대로의 모습으로 여일(如一)한 것임은 말 할 것도 없습니다. 팔만 사천 가지 방편 법문이 있고 방편법이 있다 하더라도 근본법에 있어서는 하나도 나뉨이 없고 분별이 없는 여일한 한 길인 것입니다.

이를테면 산에 오르는데 그 산의 남쪽에 사는 사람에게는 북쪽으로 가라고 말 할 것이고, 북쪽에 사는 사람에게는 남쪽으로 올라가야 한다고 말해야겠지만 결국에 정상에 오르는 것은 하나인 것처럼 말입니다.

세간법에서 보면 선과 악이 있고, 그에 따르는 선업과 악업을 지음이 있으며, 선업과 악업에 따라 육도 윤회라는 수레바퀴를 돌고 돌면서 끊임없이 그 과보를 받는 인연과보, 인연법의 굴레 속에서 사는 우리입니다. 그러나 출세간법, 근본법에서 본다면 선과 악이 나뉠 것이 없고, 그러므로 선업 악업 하는 업이라는 것도 공한 것이며, 육도 윤회 또한 꿈과 같고 신기루와 같이 텅 비어 그 실체가 없는 것입니다.

그러나 세간법 속에 사는 우리들로서는 근본법에 근본을 두고 살아가야 하겠지만, 또한 근본법에 대한 설법을 하고 부처님의 말씀을 듣고 믿으면서 공부해 나가야 하겠지만, 세간법을 무시할 수 없는 것입니다. 그래서 아직 깨닫기 이전에서는 방편법을 열심히 닦아 나가야 하는 것입니다. 깨닫고 나면 선도 악도 다 공한 것이지만 깨닫기 이전에는 여전히 선악을 짓고 받기 때문입니다.

그래서 부처님께서도 초심자 재가불자들에게는 주로 방편법을 일러주심으로써 복을 많이 짓고 선을 실천할 수 있도록 보시하는 것과 계율(도덕) 지키는 것 그리고 그로인해 천상에 태어나는 법을 가르쳐 주셨으며, 이제 수행의 길로 들어선 수행자들에게는 육도윤회를 벗어나고 업의 굴레를 벗어나는 대 자유의 길, 바로 근본법을 설법하신 것입니다.

눈에 보이는 세계를 본다면야 이 세상이 있고 내가 있고 눈·귀·코·혀·몸·뜻 육근(六根)으로 색성향미촉법이라는 육경(六境)을 마주하며 살아가고 있지 않습니까.

그러나 지혜의 안목으로 세상을 본다면 이 세상도 공하고, 나도 공하며 육근 육경 또한 다 공한 것이 아니겠습니까. 『반야심경』의 조견오온개공(照見五蘊皆空) 이나 무안이비설신의(無眼耳鼻舌身意) 무색성향미촉법(無色聲香味觸法) 이 다 이러한 공의 세계, 근본법의 세계를 표현하는 말들인 것입니다.

모름지기 공부하는 사람들은 먼저 세간법과 출세간법 방편법과 근본법에 대한 구분을 잘 할 수 있어야 합니다. 경전을 보더라도 또한 스님들의 설법을 듣더라도 어떤 때는 근본법에 대한 설법을 접할 수 있고, 또한 어떤 때는 방편법에 대한 설법을 할 수 있는 것이기 때문입니다.

그래서 법문을 듣거나 경전을 볼 때는 이것이 방편법인가 근본법인가를 먼저 잘 구분할 수 있는 지혜의 안목이 있어야 하겠습니다. 세간법과 출세간법, 방편법과 근본법에 대한 이해가 없으면서 논리적으로만 설법을 접하고 경전을 접하다 보면 도무지 이해가 되지 않는 것이 많습니다.

어떤 경전에서는 '방편법'으로 선을 실천하고 악을 멀리하라고 했다가, 또 다른 경전을 보면 '근본법'을 들어 선악이 따로 없다고 하고 선악이 다 공한 것이라고 하니 말입니다.

불교는 업사상이다 하면서 악업을 짓지 않고 선업을 증장시키도록 노력해야 한다고 하면서 그래야만 악업의 결과인 지옥, 아귀, 축생, 삼악도에 나지 않고 선업의 결과인 천상, 인간, 수라에 날 수 있다고 설법을 하다가도(방편법), 또 어떤 때 보면 선악이 따로 없으며, 업 또한 공한 것이라고 하고, 육도에 윤회한다는 것도 다 공하므로 육도에서 훌쩍 벗어나 해탈 열반을 얻어야 한다고 설법을 한다는 말입니다.(근본법)

보시를 실천해야 한다고 했다가(방편법) 주는 것도 없고 받는 것도 없다고 하기도 한다는 말입니다.(근본법) 108배도 하고, 3000배, 일만 배 열심히 절수행해야 하심이 되고 업장소멸 된다고 설법을 하기도 했다가(방편법), 또 어떤 때는 일 배가 삼천배가 되고 지극히 삼배만 해도 일만 배가 되는 법이라고 설법을 하기도 한단 말입니다.(근본법)

염불, 진언, 독경, 절 수행, 좌선 수행 열심히 해야 한다고 그러다가(방편법) 또 어떤 때는 깨닫기 위해 어떤 노력도 할 것 없다고 깨달음도 놓아야 한다고 말하기도 한다는 말입니다.(근본법) 그러다 보니 처음 공부하는 초심자들 입장에서는 언뜻 이해가 되지 않기도 하고 무슨 말인지 잘 모르겠고, 너무 어렵단 말입니다.

그것이 다 근본법과 방편법에 대한 무지 때문에 그렇습니다. 이 두 가지 법에 대한 바른 앎을 가질 수 있다면 그런 어려움들이 많이 해소될 수 있으며, 바른 실천수행을 이어갈 수 있을 것입니다.

이 두 법을 잘 모르면 근본법과 방편법에 혼란이 오고, 어설프게 공부한 사람들이나 실천은 하지 않고 이론적으로 책만 본 사람들은 방편법의 실천을 도외시하고 근본법만 입으로 나불나불 말만 잘 하는 경우도 얼마나 많습니까.

방편법, 세간법의 실천은 하지도 않으면서, 수행도 필요 없다 하고, 염불 독경도 다 필요 없다 하고, 선악이 따로 없으니 선행을 할 것도 없다 하고, 선은 도가 아니라고 하면서 악행을 일삼는다면 그 사람은 방편법을 도외시한 그 죄로, 그 구업으로 지옥 속에서 몇 백 년, 몇 천 년을 보내야 할지 누가 알겠습니까.

깨닫고 보면 그대로 근본법을 굴리며 살 수 있겠지만 아직 미혹한 우리로서는 아직 근본법 운운하면서 세간법을 하찮게 여기는 그런 공부를 지어가서는 안되겠습니다.

진속이제(眞俗二諦)의 올바른 분별을 통해 원효 성사의 세간과 출세간법을 아우르는, 진제와 속제 사이를 자재하게 아우를 수 있는 무애행으로 표주박을 두드리며 시장 바닥을 법당삼아 더덩실 춤출 수 있는 지혜를 조금이나마 느껴볼 수 있어야 하겠습니다.

임금과 백성, 빈부와 귀천, 생사와 열반, 부처와 중생, 세
간법과 출세간법, 근본법과 방편법을 자유롭게 오고가며,
한데 아우르며 운행할 수 있었던 옛 조사 스님네들의 물처
럼 바람처럼 걸림 없이 자유로운 무애행을 말입니다.

조화로운 삶

누구든 행복해 질 수 있다
먹고 마시는 공부
필요한 것을 얻는 법
날마다 새롭게 피어나라
병과 고통은 다 이유가 있다
물도 식물도 부처님이다
진리를 삶 속에서 실천, 회향하는 법
생활수행, 그 보이지 않는 공덕
수행자가 놓치기 쉬운 점
가장 기초적인 수행, 계율

누구든 행복해질 수 있다

누구라도 행복해 질 수 있습니다. 지금 괴로움에 치를 떨고 있는 사람들 모두가 그 괴로움에서 벗어날 수 있습니다.

직장에 취직이 되지 않아 괴로워하는 사람, 회사에서 퇴출되어 자식과 부인 볼 면목 없는 사람, 좋은 대학에 들어가지 못해 답답한 사람, 돈을 많이 벌지 못해 경제력이 많이 쪼들리는 사람, 남들은 다 승진하는데 승진 못해 미치겠는 사람, 사랑하는 사람과 헤어진 사람, 높은 지위와 계급에 있다가 하루아침에 떨어진 사람….

어떤 사람이라도 좋습니다. 그 누구라도 바로 이 현실 속에서 괴로움을 떨쳐버리고 행복을 찾을 수 있습니다.

물론 그것은 그리 쉬운 일인 것만은 아닙니다. 그러나 누구나 가능한 일인 것만은 분명합니다. 그러기 위해서는 내 마음을 바꿀 수 있는 용기가 필요합니다. 내 가치관이며 생각, 고집들을 바꿀 수 있는 실로 엄청난 용기와 결단 그리고 실천의 힘이 필요합니다.

행복을 찾는 일. 그것은 의외로 아주 간단한 곳에 해답이 있습니다. 누구라도 다 알만한 답변이 될지 모르지만 그것은 더없는 진리이고 참된 삶의 원천입니다.

바로 욕심을 줄이는 일, 집착을 놓아버리는 일입니다.

이렇게 흔한 말이 나오면 내심 기대했던 사람들도 콧방귀를 뀌면서 이 글에 대한 기대감은 잔뜩 떨어지고 말 것입니다. '누구나 다 아는 말이고 매번 들어보던 말인데 새삼스레 또 한 번 중복해서 들을 것이 무엇인가.' 하고 생각할 것입니다.

그런데 이것은 진리입니다. 이 말은 진리 그대로의 실천입니다. 내 마음 속에서 별다른 의미 없이 이 말을 듣게 되면 이 글이 끝날 때까지라도 아무런 소득이 없을 수 있지만 마음 하나 돌이켜 내 삶 전체를 걸고 진지하고 소중하게 들을 수 있다면, 그간의 고정관념이나 고집들을 다 놓아버리고 들을 수 있다면, 분명 지금 이 말은 내 삶을 획기적으로 경이롭게 바꿀 수 있는 소중한 말이 될 수도 있습니다.

부디 그렇게 받아들여 주기를 바라는 마음으로 이 글을 씁니다.

사람들은 보통 욕심을 늘려가는 데서 행복을 느낍니다. 욕심이 늘어나고 그 욕심을 성취하고 더 큰 욕심을 성취하기 위해 집착을 하고 그 집착한 것을 내 것으로 만드는 그 속에서 우리들은 행복을 찾고 행복을 느끼고 삽니다. 그것이 이 세상 모든 이들의 삶의 방식이고, 우리들은 태어나면서부터 그러한 삶의 방식을 교육받아왔고 강요받아왔으며 그렇게 살지 않으면 안 될 것 같은 강박관념에 시달려 왔습니다.

그렇게 살지 않으면 시대에 뒤떨어지는 것이고, 무능력한 것이라고 철저하게 세뇌당해 왔습니다. 그러한 철저한 세뇌가 지금 우리가 받고 있는 초중고등 교육의 현실입니다. 오직 욕심을 충족하는 일, 그러기 위해 남보다 앞서 나가는 일, 높은 지위에 오르고, 좋은 대학에 들어가고, 좋은 직장에 취직해서 높은 자리에 승진하는 일, 그러한 남의 위에서 남 앞에 군림하는 것이 최상의 선택이라고 강요당해 왔고 교육받아 왔습니다.

그러다 보니 누구나 성공하길 원합니다. 즉 누구나 더 많은 것을 갖길 원하고, 누구나 더 높은 자리에 오르길 원하고, 누구나 남보다 더 성공하길 원하고 있습니다. 왜 그렇습니까? 그것이 행복이라고 생각하기 때문입니다. 그런데 과연 그렇습니까? 그렇게 욕심을 채우는 것 그것이 행복의 궁극적인 모습입니까. 돈 많이 버는 것이 그대로 행복이고, 명예, 지위, 계급 올라가는 것이 그대로 행복이고, 학벌, 좋은 대학, 좋은 직장 그런 것이 그대로 행복입니까.

참된 행복이란 소유의 유무와는 상관없는 것이라야 합니다. 내 바깥의 조건과는 전혀 상관없이 내 안에서 이루어 져야 합니다. 바깥의 조건들은 끊임없이 변화하기 때문입니다. 돈도 많았다가 적어질 수 있고, 사업도 커졌다가 작아질 수 있고, 이 세상 모든 조건들은 변화하기 때문에 내 바깥의 조건들에 내 행복을 건다는 것은 어리석은 일입니다.

내 바깥의 조건들은 언제고 바뀔 수 있는 것들이고, 또 분명히 변하는 것이고, 또한 내 마음대로 할 수 없는 것들이기 때문에 그것은 우리를 궁극적인 행복으로 데려가 주지 못합

니다. 그것은 언젠가 괴로울 것을 미리부터 준비하고 있는
것에 불과합니다.

참된 행복은 내 안에서 나와야 합니다. 다시 말해 참된 행
복은 욕심의 충족에서 오는 것이 아니라 욕심 그 자체를 놓
아버리는 데서 오는 것이라야 합니다. 욕심의 충족에서 행
복을 찾으려고 하면 내 외부적인 조건들의 좋고 나쁨에 따
라, 욕심의 대상을 얻느냐 얻지 못하느냐에 따라 나의 행복
은 그 욕심에 좌지우지 되고 맙니다.

욕심 그 자체를 줄이고 놓아버리면 내 바깥의 조건들이
좋고 나쁨에 상관없이 돈이 많고 적음에 상관없이 계급, 명
예, 지위의 높고 낮음에 상관없이 내 안에서 행복을 찾을 수
있습니다.

그 행복이 참된 것입니다. 그러면 우선 나 자신을 살펴봅시
다. '나는 괴로운가. 나는 과연 무엇 때문에 괴로운가.' 그것
은 궁극적으로 내 욕심 때문에 괴로운 것입니다. 그러면 괴
로움에서 벗어나고 싶습니까? 그렇다면 그 궁극의 욕심을 벗
어버리면 됩니다. 욕심을 줄이고 비우면 되는 것입니다.

그런데 그것이 마음대로 잘 안 됩니다. 지금까지 내 삶의
방식과는 전혀 다른 것이기 때문입니다. 이 세상의 삶의 방
식과는 전혀 다른 것이기 때문입니다. 그렇게 하면 남들이
다 손가락질 하고 비웃으며 불쌍하고 가엾게 생각할지도 모
르고, 업신여길지도 모르기 때문입니다. 그렇기 때문에 우
선은 첫째로 내 안에서 욕심을 도저히 줄이지 못합니다. 욕
심을 버린다는 것을 받아들이지 못합니다. 욕심을 버렸을

때 더 큰 근원의 행복을 찾을 수 있음을 알지 못합니다.

우선은 욕심을 놓아버렸을 때 내 삶의 획기적인 변화와 평화가 찾아온다는 것을 내 안에서 완전하게 믿고 이해하고 받아들일 수 있어야 합니다. 그것이 첫 번째 준비과정입니다. 그것은 혁명적인 마음의 변화이기 때문에 어렵게 느껴지고 또 실제로 그렇게 마음 내기 어렵겠지만 그것이 참이고 진리인데 어찌 할 수 있단 말입니까.

그리고 나면 바로 욕심을 놓아버릴 수 있을까요? 아직 그렇지 못합니다. 지금까지 살아오며 익혀 온 '욕심 충족'의 습관이 그 마음에 자꾸 의심을 가져오게 하고, 또 하나 이 세상이 하나같이 모두 욕심을 충족하는 쪽으로만 가다보니 내가 바보가 되어가는 것 같이 느껴지기도 합니다. 그래서 욕심을 버리기로 마음먹은 사람이라도 그 다음 실천을 하려고 하면 여기에서 막혀버립니다. 세상 모든 사람들이, 나와 인연 있는 모든 사람들이 '저 녀석 성공도 못하고 저러고 사네.' 하는 욕설이 두렵습니다.

이를테면 욕심을 다 놓아버리고 취직이며 승진이며 돈 많이 버는 것이며 다 놓아버리고 어디 조용한 시골에서 소박하게 농사지으면서 욕심을 줄이고 살려고 마음을 먹었다고 했을 때, 그 사람은 이제 그 마음을 실천하려고 하는 용기가 필요합니다.

주변 사람들은 말할 것입니다. '성공하지 못하고 실패한 사람이다.' '삶에 실패해서 시골로 도피한 사람이다.' '그 좋은 대학까지 나와서 시골 내려가 농사짓고 산다.'

심지어 부모님 볼 면목도 없어질 것이고, 가족이나 친구들도 나를 실패한 인생으로 생각할 것입니다. 바로 이것이 두려운 것입니다.

얼마 전 신문을 보니 4년제 대학을 나온 졸업생이 최초로 환경미화원이 되었다는 보도를 들었습니다. 그리고 얼마 되지 않아 대학원생 졸업생이 환경미화원이 되었다는 보도도 있었습니다. 이러한 사실이 언론에 보도가 되었다는 자체가 말하는 것은 무엇입니까. 이러한 당연할 수 있는 사실이 보도가 되었다는 것은 그만큼 그러한 욕심을 줄이고 사는 것이 뉴스거리가 된다는 의미입니다. 물론 그 여대생이야 당당하게 그렇게 사는 것이고, 뉴스에서도 직업귀천이 없다는 투의 기사였겠지만 그만큼 욕심을 줄인다는 것이 뉴스가 될 정도이니 어느 누가 그런 용기를 가지고 욕심을 줄이고 살 수 있겠습니까.

좋은 회사, 높은 위치에 근무하다가 하루아침에 실직을 하고 취직을 못해 괴로운 사람이 있다고 합시다. 그 괴로움의 원인은 무엇입니까. 그것 또한 욕심에 있습니다. 그만한 회사에 버금가는 비슷한 직장에 들어가야 내 채면도 살 것이고, 사람들, 가족들, 친구들 볼 면목도 생길 것 아닙니까. 조금 나아가 나는 까짓 거 아무데나 취직해도 되지만 가족들이 기죽고 사는 것은 못 보겠다고 할 것입니다. 이 세상과 똑같이 흘러가다가는 지금 그대로 괴로움에서 벗어나기 힘듭니다.

그래서 과감한 삶의 전환이 필요한 것입니다. 이 세상 모

든 사람이 다 그 길을 걷는다고 나까지 따라 갈 필요는 없는
것입니다. 조금 못한 직장에 취직을 하면 어떻습니까. 욕심
을 버린다는 것은 그런 것입니다. 남들에게 칭찬받고, 자신
의 지위를 인정받고, 남들에게 잘나 보이고 싶은 그런 이상
을 버리겠다는 의미인 것입니다.

아상을 버리는 것이 욕심을 버리는 것입니다. 제가 여기
에서 말하는 용기라는 것은 바로 아상을 놓아버릴 수 있는
용기를 말하는 것이고, 그것은 궁극적이고 근원적인 지혜의
결정이 될 것입니다. 그것이 참된 수행자의 길이고 진리의
길입니다.

좋은 대학 진학하지 못해 괴로운 사람. 그 괴로움의 실체
도 결국에는 내 욕심에 있습니다. 좋은 대학이 그대로 행복
인 것은 아닙니다. 오히려 요즈음 보면 실업계 고등학교를
나온 사람이 더 취직 잘하고, 전문대 나온 사람이 취직 더
잘합니다. 어찌 보면 그만큼 내가 배웠다는 상을 안내고, 직
업의 좋고 나쁜 것 따질 것 없이 취직을 해서 그런 것이겠지
요. 바로 그런 것입니다.

좋은 대학 나왔다는 상이 있으면 그만큼 좋은 직장을 취
직해야겠다는 욕심이 생깁니다. 바로 그것이 욕심의 실체입
니다. 우리가 비우고 놓아야 하는 것이 바로 그것입니다. 좋
은 대학을 가고 싶은 이유도 다 내 욕심인 것이고, 좋은 직
장에 취직해야겠다는 것도 다 내 욕심입니다.

물론 좋은 대학 가고, 좋은 직장 취직하여 원하는 일을 순
조롭게 물 흐르듯 할 수 있다면 그것을 탓하려는 것은 아님

니다. 그것도 인연 따라 내 몫이라면 그것에 만족하면서 그렇다고 상 낼 것 없이 자연스레 하면 좋은 것입니다. 그러나 좋은 학교 못가고, 좋은 직장 취직 못하면 그래서 그것으로 인해 괴롭다면 그럴 필요가 없다는 말입니다. 그냥 욕심을 놓아버리면 되는 문제입니다.

사랑하는 사람과 헤어져서 괴롭다는 것도 알고 보면 다 욕심이 하는 짓입니다. 상대방에 대한, 사람에 대한 욕심이 집착을 낳습니다. 무엇이든, 그것이 일이 되었든 사람이 되었든 욕심이 앞서면 그르치고 맙니다. 욕심이 앞서는 일은 언젠가 분명 시련을 겪습니다.

사랑하는 사람이 떠나갔다면 그것도 분명 내 몫인 것입니다. 우리는 자기 자신의 몫을 받아들일 수 있어야 합니다. 힘들다고 괴롭다고 해서 자꾸 벗어나려하면 안 됩니다. 세상 모든 사람들이 힘들고 괴로운 것은 다 싫어하고, 즐겁고 기쁜 일만 찾으려고 하지만, 그렇다면 세상 모든 사람들이 다 착한 일, 좋은 일만 하고 살고 있습니까. 그렇지 않기 때문에 힘든 일도 있는 것입니다.

그러니 힘든 일이 있을 땐 그것이 다 내 과거 악업의 과보라고 받아들일 수 있어야 하고, 그렇게 받아들이는 일은 오히려 내 업을 맑게 비워줄 수 있는 소중한 업장소멸의 순간이고, 마음을 비우는 순간이라고 믿을 수 있어야 합니다.

지금의 내 몫의 괴로움을 있는 그대로 받아들이면서 가만히 내 마음을 비추어 보아 이 괴로움에 대한 내 욕심이 무엇인지를 명확히 보고 그것을 놓아버릴 수 있을 때 그 괴로움에 대한 업장이 해탈하는 것입니다.

욕심을 버린다는 것은 근원적인 삶의 실천을 의미하고, 부처님의 삶, 하느님의 삶으로 나아감을 의미하며, 모든 인간들 궁극의 행복에 이르는 길입니다.

그런 길이니만큼 그 길에는 어느 정도 진통이 따르는 것입니다. 욕심을 버리는 데서 오는 패배감이나 좌절감, 남들의 손가락질 그런 것들에서 한 생각 크게 돌이켜 벗어날 수 있어야 이제 부처님의 삶의 길, 또 인류를 거쳐 간 수많은 현자들이 걸은 길을 함께 걸을 수 있는 것입니다.

우리 눈에 보면, 어리석은 사람들의 눈으로 보면, 이 미쳐 가는 세상의 눈으로 본다면, 욕심을 비우는 것이 더 어려운 것 같고, 욕심을 비우는 것이 실패하는 것 같지만, 바른 눈으로 보면, 부처님의 눈으로 보면, 정견(正見)의 법계의 안목으로 본다면, 욕심을 채우는 것이 더 어려운 길이고, 욕심을 채우려고 애쓰는 것이 더 실패하는 쪽에 가깝습니다.

내 몫은 내 스스로 만드는 것입니다. 욕심이 많으면 그만큼 성취해야 할 것도 많고, 그만큼 삶이 번거롭고 무거워집니다. 그랬을 때 작고 소박한 데서 오는 참된 행복을 놓치고 살 수밖에 없습니다.

농사짓는 사람은 봄, 여름, 가을, 겨울 계절의 흐름을 다 보고 삽니다. 봄이 오고 꽃이 피는 것에 행복을 느끼고, 낙엽 떨어지는 것에서도 포근함을 느낄 수 있는 마음의 여유를 가지고 삽니다. 그러나 서울에서 높은 지위에 있고, 사장, 국회의원, 회장, 부장, 뭐 그런 것 하는 사람들은 얼마나 정신이 없고, 마음에 해야 할 일이 많고, 근심 걱정이 끊일 것이 없습니다. 그런 무겁고 번잡한 마음에 작고 사소한 행복감을 어찌 느낄 수 있겠습니까.

근원적인 행복이 무엇입니까. 근원적인 행복은 욕심을 충족하는 데서 오는 행복이 아니고 그 욕심을 놓아버리는 데서 오는 행복이라고 했습니다.

과연 나는 지금 무엇 때문에 괴로운가. 욕심 때문에 괴로운 것입니다. 그 욕심의 실체를 바로 관해보고 그것을 놓아버리면 괴로움도 놓여지게 마련입니다.

욕심을 놓지 못하는 것은 그만큼 아상을 놓지 못한다는 것입니다. 욕심을 놓아버리고, 아상을 놓아버릴 수 있는 내적인 힘이 필요하고 용기가 필요합니다. 그것이 수행력이고 생명력입니다.

주변 사람들의 눈치를 왜 보고 살아야 합니까. 주변 시선에 걸릴 것 없습니다. 주변의 시선이 부담스럽고, 나를 알아주지 않는 것이 답답하고, 그런 사람일수록 많이 휘둘리는 사람이고, 내적인 생명력이 취약한 사람입니다. 욕심을 버리고 당당하게 살 수 있는 사람, 그 사람이 법계의 눈에서 볼 때는 참으로 행복한 사람이고, 이 세상의 주인이 될 수 있는 주인공입니다.

물론 욕심을 가지고 바라는 바를 원만히 실천하며 살더라도 거기에 집착하지 않고, 또 언제 올지 모르는 실패에 집착하지 않고, 언제라도 욕심을 버릴 수 있는 마음을 가질 때 그 사람은 욕심을 충족하면서도 버리고 사는 사람입니다.

다 제 몫이 있는 것입니다. 어느 쪽이 옳고 그른 것이 아 닙니다. 대그룹 회장이 옳은 것이냐, 산사의 고요한 암자에 서 노니는 노스님이 옳은 것이냐, 대통령이 옳은 것이냐, 다 비리고 살아가는 농부가 옳은 것이냐. 그것은 옳고 그른 것 이 아니라 그냥 서로 다른 것일 뿐입니다. 바다와 산이 다르 고 별과 달과 태양이 서로 다르듯 그렇게 서로 다른 것이지 좋고 나쁘거나 옳고 그른 것은 아니라는 말입니다.

중요한 것은 껍데기의 모습이 아니고, 성공했느냐 실패했 느냐 하는 세속적인 모습이 아니고, 높은 지위에 있느냐 낮 은 지위에 있느냐가 아니고, 좋은 직장 나쁜 직장에 있는 것 이 아니고, 무엇을 하든 어디에 있든 얼마만큼 욕심을 버리 고 사느냐, 얼마만큼 마음을 비우고 사느냐 하는 점입니다.

먹고 마시는 공부

요즘 사람들은 몸에 좋다고 하면 무엇이 되었든 또 얼마 짜리가 되었든 좋아하고 말고 따질 것 없이 닥치는 대로 구해다 먹지 못해 안달이라고 합니다. 가만 요즘 세상 이야기에 귀 기울여 보면 어떤 음식은 몸에 좋다, 어떤 음식은 몸에 좋지 않다 하면서 먹는 문제, 또 건강 문제에 큰 관심을 기울이는 것을 봅니다.

그런데 가만 생각해 봅니다. 저는 요리나 음식 전문가는 아니지만 아주 지극히 상식적으로 생각해 보아도 어떤 음식은 몸에 좋고, 또 어떤 음식은 몸에 좋지 않다는 말에는 도무지 공감을 할 수가 없어 보입니다. 아무리 좋은 음식일지라도 몸에 좋다고 하여 그것만을 많이 섭취한다면 편식이 되어 영양실조에 걸린다고 합니다. 그래서 요즈음 돈 많아서 비싸고 몸에 좋은 음식 많이 먹는 사람들이 오히려 영양실조에 걸리는 경우가 많다고 합니다.

옛날엔 비타민제를 복용하면 영양이 듬뿍 들어 있어 좋다고 너도 나도 할 거 없이 비타민제를 좋아했지만, 얼마 전 신문에 나온 기사를 보니 비타민제를 많이 먹으면 좋지 않다는 보도가 있었습니다.

이렇듯 좋고 나쁜 음식이 따로 있는 것이 아니지 않겠습니까? 우리가 먹을 수 있는 음식이란 다 좋은 음식이지 나쁜 음식이 어디 있겠습니까. 다만 한 가지를 편식한다거나 너무 과하게 먹는다거나 그런 것이 문제 아닐까 싶습니다.

다시 말해 '이 음식이 몸에 좋다' 하는 이 명제가 우리 음식 문화를 혼탁하게 만드는 주범이 아닐까 하는 생각입니다. '이 음식은 어디에 좋다' 라는 말은 몰라도 몸에 좋다 혹은 나쁘다라는 말이 어디 가당키나 하겠습니까.

머릿속에 든 음식에 대한 지식이 많으면 그래서 그 지식대로 식단을 짜야 하고, 몸에 좋은 음식을 골라 먹어야 한다면 그것 자체가 우리 몸을 많이 상하게 만들 것 같습니다.

기존에 배워왔던 지식대로 음식을 먹는 것보다는, 또 먹고 싶지 않아도 몸에 좋으니 먹는 것보다는, 먹고 싶은 것을 즐겁고 맛있게 먹는 것이 더 근원적인 식단일 것입니다. 다시 한 번 말하지만, 우리들 먹는 생활에 있어 무엇보다 중요한 것은 마음에서 먹고 싶은 것을 즐거운 마음으로 아주 맛있게 먹는 것입니다. 먹고 싶은 것 즐겁고 맛있게 먹는 것 그 이상의 좋은 식단이나 좋은 음식이 어디 있겠습니까.

아무리 좋은 음식이라도 마음에서 먹고 싶지 않다면 그것은 아직 필요치 않다는 증거입니다. 우리 몸은 제 스스로 필요한 양분이 무엇인지를 알고, 또한 스스로 그에 합당한 음식을 찾게 되어 있습니다. 그것이 자연의 이치이고, 우리 인체의 신비로운 이치인 것입니다.

먹어야 되니까 먹는 것보다, 먹고 싶으니까 먹는 것이 더 근원적입니다. 어떤 음식이 먹고 싶어졌다면 그 음식과 그 음식 속의 영양분들이 지금 내 몸 속에서 간절하게 바라고 있다는 증거입니다. 그러면 바로 그것을 먹어주면 되는 것입니다. 먹고 싶을 때 먹고 싶은 것을 먹되 먹고 싶지 않으면 먹지 말아야 합니다. 오직 인간들만이 배고프지 않아도 먹는다고 하고, 먹고 싶지 않은 음식이라도 꾸역꾸역 먹는다고 합니다. 다 얄팍한 지식과 분별 망상이 자연의 이치, 인체의 이치를 거스르는 데서 오는 결과입니다.

어린 아이는 먹고 싶을 때만 먹지 먹고 싶지 않은데도 욕심으로 먹지 않으며, 먹고 싶은 것만 먹지 먹기 싫은 것 몸에 좋다고 억지로 먹지도 않습니다. 누가 시키지 않아도 제 스스로 먹는 양을 조절하고 음식을 조절합니다. 그런데도 우리 어머니들은 먹기 싫어도 먹여야 하고, 때가 아니어도 울지 않게 하려면 젖병을 물려야 직성이 풀립니다. 또 그래야 튼튼하게 자랄 것이라고 착각을 합니다.

어린 아이들의 몸 또한 지금 무슨 음식이 가장 필요한지를 제 스스로 알고 있다고 『몸에 좋은 산야초』에서는 이야기를 합니다. 이를테면 칼슘이 부족한 상태의 아이들은 화로의 잿속에 손가락을 집어넣고 핥기도 하고 벽의 흙을 파서 먹기도 한다고 합니다. 지금 몸에 칼슘이 부족하니 칼슘의 성분을 향하여 배우지 않더라도 제가 알아서 본능적인 친화력을 느낀다는 것입니다.

이렇듯 우리 몸의 이러한 작용은 자연의 조화며 법계의 이치인 것입니다. 이와 같이 우리 몸에 필요한 것을 본능적으로 보충하고 필요 없는 것은 저절로 배척하여 평형을 이루려는 작용을 전문 용어로 '호메오스타스'라고 부른다고 합니다. 이러한 우리 인체의 오묘한 이치는 그대로 자연의 이치와도 둘이 아니게 합일하고 있습니다.

내가 먹고 싶은 바로 그것은 내 마음과 둘이 아닌 자연 또한 그것을 알아차리게 마련이고, 그 때 필요한 것을 자연에서는 딱 맞추어 만들어 줍니다. 그러니 법계입니다. 한참 찌는 더위에는 누구나 자연스럽게 물기가 충만한 과일이나 채소들을 먹고 싶어 합니다. 그렇기 때문에 이 우주 법계에서는 그러한 우리의 요구에 맞춰 자연스럽게 물기 많은 수박이나 참외, 오이 같은 음식을 이 대지로 내어줌으로써 자비롭게 베푸는 것입니다.

그래서 아마도 제철과일이 좋다고 하는 것이겠지요. 제철과일이 우리 몸의 순리를 잘 알기 때문에, 아니 우리 몸과 둘이 아니기 때문에 그 계절에 가장 필요한 음식을 대지에 공급하기 때문일 것입니다.

우리들이 그동안 음식에 대한 지나친 편견과 지식에 휩싸여 있다 보니 우리 내면에 충만하게 간직되어 있는 우리 스스로의 자연 치유와 자연 건강의 능력을 잠재워 온 것 같습니다. 결국 우리 몸은 우리가 가장 잘 알고, 우리 몸은 우리가 지킬 수 있으며, 병도 내가 내 스스로 치유할 수 있는 것이 아닐까 하는 생각을 해 봅니다.

얼마 전 TV 프로그램에서 생강을 거의 주식처럼 매일 먹으면서 살고 계시는 한 거사님의 얘기가 나온 적이 있었습니다. 다들 건강 문제가 걱정 되었을 터인데 당뇨 같은 것도 전혀 없고 영양 결핍 같은 것도 없이 매우 건강했다고 합니다. 아마도 이렇게 산다고 하면 영양사나 학자들은 노발대발 큰일 났다고 야단들일 것입니다. 그러나 그 사람의 몸은 생강을 필요로 했고 그 사람은 그 필요에 자연스럽게 응했기 때문에 큰 병 없이도 건강 하게 몸을 유지하고 있는 것 아닐까 하는 생각을 해 봅니다.

물론 분명 그 분에게는 생강이 맞아서 별 탈이 없었던 것이겠지요. 그렇다고 너도 나도 생강만 먹고 산다면 분명 큰 병이 나고 말았을 것입니다. 이처럼 사람에 따라, 상황에 따라, 계절에 따라, 인연에 따라 서로 다른 것이지, 무엇이 좋은 것이고 어떤 것은 나쁜 것이다라고 딱 정해져 있을 리가 있겠습니까. 그러니 이것은 몸에 좋고 저것은 몸에 나쁘고가 아니고, 이 사람 다르고 저 사람 다를 것이고, 또 이러한 때는 좋을 수 있고 저러한 때는 나쁠 수도 있겠지요.

소중한 내 몸을 어느 누구에게 맡기겠습니까. 내 스스로 내 안에서 울려나오고 있는 진리의 소리에 귀 기울여야 합니다. 온갖 병을 치료할 수 있는 의사도 사실은 병원에 있는 것이 아니라 나의 내면에 있다는 것을 알아야 합니다. 내가 치료할 수 없으면 병원에서도 치료할 수 없습니다. 가장 중요한 것은 내 마음이고, 우리 내면의 생명력입니다. 의학계에서도 하는 말이 실제로 병원에서 치료할 수 있는 것은 한 30% 정도밖에 안 되고 사실은 심리적인 효과인 '플라시보 효과' 가 크다는 것을 인정하고 있습니다.

욕심으로 음식을 취하지 말고, 먹고 싶지 않은 음식 억지로 먹으려 하지도 말고, 음식에 대한 온갖 지식에 얽매여 있지도 말며, 내 안에서 울려나오는 내면의 메아리에 귀 기울이며 먹는 길이 가장 본질적인 것입니다.

그러려면 그 소리를 잘 관할 줄 알아야 하겠지요. 이것이 욕심에서 나오는 소리인가 아니면 근원의 소리인가, 지금이 더 먹을 때인가 아니면 멈출 때인가, 이 몸뚱이 잘 관하면서 몸의 이치에, 자성불의 소리에 다 내맡기면서 우리들 먹는 일상도 잘 다스려야 할 것 같습니다. 결국에 먹는 일상도 우리들 마음공부와 다를 것이 하나도 없습니다. 자성불 내면의 소리에 귀를 기울이고, 턱 맡기면서 사는 것입니다.

이렇게 말하면 어떤 사람은 그럽니다. 이 말을 핑계로 나는 햄버거 먹고 싶어서 햄버거를 먹는다, 나는 피자나 인스턴트 식품, 또 패스트푸드를 먹고 싶어서 먹는데 그것이 왜 잘못 된 것이냐 하고 말입니다. 그것도 내 마음 안에서 요구가 있었기 때문에 먹고 싶은 것이니 내 마음을 따르겠다 하고 말입니다. 그러나 여기에는 중요한 한 가지를 생각지 못한 오류가 있습니다. 그것은 바로 우리 내면에서 참으로 필요로 하는 것은 대자연이 제공해 주는 음식이라야 한다는 점입니다.

인간들의 욕심과 편리추구, 얇은 지식이 가져 온 인스턴트 식품이나 패스트푸드 식품들은 근원적이지 못한 음식들입니다. 그것들은 그저 우리의 입맛만을 생각합니다. 몸과 마음의 전체 건강을 생각지 않고 오로지 입맛만을 생각하기 때문에 당장에는 자극적이고 중독적이기까지 합니다. 이런 음식에 길들여지고 나면 본래의 대자연에서 제공해 주는 음식들은 영 맛이 없어지고 관심이 가지 않게 됩니다. 우리의 육근은 자극적이고 감각적인 데 쉽게 노출이 되고, 쉽게 중독이 되기 때문입니다.

더구나 패스트푸드 음식들의 실태를 깨닫고 보면 더욱 실감이 날 것입니다. 온갖 몸에 해로운 화학성분이 가미되 있는 자극적인 소스에, 닭이며 소 등을 대량으로 키우고 대량으로 학살시켜 만들어 낸 고기 육질, 그것도 모자라 짐승들을 꼼짝 못하도록 가둬 놓고 온갖 성장촉진제 등을 잔뜩 뿌려 30년을 사는 닭을 태어난 지 35일 만에 도살시켜 올라오는 고기의 육질, 그것도 저 지구 반대편에서부터 여기까지 운반 하느라 방부제 등이 잔뜩 들어있는, 도무지 사랑이라고는 담겨 있지 않은 그 햄버거나 치킨을 먹는 것하고 산 속에서 대자연이 만들어 낸 온전한 음식을 먹는 것 하고 어찌 비교할 수 있겠습니까.

그런 음식을 먹으면서 이것도 내 마음에서 시키는 것이다 라고 할 수 있겠습니까. 그것은 인간의 욕심에 기인하는 음식들입니다. 생명과 사랑이 담기지 않은, 그야말로 아주 메마른 정신과 피폐한 이기가 담겨 있는 말 그대로 쓰레기 같은 음식, 정크푸드인 것입니다. 여기에서 말하고 있는 음식 이라는 것은 그야말로 대자연에서 길러낸, 대자연 생명의 숨결이 담겨 있는 때묻지 않은, 인간의 욕심이 개입되지 않은 순결한 음식을 말하는 것입니다.

그런 음식은 우리의 내적인 생명력을 강화시켜 줍니다. 생명력이란 자연치유력을 말합니다. 우리 몸에 병이 났다고 했을 때도 병원에 먼저 갈 일이 아닙니다. 병원에서 시키는 대로 어떤 음식은 먹지 말고, 약을 먹어야 하고, 잡다한 상식들을 지키려고 애쓰기보다는, 내 안에서 먹고 싶은 자연스런 음식을 자연에서 찾아 먹는 것이야말로 가장 근원적인 치유가 될 수 있다는 말입니다. 대자연의 음식은 우리 안의 내적인 자연치유력을 강하게 해 주기 때문입니다.

실제로 옛 우리의 선조들은 음식으로 해결되지 못하는 병은 약으로도 해결할 수 없다는 지혜를 주셨습니다. 또한 옛날 서양에서도 마녀사냥이라는 어리석은 탄압이 있기 전까지는 여성들에 의해 약초와 풀 등 대자연에서 나온 것들로 병을 다스리곤 하였으며, 지금도 동양의 한의학이나 인디언, 원주민들의 치유사들은 대자연에서 만들어 낸 것들로 약을 만들며 치료를 행하고 있습니다.

그러니 잡다한 지식을 소유하고 머릿속에 집어넣고 그대로 따르는 것보다는 내 안에 턱 내맡기고 우리 안의 내면의 소리에 귀를 기울이면서, 먹고 싶은 대자연의 음식을 먹고 마시면 됩니다.

음식에 대한 삿된 소견이나 지식에 집착하여 붙잡지 말고, 너무 먹는 욕심을 내어 집착하지도 말며, 자성불 자리를 잘 관하면서 턱 놓고 사는 것 말입니다.

먹는 일상, 그래서 이 몸 챙기는 공부가 마음공부하고 하나로 가는 것입니다. 몸 공부 잘 하면 마음공부도 함께 잘

가고, 또 마음공부 잘 해서 마음 잘 닦아가면 소화도 잘 되
고, 먹는 것마다 훌륭한 음식이 될 것입니다.

둘이 아닌 몸공부, 마음공부 잘 챙기시기 바랍니다.

필요한 것을 얻는 법

우리가 욕심 부리지 않고 살아갈 때 우리에게 필요한 것들을 언제나 이 세상은 충분하게 공급할 수 있다고 합니다. 이 세상은 원만하게 충족돼 있는 곳이라는 것입니다. 다만 욕심을 부리고, 축적하려 하고, 빼앗으려 하고 그렇게 욕망을 가지고 있다 보니 이 세상은 지금 많이 부족한 곳이 되어 버렸습니다.

지금 이 세상은 부족한 것들이 너무 많습니다. 맑은 공기도 부족하고, 시원하고 맑은 물도 부족하고, 먹을 식량도 부족하고, 자원도 고갈될 위기에 처해 있고, 본래 원만하게 구족되어 있던 이 세상이 언제부터인가 인간들의 욕심 때문에 한없이 부족하게 변해가고 있습니다. 마하트마 간디는 '이 세상은 우리의 필요를 위해서는 풍요롭지만 탐욕을 위해서는 궁핍한 곳이다.'라는 유명한 말을 남기기도 했습니다.

『그곳에선 나 혼자만 이상한 사람이었다』라는 책에서 호주의 참사람 부족이 말하는 이야기에 잠시 귀를 기울여 봅시다.

"참사람 부족은 식량이 떨어지는 법이 결코 없었다. 그들이 마음속으로 말하는 것에 우주는 언제나 응답을 했다. 그들은 이 세상이 더없이 풍요로운 장소라고 믿고 있었다….

먼저 그들은 대자연을 향해 먹을 걸 요청했고, 그것이 나타나리라는 기대를 조금도 버리지 않았으며, 그러면 언제나 그것이 그들 앞에 나타났다. 그들은 진심으로 감사한 마음을 갖고 그것을 받았다. 그들의 감사 기도는 단 한 번도 형식적인 적이 없었다.”

참사람 부족에게 있어 이 우주는 더없이 풍요로운 장소이고, 언제나 대자연을 향해 먹을 것을 요청하면 필요한 만큼의 먹을 것이 그들 앞에 나타납니다. 그리고는 그들은 우주를 향해 감사의 기도를 드리고 음식을 먹습니다.

이는 참사람 부족에게만 해당되는 우주의 법칙이 아닙니다. 본래 우주는 한없이 풍요로운 곳이며 우리는 감사와 진심어린 마음만 일으키면 언제든지 우주와 대화를 나눌 수 있고 필요한 것을 가져다 쓸 수 있습니다.

그러나 이러한 우주의 법칙은 욕심과 욕망이 아닌 필요에 의한 맑은 삶이 전제되었을 때의 얘기입니다. 너도 나도 욕심을 부리고 그 욕심을 모두 충족시키며 살고자 하면 간디의 말처럼 이 세상은 도무지 인간의 욕심을 충족시키기에는 한없이 부족한 곳이 되고 맙니다.

아무리 먹을 것이 많이 있더라도 꼭 필요한 만큼만 먹으면 될 터인데 우리 인간들은 내 필요 이상의 것을 축적하려 한단 말입니다.

같은 책에서 또 이렇게 말합니다.

“한 번은 바위틈에서 물웅덩이를 발견한 적이 있었다. 그 때 원주민들은 내게 인간의 냄새로 그 지역을 오염시키지 않고 물웅덩이에 접근하는 방법을 가르쳐 주었다. 동물들을 놀래키지 않기 위해서였다.

어쨌든 그 물은 동물들의 물이기도 했다. 사람 못지않게 동물들도 그 물을 마실 권리를 가지고 있었다. 원주민들은 현재 갖고 있는 물의 양이 아무리 부족해도 발견한 물을 몽땅 떠가는 법이 없었다. 언제든지 조금은 남겨 두었다."

우리들 같았으면 물 한 방울 나지 않는 사막 오지에서 물웅덩이를 발견했다면 가만 두지 않았을 것 같습니다. 마실 만큼 물을 마셨으면 그 다음엔 저장하려고 하고 결국 그 물웅덩이를 바짝 마르게 해 놓았을 것입니다. 그러나 원주민들은 그 물웅덩이를 다 퍼가지 않습니다. 그 물은 동물들의 물이기도 했기 때문입니다. 또한 필요한 만큼 목을 축였으면 그 순간 충분했기 때문입니다.

다음 순간 또다시 물이 필요하다면 그들은 또다시 대자연 어머니인 대지를 향해 기도했을 것이고, 분명 필요한 만큼의 물을 얻어 쓸 수 있을 것입니다. 그러나 우리 현대인들은 그런 지혜를 깨닫지 못했습니다.

같은 책에서 또 이런 얘기가 나옵니다. 한 번은 음식이 필요했고 대자연은 참사람 부족인들의 기도에 따라 낙타 네 마리가 있는 곳으로 안내를 하였습니다. 참사람 부족은 걸음을 멈추었고, 여섯 명의 정찰대가 둘로 나뉘어 낙타에게 다가갔습니다. 사냥꾼들은 아무 말도 없이 다가가 동시에 늙은 암컷 한 마리를 사냥할 수 있었습니다.

네 마리의 낙타는 수컷 한 마리와 암컷 두 마리, 그리고 반쯤 자란 새끼 한 마리로 이루어져 있었습니다. 다시 말해 그 가족들 가운데 늙은 암컷이 가장 약한 녀석이었음을 모든 사냥꾼이 동시에 알아차릴 수 있었고 그 낙타가 오늘의 사냥감이었던 것입니다. 참사람 부족 사람들은 결코 다른 낙타들에 대해서는 잡을 생각이 없었습니다. 오늘 필요한 음식은 한 마리면 충분했기 때문이고 바로 그 늙은 암컷이 대자연의 법칙에 따른 오늘의 음식이었기 때문입니다.

네 마리의 낙타가 있다고 필요치도 않은 낙타를 더 잡아서는 저장하고 축적하는 일 따위는 참사람 부족 내에서 도무지 납득할 수 없는 일이고 그럴 필요도 없는 일이었습니다. 또한 나머지 세 마리의 낙타는 암컷, 수컷 그리고 새끼였기 때문에 아직은 그 식구를 건드려서는 안 되었기 때문입니다.

축적하고 저장하려는 인간의 욕망만 놓아버린다면 이 대자연 우주에서는 언제나 필요한 것을 필요한 때에 베풀어 줄 준비가 되어 있습니다.

현대를 살아가는 우리들에게도 이 가르침은 여전히 유효한 진리인 것입니다. 본래 이 법계의 이치가 그러하기 때문입니다. 마음에서 일으킨 맑은 한마음은 우주 법계에 그대로 전달 되게 마련이고 이 법계는 우리의 마음에 충분히 응해주게 되어 있습니다. 우리가 욕심을 부리고 이기적인 마음을 내지만 않는다면 말입니다.

하나가 필요하면 하나만 가지면 되는 것입니다. 많이 있다고 하나가 필요한데 두 개, 세 개에 욕심을 부린다면 그 하나 마저도 잃어버리게 될지 모릅니다. 음식도 그렇고, 입는 옷도, 돈도, 차도, 책도, 우리 주위에 있는 내 소유의 것들을 가만히 살펴봅니다. 필요한 것을 필요한 만큼 가지고 있는지, 아니면 꼭 필요하지도 않는 것들이 주섬주섬 쌓여 있지는 않은지 하고 말입니다.

꼭 필요한 것들이 필요한 만큼 필요한 곳에 있을 때 우리의 삶은 한층 맑고 소박해 질 것입니다. 살뜰한 행복감도 많이 소유하는 데서 오기보다는 꼭 필요한 것을 필요한 만큼 가지는 데서 오는 것일 겁니다.

법정 스님의 책 『산에는 꽃이 피네』에 보면 스님의 청청하고 소박한 삶을 살짝 엿볼 수 있습니다.

"한번은 동경대학에 유학중인 스님이 문구점에 가서 내가 좋아한다고 촉이 가는 만년필을 하나 사준 적이 있다. 나는 아주 고맙게 여기고 그걸로 글을 많이 썼다. 그런데 파리에 갔더니 그곳에 똑같은 만년필이 잔뜩 있었다. 그래서 촉이 가는 만년필을 하나 더 사왔다.

그랬더니 그날부터 내가 처음 가졌던 그 필기구에 대한 살뜰함과 고마움이 사라졌다. 나는 결국 나중에 산 것을 아는 스님에게 줘 버렸다. 그러자 비로소 처음의 그 소중한 감정이 회복되는 것이었다. 하나가 필요할 때는 그 하나만을 가져야 한다."

하나가 필요할 때는 그 하나만을 가지면 되는 것입니다.

날마다 새롭게 피어나라

한 이틀 새 눈이 많이 내렸네요. 동네 꼬마 아이들이 올라와 함께 눈 쓸기를 도와주어 한결 수월했습니다. 눈을 쓸고 나서 눈싸움까지 한 판 하고 나니 배도 고프고 춥기도 하고, 시린 손 비비며 다실에서 차 한 잔 하고 들어오는 길입니다.

온통 도량 주변이 하얀 눈으로 가득합니다. 뭐랄까 이런 풍경을 대할 때면 내 가슴도 두 눈도 아득해 짐을 느낍니다. 한참을 멍 하니 서 있기도 하고 걷기도 하고 좀 더 깊이 느껴보고 싶어집니다.

새벽기도를 끝내고 보살님과 함께 차를 마시는데 그러시데요. 처음 새벽기도 시작하고 수행이란 걸 알고부터 참 행복했었고 기뻤었다고, 어지간한 괴로움쯤은 다 이겨낼 수 있을 것 같고, 수행 할 수 있는데 무슨 힘든 일이 있을까 싶었다고 말입니다.

그런데 한 일 년 이상 계속해서 하다 보니 이제 그런 기쁨도 줄어들고 그냥 처음 기도하기 전으로 돌아간 것 같다고 합니다. 처음처럼 그런 환희심이 나는 것도 아니고 계속 수행을 하고는 있는데 왜 그런지 모르겠다고, 그러시면서 이런 저런 고민들을 이야기 합니다.

100일 기도든, 1000일 기도든 항상 하는 기도든 매일 매일 똑같이 반복되는 기도가 되어 버리면 그것은 고여 있는 물처럼 타성에 젖어들기 쉽습니다. 그러면 그냥 습관처럼 아무 생각 없이 매일 해 왔으니까 하는 것이 되 버리고, 날마다 새롭게 발심하는 기도가 되질 못합니다.

그래서 '초발심시변정각'이라고, 처음 발심한 그 마음이 정각을 이룬다고 했던 겁니다. 처음 수행을 알고 기도를 시작하고 발심했을 때의 그 설레고 행복했던 순간을 기억하시는지요. 그 때의 마음이 이젠 많이 없어지지는 않았는지요. 절에 가는 것도, 수행을 하는 것도 타성에 젖어 습관적으로 행하고 있지는 않았는지요. 우리의 삶이 그러해야 하지만 특히나 수행하는 마음은 늘 새로워야 합니다.

그런 말을 하기도 합니다. 수행이 몸에 딱 붙어서 안 하면 이상할 정도로 습관이 되도록 하라고 말입니다. 좋은 이야기입니다. 그러나 이 말이 타성에 젖어 습관적으로 하라는 말은 아닐 것입니다.

수행하면서도 자꾸 자꾸 재발심해야 하고, 자칫 조금씩 마음이 나태해 진다 싶으면 좀 더 그 마음을 잘 관함으로써 항상 새로운 시작의 마음으로 가꿀 일입니다. 반복되는 일상에 젖어들다 보면 내 관념 또한 굳어지게 마련이고 그러다 보면 내 스스로 쳐 놓은 울타리 안에만 갇혀서 좀 더 훤하게 나 자신을 바라볼 수 없습니다.

그러면 결코 나를 뛰어넘을 수 없습니다. 내가 만들어 놓은 관념의 울타리에서 벗어날 수 없습니다. 날마다 생기로운 마음으로 저지를 수 있어야 하고, 그 어떤 것도 할 수 있어야 합니다. 일상이 습관처럼 몸에 배어 있으면 좀처럼 그 틀에서 벗어나기 어려워지지요. 갇히면 자유롭지 못합니다.

그래서 마음은 항상 자유로워야 하고, 그 어떤 걸림도 없이 텅 빈 허공 같아야 합니다. 그랬을 때 그 어떤 것도 새롭게 담을 수 있지, 마음이 갇혀 있으면, 관념이 딱 가로막고 있으면, 내 안에서 걸러진 것들만 선택적으로 받아들이게 됩니다. 그렇게 되면 늘 똑같은 일들이 벌어지고, 똑같은 수행을 하게 되지 날마다 새로운 삶을 살기는 요원해지는 것입니다.

세상은 잠시도 항상 하지 않고 늘 새롭고 또 생기롭게 흐릅니다. 그런 세상을 우린 있는 그대로 새롭게 받아들이지 못하고 내가 만들어 놓은 색안경으로 걸러서 선택적으로만 받아들이니까 늘 똑같은 날들인 것입니다. 늘 그저 그런 날들, 맨숭맨숭한 날들이라 느껴지는 것입니다.

책을 읽어도 어떻습니까? 똑같은 책을 읽어도 감명 받은 부분이 다르고, 생각나는 부분이 다르고 어떤 사람은 그런 내용이 그 책에 있었나 싶기도 합니다. 있는 그대로, 텅 빈 마음으로 책을 읽지 않고 내 마음에 맞는 것만 내 생각과 일치 하는 것들만 선택적으로 받아들이려고 작정을 하고 책을 읽으니, 그런 꽉 찬 마음으로 책을 읽으니 새로운 것들을 읽을 수가 있겠느냔 말입니다.

세상도 마찬가지입니다. 우리들 수행하는 것도 마찬가지입니다. 잠시도 멈춰있지 않고 항상 박진감 넘치게 변하는 세상, 항상 새로운 세상을 내 잣대를 가지고 가두어 두려 하지 마십시오. 날마다 새롭게 태어나야 하고, 매일의 새벽 기도가 늘 새로워야 합니다.

어제 출근했던 사무실이 또 직장 동료들이 오늘도 똑같은 사무실이고 똑같은 직장 동료는 아니란 말입니다. 어제 했던 일을 똑같이 오늘도 반복하고 있는 것이 아닙니다. 어제 했던 기도를 오늘도 똑같이 반복하는 것이 아닙니다.

어제는 어제로 이미 지나갔으니 그것을 마음에 담아 둘 것도 없고 뒤척일 것도 없이, 이제 전혀 새로운 오늘만을 살겠노라고 다짐하시기 바랍니다. 어제 기도하고 수행했던 것은 그냥 딱 끊어 버리고 오늘은 전혀 새로운 오늘의 수행을 해야 하는 것입니다.

지금 이 순간은 언제나 새로운 순간입니다.

병과 고통은 다 이유가 있다

전에 읽었던 책 『구르는 천둥』을 우연히 열었는데 마침 이런 이야기가 눈에 들어왔습니다. 우리가 겪는 병과 고통에 대한 체로키 인디언 치료사 구르는 천둥의 이야기입니다.

"모든 병과 고통은 나름대로의 이유가 있다. 그것들은 늘 지나간 어떤 것, 다가올 어떤 것에 대한 보상이다.

그렇다고 우리가 병과 고통에 대해 아무런 치료 행위도 할 필요가 없다는 뜻은 아니다. 다만 왜 그 일이 일어났는가를 깊이 이해하는 일이 중요하다. 문명인 의사들은 그것을 이해하고 있지 않다.

모든 것이 어떤 것의 결과이며, 또 다른 것의 원인임을 안다. 때로 어떤 병과 고통은 그것이 최선의 방법이기 때문에 일어나는 것이다. 따라서 그것을 사라지게 하면 더 큰 대가를 치르게 된다.

그 자신은 그것을 모를지라도 그의 영혼은 알고 있다…. 육체적인 고통은 좋든 나쁘든 어떤 이유를 갖고 있으며, 그것들은 언제나 영적인 차원에서 시작된다.

예를 들어 어떤 질병에 감염된다는 것은 영적으로 순수하지 못했음을 뜻한다. 문명인 의사들은 환자가 찾아오면 질

병만 관찰할 뿐 사람을 관찰하지 않는다. 그래서 문제가 무엇인지 이해하지도 못한 채 약을 주어 통증을 느끼지 못하게 하든지 신체의 어떤 부위를 잘라 쓰레기통에 버린다."

우리는 병과 고통이 올 때 그것은 '나쁜 것'이라고 그래서 빨리 치료해 없애야 할 것쯤으로 성가시게 생각하고 있는 것 같습니다. 그러다 보니 우선 몸이 안 아프기만을 바라고, 그로인해 온갖 약을 써서 통증을 가라앉히는 데 혈안이 됩니다. 몸이 많이 아플 때는 다 이유가 있는 것이고, 또한 아픈 것이 지금으로서 최선의 방법이기 때문에 일어나는 것이라는, 오히려 그 아픔과 병고를 약으로써 빨리 사라지게 하면 도리어 더 큰 대가를 치르게 된다고 말하는 인디언 영혼의 치료사 구르는 천둥의 이야기에 귀를 기울여 봐야 할 것 같습니다.

우리가 살아오면서 짓는 것들이 때로는 좋은 일이고 또 때로는 나쁜 일들이다 보니 우리 안에는 맑고 청정한 기운이 순환함과 동시에 탁하고 어둔 기운으로 순환이 막히기도 하지 않을까요. 언젠가 읽은 기억이 있는데 현대인의 상당수가 스트레스를 너무 많이 받고 있어 잔뜩 부풀어 오른 풍선처럼 언제 터질지 모른다는 내용이었습니다. 그 스트레스가 터지면 바로 병으로 다가온다는 것입니다. 그런데 때때로 어떤 사람들은 치료하기도 힘들 만큼 큰 병으로 다가올 수도 있다는 것입니다.

우리 안에 있는 탁한 기운들이, 혹은 악한 업식(業識)들이 병과 고통이라는 매개를 통해 우리 안에서 빠져나가려고 하는 움직임일 수 있겠다는 것입니다. 모처럼 우리 안에 맑은 순환을 돌리기 위해 탁한 것들을 빼내려는 자정의 작용일 수 있다는 것입니다. 우리를 돕기 위한 몸의 배려 말입니다.

어쩌면 그 병이 일어나지 않고, 그로 인해 고통 받으며 아파하지 않는다면 더 큰 대가를 치러야 할지 모른다는 말입니다. 그런데 사람들은 그 새를 못 참고 온갖 약으로 스스로의 정화작용을 꽉 틀어막고 있다는 말입니다.

몸이 아플 적에는 아플 만할 때가 되어 아프구나 하고 받아들이고, 충분히 아파주는 것이 참 밝은 일인 듯 생각됩니다. 그래 그동안 건강했으니 이제 한 번 충분히 아파줘 보자 하고는 아픈 것을 충분히 느끼고 바라보며 다독여 준다는 것입니다. 그랬을 때 아픔도 빨리 가라앉고 아픔을 느낌과 동시에 우리 안의 탁한 기운도 정화가 되겠지요.

인디언 치료사 구르는 천둥도 남들의 아픔들을 수도 없이 치료해 주면서 자신 스스로의 아픔을 충분히 감당하고 있는 모습이 보입니다.

우리 몸이란 스스로 자정할 수 있고, 또 스스로 치유할 수 있는 가장 온전하고 훌륭한 치료사며 약사라고 합니다. 자성부처님은 그 어떤 일도 아무런 이유 없이, 혹은 우리를 괴롭히려고 나투는 일이 없습니다. 병이 왔을 때 우리를 괴롭히려고 왔겠느냐는 말입니다. 온전히 그 일은 우리를 돕기 위한 자성불의 배려이고, 법계의 배려인 것입니다.

몸의 병으로 나투는 것이 자성불의 배려라면, 세상의 일로 아파하고 좌절하고 힘든 일이 생기는 것이 법신 부처님의 자비스러운 배려일 것입니다. 몸의 병으로 아파하든, 아니면 세상의 일 때문에 힘들어하든 그 순간은 닦을 수 있는 소중한 순간이며, 고마운 순간인 것입니다.

그 아픔을 통해 우리는 한 단계 더 성숙할 수 있고, 내 안의 잠복해 있는 온갖 병들을 치유할 수 있으며, 내적인 악업들을 닦아낼 수 있는 계기를 가져다주는 것입니다.

다시 말해 세상 모든 일은 크게 보았을 때, 진리의 눈으로 보았을 때 '긍정' 아닌 것이 없다는 말입니다. 그러니까 거부하지 말고 다 받아들이라는 말입니다. 물 흐르듯 자성의 흐름에 일체를 내 맡기고 함께 흐르라는 것입니다.

고통이 왔을 때 어떻게 하면 빨리 벗어날 수 있을까 하고 머리 굴리지 말고, '좋은 기회구나' 하고 충분히 그 고통과 벗이 되어 주는 것입니다. 그 고통을 미워하지 말고, 나와 둘이 아닌 자비로운 마음으로 감싸주고, 다독여 주며 오히려 감사하는 마음을 낼 일이라는 겁니다.

법계는 오직 나를 도와주는 일만 할 뿐, 나를 힘들게 하는 일은 오직 내가 하고 있을 뿐입니다. 내가 행한 나쁜 일을 법계는 아무런 분별없는 자비로써 그대로 받게 함으로써 나를 정화시켜 주는 것입니다.

만약에 법계의 자비스런 도움이 없다면 우리는 우리 안에 탁한 기운이며, 악업, 아픈 것들을 잔뜩 짊어지고 가야 할 것입니다.

언제 터질지 모를 부풀어 오른 풍선처럼….

물도 식물도 부처님이다

"물의 결정 모습을 관찰하기 위해 물에게 음악을 들려주기로 했습니다. 베토벤의 교향곡 「전원」은 밝고 상쾌한 곡조에 어울리게 아름답고 잘 정돈된 결정, 분노와 반항의 언어로 가득한 헤비메탈 곡은 결정이 제멋대로 깨어진 형태로 나타났습니다.

한 걸음 나가 물에 글을 보여주기로 했습니다. '고맙습니다' 라는 글자를 보여준 물은 깨끗한 육각형 결정, '망할 놈'이라는 글자를 보여준 물은 제멋대로 흩어져 찌그러져 있었습니다.

긍정적인 말을 하면 그 진동음이 물질을 좋은 성질로 바꿉니다. 부정적인 말을 하면 모든 것을 파괴의 방향으로 이끌어갑니다.

어떤 결정 사진 하나가 내 마음을 사로잡았습니다. 그렇게 아름답고 화사한 결정을 여태 본 적이 없었기 때문입니다.

그것은 '사랑, 감사' 라는 말을 보여준 물의 결정….

'짜증나네. 죽여버릴거야' 는 마치 어린아이가 폭력을 당하는 듯한 형상입니다.

오염된 호수를 향하여 기도를 하고 난 뒤 결정을 보았더니 삐뚤어진 얼굴처럼 보이던 형태가 후광이 있는 부처님의 모습 같은 형태로 변했습니다….

기도 전후로 물이 어떻게 변화하는지 그 결정을 찍어보기로 했습니다. 호숫가에서 스님이 약 한 시간 정도 기도를 올리게 하고 그 결정을 찍어보기로 하였습니다.

'정말 대단합니다. 호수가 점점 깨끗해지고 있습니다.'

기도 전에는 고통스러워하는 사람의 얼굴 같은 결정이 나타났습니다. 그에 비해 기도 후에는 장엄한 형태가 나타났습니다."

이상은 물의 결정 사진에 대한 연구 성과를 옮긴 책『물은 답을 알고 있다』에서 옮긴 글입니다.

우리가 어떤 마음을 내느냐에 따라, 혹은 어떤 글자를 보여주거나 음악을 들려줌에 따라, 물의 결정 모양이 천차만별로 달라진다는 것입니다.

어디 물 뿐이겠습니까. 『식물의 정신세계』에서는 다음과 같이 말하고 있습니다.

"식물도 인간처럼 생각하고, 느끼고, 기뻐하고, 슬퍼한다. 예쁘다는 말을 들은 난초는 더욱 아름답게 자라고, 볼품없다는 말을 들은 장미는 자학 끝에 시들어 버린다. 떡갈나무는 나무꾼이 다가가면 부들부들 떨고, 홍당무는 토끼가 나타나면 사색이 된다. 제비꽃은 바흐와 모차르트, 재즈를 좋아하고 록 음악은 싫어한다. 장바구니 속의 야채들은 곧 뜨거운 물에 익혀지거나 불에 구워질 자신의 운명을 생각하며 비명을 지른다.

식물은 자신을 보살펴 주는 인간에게 관심과 애정을 보일 뿐 아니라 그의 마음을 읽어내고, 민감하게 반응한다. 식물은 예지와 영성을 지닌 녹색의 현자(賢者)들이다."

그러니 우리들의 말 한 마디(口業), 생각 하나 하나(意業), 행동 하나 하나(身業)가 우리 주위의 온갖 것들, 나아가 법계 곳곳에 이르기까지 얼마나 큰 파장으로 울려 퍼지는지 모릅니다. 우리의 긍정적인 한 생각이 내 주위와 나아가 법계의 모든 존재들을 밝은 결정으로, 밝은 마음으로 바꾸어 놓고, 부정적인 마음 하나가 내 주위 모든 존재를 어둡게 한다는 것입니다.

가만히 생각해 보십시오. 마음이 어두울 때 내 방안에 있는 생명 있고 없는 모든 존재들은 내 마음을 그대로 받아들여 함께 어두워질 것이고, '할 수 있다' 라는 희망의 마음을 일으킬 때 내 주위의 일체 모든 존재들이 그 마음 따라 할 수 있는 생명의 에너지를 가득 뿜어줄 것입니다.

비단 물과 식물만을 말하는 것이 아닙니다. 생명 있고 없는 일체 모든 존재들에 대한 이야기일 것입니다. 또한 비단 우리가 일으킨 한 생각이 우리 주변만을 바꾸는 것이 아니라 나아가 온 우주 법계로까지 퍼져나가게 될 것입니다. 한 생각으로 온 우주를 밝게도 만들고 어둡게도 만든다는 말입니다.

같은 책 『물은 답을 알고 있다』에서 이런 단서가 될 만한 이야기가 또한 나옵니다.

"우주의 어떤 부분이라도 전 우주의 정보를 포함하고 있다는 말입니다. 한 사람 한 사람 속에 모든 우주의 정보가 내포되어 있고, 세포 하나에도 전 우주가 존재한다는 사고 방식입니다.

전 우주의 정보에는 시간도 포함됩니다. 지금 여기 있는 당신에게도 전 우주의 모든 정보가 포함되어 있고, 과거 현재 미래의 모든 정보가 들어 있습니다.

일순간에 모든 세계를 바꾼다는 것은 결코 환상이 아닙니다. 파동을 측정하는 기계로 물을 측정해 보았습니다…. 페르시아만에서 다국적군이 이라크를 공격하여 걸프 전쟁이 일어난 그날 오후였습니다…. 도쿄 수돗물의 파동을 측정해 보니 인체에 유해한 수은, 납, 알루미늄 파동치가 매우 높게 나타났습니다.

폭탄이 투하된 장소로부터 몇 천 킬로미터나 떨어진 일본에서 거의 동시에 폭탄의 영향으로 보이는 유해 물질의 파동이 관측되었습니다.

지구 이면에서 폭격이 시작된 것과 동시에, 폭탄이 가지고 있는 유해 파동이 한순간에 지구 전체에 전달된 것입니다… 세계를 바꾸는 모든 힘은 당신 자신에게 있습니다. 세계는 모두 하나로 연결되어 있습니다.

당신이 물 앞에서 사랑을 가득 담아 감사의 말을 던질 때, 세계 어딘가에서 당신처럼 마음속에 사랑을 가득 담는 사람이 생기는 것입니다.

당신은 그 자리에서 조금도 움직일 필요가 없습니다…. 그것이 퍼져나갈 때, 세계인의 마음이 일제히 사랑으로 가득 찰 것입니다."

현대 과학에서 이상에서처럼 부처님 가르침들을 비록 단편적이긴 하지만 이렇듯 증명해 내고 있다는 것은 참으로 다행스런 일이 아닐 수 없습니다.

『화엄경』의 사상을 잘 정리해 놓은 의상 스님의 「법성게」에는 "일미진중함시방(一微塵中含十方)"이라고 하여 '한 티끌 속에 시방의 모든 세계를 머금고 있습니다.' 라는 말이 나옵니다. 또 "일즉일체다즉일(一卽一切多卽一)" 즉 하나가 곧 일체이고 일체가 곧 하나이다란 말도 나옵니다. 상즉(相卽) 상입(相入) 화엄 법계 연기의 광대무변한 세계를 잘 나타내 주고 있는 말인데, 위에서 언급한 『물은 답을 알고 있다』란 책의 위 내용이 바로 이 『화엄경』의 가르침을 단적으로 증명해 주고 있는 것이 아닌가 하는 생각이 듭니다.

우리의 한 생각, 한 마디 말, 행동 하나 하나가 단순한 나 한사람의 사소한 움직임이 아닌 온 우주 법계와 상호인 연관관계에 있다는 법계연기의 모습인 것입니다.

또한 같은 책에서 셀드레이크 박사의 메시지를 인용하며 다음과 같이 말하고 있습니다.

"주위 사람이나 주위에서 일어나는 일에 대해 항상 주의를 기울여야 합니다. 이건 아주 중요한 일입니다. 본다는 것은 영향을 끼친다는 말입니다. 어떤 일에 주의를 기울이고, 의식을 향한다는 것은 사랑으로 대한다는 말과 같은 것인지도 모릅니다."

이 말은 정말이지 획기적인 말이 아닐 수 없습니다. 주의를 기울여 바라본다는 것은(觀) 그대로 지혜와 자비를 발현케 하는 것입니다. 여기서 말하고 있는 '항상 주의를 기울여야 한다' 는 말은 불가에서 말하는 관수행, 위빠싸나의 수행, 팔정도의 정념(正念)의 수행과 다름 아닌 말입니다. 관수행으로써 온 우주 법계를 사랑으로 감싸 안을 수 있다는 은은한 울림으로까지 이 책 은 안내하고 있습니다.

'어떤 일에 주의를 기울이고, 의식을 향한다는 것은 사랑으로 대한다는 말과 같은 것인지도 모릅니다.' 라는 말은 다시 표현하면 관수행을 통해 나타나는 지혜가 그대로 자비와 둘이 아니란 말입니다. 지혜와 자비는 둘이 아님을 증명해 주는 말인 것입니다.

이처럼 지금의 시대에는 2천 5백여 년 전 부처님의 소중한 가르침이 현대 과학으로써 어느 정도 논리적으로 증명이 되고 있으며, 앞으로도 증명의 차원을 넘어 현대 과학에서 한계에 다다른 수많은 이론에 대한 온전한 증명을 해 줄 것입니다.

진리를 삶 속에서 실천, 회향하는 법

이 세상에는 우리가 실천해야 할 두 가지 진리의 모습이 있습니다. 다른 것들은 아무리 실천해 봐야 그것이 아상(我相)을 늘리는 일밖에 되지 못하고, 이번 생 조금 편히 살아 보겠다는 것밖에 되지 않지만, 이 두 가지의 실천은 온전하고도 진리와 합일하는, 다음 생에까지 영원히 이어지는 온전한 가르침인 것입니다.

수행과 보시, 지혜와 복, 상구보리와 하화중생, 마음공부와 복짓기, 비움과 나눔, 말이 두 가지지 이것은 그 근원이 한 줄기에서 나옵니다.

수행이 되어야 베풀 수 있고, 마음이 비워져야 '내 것'이라는 소유의 울타리를 걷어치울 수 있습니다. 마음공부를 하면 할수록 집착이 놓여지며, 내 마음에 여유가 생기고 삶을 객관적으로 관찰할 수 있으며, 베푸는 것이 자연스러워질 수 있을 것입니다.

공부하는 사람들을 보며 한 가지 안타까운 점은 너무 베푸는 실천을 하지 않는다는 점입니다. 좀 단적으로 말해서 베푸는 것이 얼마나 아깝지 않을 수 있고, 베풀면서 상을 내지 않을 수 있고, 얼마만큼 베푸는 삶을 사느냐의 여부가 그 사람의 수행 됨됨이를 가늠할 수도 있다고 보여집니다. 수행과 실천은 둘이 아니기 때문입니다.

보통 사람들은 수행의 공덕을 바라면서 열심히 수행을 하고 기도를 합니다. 그러면서도 베풂의 실천은 거의 생각하지 못하고 살아갑니다.

조금 방편으로 이야기를 한다면, 수행의 공덕 그 이상으로 베풂의 공덕을 무시할 수 없는 것입니다. 아니 오히려 수행의 공덕보다 베풂의 공덕이 더 직접적이고 빠를 수 있는 것입니다.

도반 스님께서 말씀하시더군요. 당신은 오히려 돈이 없고 살기가 어려울 때는 있는 것 탁탁 다 털어서라도 어려운 사람들에게 베풀어 주고, 큰 절 본사 들어가서 강원 스님들 대중공양 해 주고, 어떻게 해서든 베푼다고 하십니다. 그러고 나면 그냥 주머니가 쪽 빠지고 가난해 져야 하는데 오히려 생각지도 못한 곳에서 주머니를 넉넉하게 만들어 준다고 합니다. 물론 베풀면 이렇게 다 들어오니까 베풀어야 된다는 얘기가 아닙니다.

가만히 생각해 보십시오. 베푼다는 것처럼, 보시하는 것처럼 그 누구도 부정할 수 없는 진리의 실천이 어디 있습니까? 그런데도 불구하고 우리는 안 하고, 또 못합니다. 좀 베풀고 살아야지 살아야지 생각은 항상 있는데 그게 여간해서 잘 실천이 되질 않는단 말입니다. 막상 하려고 하면 아깝고 주저하게 되고 이놈의 욕심 덩어리가 그냥 실천하려는 발목을 잡는단 말입니다.

그게 바로 우리 업이고 욕망의 모습입니다. 베풀 때는 절대 분별이나 계산이 있어선 안 됩니다. 그냥 베풀 때는 그냥 턱 저지를 수 있어야 합니다. '베풀고 나면 난 어떻게 살지?' '이것마저 주고 나면 좀 어렵게 살아야 할 텐데?' 이런 베풀려는 마음을 방해하는 그 어떤 생각이라도 좀 심하게 말해서, 모두 전혀 쓸모없는 쓰레기라고 생각해야 합니다. 그게 바로 업이고, 욕망이고, 집착인 겁니다.

아니라고 말하겠지요. 그래도 내가 살 만큼은 있어야지, 너무 무식하게 베풀면 오히려 중도가 아니지 하고 온갖 정당화시키려는 생각과 교리들이 머릿속을 혼란케 하겠지만 그것은 진리의 실천을 방해할 뿐입니다. 진리는 진리 그대로 온전합니다. 진리의 실천은 나를 살려주지 나를 죽이는 법이 없습니다.

또 어떤 스님께서는 설법하시는데 이렇게 말씀하십니다. 지금 여러분 가진 전 재산을 10원 한 장 남기지 말고 다 이웃을 위해 베풀어 보라고, 그러면 거지가 되어 거리로 내몰릴 거라고 생각하겠지만, 그런다고 절대로 거지가 되지는 않는다고 말입니다. 만약에 그렇게 베풀어서 거지가 된 사람 있으면 스님이 다 먹여살려주고, 책임져 준다고 거침없이 당당하게 말씀을 하시더란 말입니다.

베푼다는 것은 어느 종교에서든, 어느 사상가든, 철학자든, 성인이든 그 누구를 막론하고 재론의 여지가 없는 온전한 진리인 것입니다.

보시하는 것은 그 몇 배 이상으로 다 들어오게 돼있지 그냥 버리게 되지 않는단 말입니다. 이런 말 하면 또 '아 베풀면 다시 들어온다 그랬지.' 이럴까봐 이런 말하기 어렵지만 오늘은 방편으로라도 몇 가지 덧붙여야겠습니다.

보시는 절대 버리는 것이 아닙니다. 법계에 한량없는 이자를 담보로 저축하는 것입니다. 설사 '내가 보시했다' '내가 이만큼 했으니 이만큼 들어오겠지?' 이런 마음으로 했다고 하더라도 내가 한 만큼은 분명 되돌아오게 되어 있는 것이 법계의 인과응보 이치입니다.

흡사 1만원 빌려주면 1만원 받게 되는 것과 같습니다. 빌려주는 것이 바로 내가 이만큼 주니까 이만큼 똑같이 달라는 것이지 않습니까. 그러면 분명 그만큼, 아니 이자까지 더 오지 않습니까. 세상사도 이런데 법계의 일이야 더 말 할 것이 있겠습니까.

평화로운 마음으로 보시할수록, 베푼다는 상이 없이 보시할수록, 바라는 바 없이 보시할수록 다시 되돌아오는 것은 한량이 없어지는 법입니다. 『금강경』에서도 무주상보시를 하면 동서남북 사유 상하 온 우주 법계를 가히 생각할 수 없는 것처럼 무주상보시의 복덕 또한 그와 같다고 말하고 있습니다.

그러니 어떻습니까? 가난할수록 오히려 더 베풀어야 합니다. 난 베풀 것이 없다고 생각할 때 바로 그 때가 베풀어야 할 때인 것입니다. 1,000원밖에 없으면 쪼개서 500원이라도 보시해야 합니다. 수행의 공덕은 느리게 올지 몰라도 보시의 공덕은 우리가 느낄 수 있을 만큼 빠릅니다. 다시 한 번 얘기하지만 이 말은 방편이지 이 말 듣고 보시 공덕을 바라고 보시하면 안 될 일입니다.

다 아는 얘기 했습니다. 그런데 어떻습니까? 다 알지만 다 실천하지는 못합니다. 왜 그렇습니까? 믿음이 부족해서 그렇습니다. 아마도 내가 베푸는 것이 절대 내 것 없어지는 것이 아니라, 내가 더 부자 되는 길이다 하고 굳게 믿는다면 누가 베풀지 않을 수 있겠습니까. 그와 같다는 말입니다.

무주상보시의 길이 깨달음의 길로 가는 온전한 실천의 길이라는 믿음, 보시는 결코 내 것이 줄어드는 것이 아니라는 온전한 믿음, 그런 믿음이 없으니까 자꾸 걱정이 되는 겁니다.

베풀면 왠지 모르게 내가 손해 보는 거 같고, 나만 더 가난해 질 것 같고, 어쨌든 안 될 것 같다는 말입니다. 이 중생의 분별심은 도무지 탁 놓아지지가 않습니다. 그런데 이걸 그냥 탁 저지를 수 있어야 내가 한 단계 성장할 수 있고, 성숙할 수 있으며 내 안의 업을 뛰어넘을 수 있는 것입니다.

그래서 수행하고 기도할 때 꼭 보시와 함께 하라고 하는 것입니다. 기도만 했을 때보다 보시를 하고 회향을 할 때 그때 그 기도의 성취는 더 빨리 이루어지는 것입니다.

100일 기도를 하면서 하루에 1만원씩 하라고 하면 할 수 있겠어요? 그러면 바로 머릿속이 복잡해 질 겁니다. 하루 1만원 이러면 까짓 거 한번 해 볼까, 하루에 만원 절약하지 뭐 했다가도 머리가 돌아갑니다. 10일이면 10만원, 100일이면 100만원…. 이 즈음되면, 입이 딱 벌어지면서 '못 한다' 그럽니다. 그러나 못하는 것이 아닙니다. 할 수 있습니다. 그리고 그것은 큰 돈이, 내게서 나가는 것이 아닙니다.

사람의 일은 두 가지로써 이룰 수 있습니다. 첫째는 자신의 지혜대로 이루는 것이고 둘째는 복대로 이루는 것입니다. 지혜가 구족했을 때 그 어떤 일도 이룰 수 있으며, 또한 복덕이 무량했을 때 모든 일을 이룰 수 있습니다. 그러나 이 두 가지가 항상 함께 구족해야지, 어느 한 가지는 많은데 어느 한 가지는 부족하다면 일을 이룰 수 없습니다. 지혜가 아무리 총명하고 밝더라도 복덕이 구족되어 있지 않으면 그 일을 이루기가 어려운 법입니다. 그래서 부처님도 복과 지혜가 구족하신 분이라고 하지 않습니까?

이 말은 좀 더 쉽게 풀이하면, 어떤 어려운 일이 내 앞에 놓였을 때, 혹은 어떤 중요한 일을 내가 꼭 해내야 할 때, 두 가지를 열심히 닦고 실천해야 그것을 이룰 수 있다는 말입니다. 열심히 기도 수행해서 지혜를 닦거나, 열심히 나누고 베풀어서 복덕을 닦아야 한다는 말입니다. 이 두 가지를 함께 닦아야 한다는 것입니다.

어떤 법우님께서 그러시더군요. 수행의 공덕이 크고 원만한 줄은 알았지만 보시의 공덕이 이렇게 크고 원만한 줄은 몰랐었다고 말씀하시면서 우리 불자들이 수행하려고는 많이 하고, 절에 가서 기도하려는 마음은 많이 내지만, 우리 이웃을 돌아보고 베푸는 데는 많이 인색하다고 말입니다.

내가 수행 좀 되었나 안 되었나 궁금하다 싶으면 참으로 절실한 곳에 크게 베풀 수 있겠나 생각해 보십시오. 참 마음이란 게 신기합니다. 어떤 때는 단 1,000원, 1만원도 커서 못 쓰면서 또 크게 한 번 마음 내면 1백만원, 1천만원도 툭 내던질 수 있는 법입니다. 아니 살다보면 천만원 잃어버릴 때도 있고, 또 남들한테 몇 천 만원 사기당할 때도 있고, 또 생각지 못하게 수억을 날리면서 회사가 부도가 나서 무너질 때도 있습니다.

왜 그렇습니까? 그게 내 것이 아니다 보면, 내 그릇이 아니다 보면, 내 업에서 이만큼 소유할 것이 아니다 보면, 또 내 안에 지어놓은 복이 없다 보면 충분히 그렇게 될 수 있는 법입니다.

어느 누가 알겠습니까. 다음 순간 내가 어찌될지 말입니다. 그러나 사기당하는 것도 아니고, 어려운 이웃에게 참 좋은 일에 턱 보시를 하고 나면 그 마음도 상쾌하지만 우리 안에 쌓여있는 업도 맑아지고, 또 내 안에 복도 가득해 질 것 아니겠습니까.

제가 잘 아는 어떤 거사님께서 생각지 못하게 큰 돈을 남에게 사기를 당했습니다. 그러면서 하시는 말씀이 그 돈만 되찾을 수 있다면 몇 억 정도는 법당에 보시할 수도 있다고 하십니다. 그러면서 기도를 열심히 하신단 말입니다. 그런데 어떻습니까? 그건 부처님하고 거래하자는 것 아닙니까? 모르긴 해도 살아가면서 절에 보시하거나, 복지시설 같은 곳에 몇 억은 그만 두고라도 몇천만 원만 보시하셨더라도 그런 일이 있지는 않았겠다는 생각이 듭니다.

이렇게 우리는 '내 돈' 모으는 데는 정말 너무 아낍니다. 그런데 우리 이웃을 되돌아 보고, 나누며, 베푸는 데는 너무

인색합니다. 베풀고 나누는 데 인색하면 결국에는 '내 돈'이 나갑니다. 본래 이 세상에는 '내 돈'이라는 것이 없는데 자꾸 내 것이라고 붙잡아 놓고 안 놓으려고 하니까 법계에서 가져가 버리는 겁니다. 그런데다가 복도 없는 사람이 많은 돈을 한꺼번에 소유하게 되면 더욱 그렇습니다. 그런 사람은 금세 그 돈을 탕진할뿐더러, 정신까지도 탕진하고 맙니다.

요즘 세상 내가 쓸 때는 너무 펑펑 아끼지 않고 쓰고, 남에게 베풀 때는 손톱만큼도 아까워하는 모습을 보니 너무 안쓰러워 이런 이야기를 드리는 것입니다.

그런 소견을 가지고 어찌 공부를 한다고 하고 수행이 어쩌고 운운을 하겠습니까. 이왕에 이렇게 방편으로 이야기하는 김에 한 가지 더 덧붙여야겠습니다.

어렵고 힘들고 죽겠고 그럴 때 우린 다 기도를 하잖아요. 왜 그럽니까? 기도를 해서 기도의 가피를 받으려고, 혹은 기도 수행을 통해 잘 이겨낼 수 있는 힘을 얻으려고, 다시 말해 기도를 할 때는 보통 기도의 공덕을 생각해서 한단 말입니다. 그런데 보통 사람들은 기도의 공덕만 생각하지, 회향의 공덕, 보시의 공덕은 잘 모릅니다.

어렵고 힘들고 역경이 닥쳐 올 때 물론 기도하고 수행해야겠지만 오히려 더 중요하고 더 빠른 공덕이 바로 회향과 보시입니다.

왜 교회 같은데 가면 감사헌금 이런 거 많이 내지 않습니까. 이건 정말 잘 하고 있는 거라고 봅니다. 꼭 교회에 갔다가 내야지 잘 하는 거고, 절에 갔다 내야지 잘 하는 것이 아니고, 항상 무슨 일을 하든, 어떤 좋은 일, 좋지 않은 일이 생길 때 항상 감사한 마음으로 받아들이면서 헌금을 한단 말입니다. 항상 그 일에 대한 고마움을 널리 회향한단 말입니다.

우리 절에도 그런 신도님 계셨습니다. 좋은 일이든, 싫은 일이든 무슨 일만 생겼다 하면 부처님께 공양 올리고, 사중에 대중공양 올리고 또 외박이나 주말이 되면 늘 어려운 이웃 찾아 가고 그러는 분이 계셨습니다. 그 분은 그냥 삶 자체가 항상 회향하는 자세가 되어 있으신 겁니다. 무엇을 하든지 내가 하려고 하지 않고 베풂으로써 항상 회향을 하려고 하신단 말입니다. 저도 정말 그 분 뵙고 많이 느끼고 배우고 제게 살아있는 법문을 해 주신 분이라고 존경하고 있습니다.

그러니 무엇을 하든 내 것으로 고집하고 집착하는 게 있겠습니까. 그렇다고 그 분이 엄청난 부자가 아닙니다. 오히려 너무 가난해서 대중공양 받기가 참 죄송스러울 정도였습니다. 그런데도 그 분은 마음이 참 부자이셨던 겁니다.

그냥 내 삶의 일부로 만들란 말입니다. 수행과 보시, 복과 지혜, 상구보리 하화중생의 이 두 가지 온전한 진리를 내 삶의 일부로 항상 실천하며 살라는 말입니다. 아니 실천이란 말이 붙을 것도 없이 그냥 내 삶이 되도록 하라는 말입니다. 그래야 '내가 했다' 는 상이 붙지 않으니까.

이 두 가지를 온전히 깨달으시고, 아니 그 자체가 되시고,

그대로 함이 없이 실천하시는 분이 부처님이십니다. 귀의불 양족존 할 때 '양족'이라는 것이 바로 복과 지혜를 의미하는 것입니다. 다시 말해 복과 지혜가, 수행력과 복력이 충만하신 부처님께 귀의한다는 말입니다. 그러니 이 두 가지를 실천할 때, 이 두 가지가 내 삶의 일부가 될 때 우리는 조금씩 부처님이 되어가는 것입니다.

보시를 많이 해야 수행도 그만큼 더 잘 되는 법입니다. 옛 스승님들은 그러셨습니다. 가진 것이 많으면 수행은 물 건너 간 것이지만, 가진 것이 적을수록 수행력은 나날이 쌓여갈 것이라고 말입니다. 물질적으로 가난해야 정신적으로 풍요로워 진다고 했습니다.

많이 쌓아 놓고 있으면 분명 수행과는 멀어지게 마련입니다. 그러나 벌어야 할 때 벌지 않을 수는 없습니다. 벌지도 말고, 나태하게 살라는 말이 아닙니다. 집착 없이 많이 벌어서 집착 없이 항상 회향하며 살아야 한다는 말입니다.

그랬을 때 비로소 '선택한 맑은 가난'이 이루어지는 것이고, 우리의 내적인 수행도 익어가게 될 것입니다. 나눔과 가난의 선택이야말로 우리가 누릴 수 있는 가장 큰 마음의 평화입니다.

생활수행, 그 보이지 않는 공덕

매일 매일 생활 속에서 수행하고 정진하고 그렇게 실천하다가 어느 날 문득 '내가 뭐 하고 있나' 싶고 '수행이 되고 있기는 한건가' 싶고 '지금 잘 가고 있나' 싶은 의심의 마음이 들 것 같습니다.

딱 눈에 보이는 표준이 정해져 있어서 실천하고 수행하는 만큼 딱 확인할 수 있다면 참 좋겠는데 이 수행이란 것은 그렇게 딱 정해져 있지 않습니다.

우리는 자꾸만 안이비설신의 육근(六根)으로 인식하는 습관이 되어 있어서 무엇이든 육근으로 감각적인 인식을 해야 비로소 해 놓고도 뭐 '한 것' 같지 눈에 보이지 않고 느껴지지 않으면 도무지 알 수가 없고 그러다 보니 자연스럽게 초발심도 퇴색해지고 자꾸 힘만 들고, 또 의심 들고 그런단 말입니다.

그러나 매번 말하지만 눈에 보이는 세계는 참 작다고 그랬습니다. 눈에 보이지 않는다고 없는 것은 아닙니다.

눈에 보이지 않는 세계가 더 넓고 원만한 것입니다. 이쪽 언덕 위에 있는 사람이 저쪽 뒤에서 한 계단 한 계단 올라오는 사람을 볼 수가 있나요? 분명 그 사람은 걸어 올라오고 있지만 우린 볼 수가 없습니다. 다만 그 걸음 걸음이 쌓여 어느 순간이 되고 나면 비로소 그 모습을 딱 볼 수가 있단 말입니다. 그러니 보이지 않는다고 한발 한발 걷고 있는 것을 무시할 수는 없습니다.

우리가 죄업을 계속해서 지을 때 당장에 그 과보가 나타나지 않다보면 죄 지은 것도 모르고 당장에 잘못되는 것도 없다보니 '괜찮겠지' 하고 생각하지 않습니까. 그러나 당장에 지은 것이 보이지 않는다고 내 안에 그 죄의 업장이 없어진 것은 아닙니다. 다만 잠시 보이지 않고 있을 뿐입니다. 분명 인(因)과 연(緣)이 닿는 그 인연화합의 순간이 오면 죄의 과보를 온당하게 받아야 할 것입니다.

그런 작은 죄업들이 쌓이다 보면 어느 날 불현듯 큰 병에 걸려 괴로워하기도 하고, 교통사고가 나 오랫동안 병원신세를 져야 하기도 하고, 잘 되던 일이 결정적인 순간에 무너질 수도 있을 것이란 말입니다.

그러나 눈에 보이지 않는 세계를 모르다 보니 당장에 돈좀 더 벌고, 명예나 권력, 지위 좀 올라가는 일이라면 아무리 나쁜 짓이라도 쉽게 쉽게 저지른단 말입니다.

지혜로운 사람이라면 지금 당장 괴롭고 힘겹더라도 내가 가야 할 길을 차라리 힘겹고 더디게 걸어가지 나 자신에게 부끄러운 모습으로 이 법계에 부끄러운 모습으로 쉬운 길을 택하진 않을 것입니다.

세상을 보면 그렇습니다. 열심히 성실하게 돈 벌어 정직하게 사는 사람이 당장에 좀 못사는 모습도 있고, 온갖 술수를 다 쓰면서 교활하게 사는 사람이 당장에 더 잘 살 수도 있단 말입니다.

그러나 그렇게 보이는 세계를 가지고 세상 열심히 살 필요 없다고 해선 안 되는 것과 같습니다. 분명 우리 안에는 그 모든 업들이 다 쌓여 있습니다. 다만 지금 당장 그 인에 맞는 연을 만나지 못했을 뿐입니다. 결국에 그 인은 어느 날 연을 만날 것을 왜 모르는 것인지요. 그래서 잘나가던 사장, 회장님이 어느 하루아침에 죽기도 하고, 또 망하기도 하고 큰 병에 걸려 괴로움에 시달리기도 하지 않습니까.

당장 우리 안에 쌓인 업이 터지기 직전에 놓여있는지 어찌 알겠습니까. 내 과거 전생의 죄의 업연을 당장 이 다음 순간 받게 될 지 어찌 알겠습니까. 딱 일이 닥치고 나서 그때 가서 매번 후회만 하겠습니까? 힘겨운 일을 당하고 나서 그 때 가서 기도하고 수행하며 보시한다고 난리를 피우겠습니까? 그 때는 이미 늦습니다. 미리 미리 마음 닦는 삶을 살아야 하고, 복 짓는 삶을 살아감으로써 앞으로 언제 닥칠지 모르는 죄업들을 닦아가야 합니다.

우리들 눈에 보이기로는 열심히 매일 같이 수행하고, 또 남들을 위해 열심히 베풀면 손해 보는 것 같고, 아무런 이득이 없는 것 같고 많은 의심이 들겠지요.

아무리 열심히 수행해도 금강경 독경하고, 좌선하고, 염불하고 1080배, 3000배 절하고, 사경하고, 법문 듣고 수많은 경전과 어록 법문집을 탐독 하고 아무리 해도 공부한 것이 눈에 보이지 않다 보니, 마음공부 한 것이 수치적으로 딱 나타나지 않다 보니 '내가 지금 뭘 하고 있나' 싶기도 하고 '수행을 하고 있긴 한 건가' 또 '이 수행이 내 삶에 도움이 되긴 하는 건가' 하는 의심이 자꾸 든단 말입니다.

그러나 이 법계의 인드라망에 서는 아무리 사소한 하나라도 철저하게 결과를 가져오는 법입니다. 아무리 사소하게 신구의(身口意) 삼업(三業)을 지었더라도 분명히 그 과보는 언젠가 받게 마련이듯, 부처님을 그리워하고 부처님 전에 엎드려 절하며, 부처님 가르침을 공부하고 독경하면 하는 만큼 0.1%의 오차도 없이 우리 안에 수행력으로 자리를 잡고 있단 말입니다.

『법화경』에서는 이렇게 말 하고 있습니다. "아이들이 들판에서 모래로 탑을 쌓거나, 손톱이나 나무 가지로 부처님을 그리거나, 기쁜 마음으로 부처님을 찬탄하거나, 한 송이 꽃으로 부처님 앞에 공양하거나, 불상 앞에 나아가 합장하여 예배하거나, 산란한 마음으로 한 번만 염불하더라도, 그와 같은 인연들이 모여 성불 인연을 맺는다."

어떻게 보면 아주 사소하고 별 것 아닌 일 같지만 우리가 일으킨 한마음은 그대로 법계를 장엄하고 법계를 밝히며 그대로 성불인연의 씨앗이 되는 것입니다.

하물며 염불하고 독경하고 좌선하고 절하고 생활 속에서 하루하루 마음공부, 생활수행 하는 그 공덕이야 어찌 말로 표현할 수 있겠습니까.

매일 매일 일상 속에서 수행하는 일은 작게는 죄의 업장을 녹이고, 밝은 미래를 준비하는 일이며, 크게는 성불인연을 짓는 일이라는 것을 굳게 믿어야 할 것입니다.

수행의 결과가 눈에 딱 나타나지 않는다고 쉽게 포기하거나 진리를 쉽게 의심하거나 또한 눈에 딱 보이는 것을 찾아 나선다거나 그러지는 말기를 바랍니다.

요즘에야 모든 것이 계량화 되고 수치화 되다보니 수행이란 것도 눈에 딱 보이도록 한 계단 한 계단 만들어 놓고 또 그 다음 계단 오를 때마다 비싼 수강료를 내고 그러는 곳도 더러 있지마는 가만히 상식적으로 생각해 보십시오.

어떻게 마음공부를 돈으로 혹은 수치적으로 계산하고 따질 수 있겠습니까. 지금 현재 실천하고 계시는 법우님들의 실천수행에 굳은 믿음을 가지십시오. 보이지 않더라도 분명하게 한 걸음 한 걸음 내딛고 있는 것입니다.

어쩌면 벌써 그 공덕을 받았는지 모릅니다. 다만 수행의 공덕으로 나쁜 일이 일어날 것 작게 일어나거나 일어나지 않았을 수도 있겠지요. 그래서 수행하는 사람들은 괴로운 일이 있어도 늘 감사하고 삽니다.

큰 병이 걸렸어도 죽지 않은 것을 고맙게 생각하는 사람이 있지만, 작은 병에 걸려 놓고도 하필 내가 왜 이런 병에 걸려야 하느냐고 괴로워하고 세상 원망하고 신을 원망하는 사람이 있지 않습니까.

굳은 믿음을 가지고 하루하루 꾸준하게 실천할 수 있는 자신의 생활수행을 정하셔서 꾸준하게 정진해 나가시길 바랍니다. 절도 좋고, 참선도 좋고, 염불도, 진언도, 독경도, 위빠싸나도, 경행도, 호흡관도 그 어떤 수행이라도 좋습니

다. 반드시 매일 매일 시간을 정해 두고 기도하고 수행해야
합니다.
　생활 수행의 그 보이지 않는 공덕을 볼 수 있어야 합니다.

수행자가 놓치기 쉬운 점

수행하는 사람 정진하는 사람이 가장 경계해야 할 것이고, 또 가장 잘 빠지기 쉬운 마(魔)이기도 하고, 또 많은 사람들이 그렇게 알고 그리 살고 있는, 꼭 짚어두고 싶은 주의점이 하나 있습니다.

아마도 초심자들이, 처음 막 신심 내어 마음공부 하려는 사람들이 잘 하고 있는 점이면서, 조금 공부한 사람들, 공부했다는 상이 많은 사람들, 또 수행이라는 겉치레에 잔뜩 빠져 든 사람들이 항상 여기에 걸리고 빠지게 되는 점이기도 합니다.

모르긴 해도 처음에 초심자 때는 잘 실천하다가 조금 공부했다 싶으면서 다시금 놓치게 되고, 또다시 공부가 참으로 여물게 되면서 조금씩 다시금 되짚게 되는 점이기도 하겠습니다.

무슨 얘기를 이렇게 궁금하게 하느냐고요? ‘나’ 는 아니겠지 하고 덮어두지 마시고 나의 행이 그렇지 않은가 한번쯤 깊이 생각해 보시기 바랍니다.

처음 공부하는 사람들은 참 순수하고 맑은 신심이 있습니다. 작은 가르침에도 깊이 감동하고, 부처님과 가르침에 마

음에서 우러나오는 깊은 감사를 느끼고, 부처님 전에 공양
하나 올리기 위해 온갖 정성을 다하고, 절에 가서 법문 듣기
위해, 또 수행에 동참하기 위해 온갖 정성스런 마음을 다하
곤 합니다.

집에서도 며칠씩 날짜를 정해두고 정진도 하고, 새벽예불
이며 기도를 하고, 일상생활 속에서도 염불이며 독경을 꾸
준히 하고, 책도 사서 보고, 법문도 찾아다니며 듣고, 그야
말로 공부에 대한 마음이 진지하고 정성스러우며 순수한 열
정을 가지게 됩니다.

그런데 공부를 조금씩 하다 보면 나태한 마음도 생기게
되고, 뭐 이런 것까지 해야 하나 싶기도 하고, 염불하고 절
해서 뭐하나 하는 마음도 들고, 법문을 들어도 그 법문을 내
잣대로 분별하고, 부처님과 가르침에 대한 감사하는 마음이
며 정성스레 공양하고픈 마음도 사그라집니다. 내 안에 부
처님 있는데 꼭 절에 찾아가서 부처님께 공양 올릴 필요 있
나 싶기도 하고, 기도하는 마음도 정성스러움이 사라져 타
성에 젖은 습관이 되기도 합니다. 염불, 절, 독경 같은 것은
다 방편이고 필요 없는 거라고 하면서 염불하고 절하는 신
도들에게는 '나도 옛날에는 저랬지' 하면서 한 수준 아래라
고 깔보는 마음도 생깁니다. 혹은 참선 조금 배워 가지고 오
래 앉아 있음을 자랑삼아 이야기 하면서 염불하고 절하는
사람들을 무시하기도 합니다. 다른 수행 안 하는 사람들 앞
에서 '나는 수행하는 사람이니 너희들과는 다르다' 하며 상
대를 얕보고 깔보면서 '나 잘난' 마음을 키워가고, 근본법

에 대해 자꾸 많이 듣다 보니 방편법을 무시하게 됩니다. 일배가 삼천 배인데 뭐하러 절하느냐, 가족에게 공양하면 되지 절에 부처님께 뭐하러 공양하냐고도 하고, 3000배 절하는 것 보다 한 시간 앉아 있는 게 낫다고도 하고, 늘 관하고 살면 되지 무슨 기도가 필요하느냐고 하기도 합니다. 선악이 따로 없다면서 악행과 막행을 서슴지 않고, 걸림 없이 살아야 한다면서 제 멋대로 남들 피해를 주고, 절에 가서 스님들 누가 더 잘났는지 누가 더 수행을 많이 했는지 요목조목 따져가며 분별하고, 오히려 스님들 앞에서는 자기 수행 잘하는 것 자랑하려 하고…. 말 하려면 그 폐해가 한도 끝도 없습니다.

그렇듯 수행한다는 이상만 자꾸 커지고, 정성스런 마음, 진지한 마음, 맑은 신심이 자꾸 나약해지고, 방편은 저버리고 알음알이로 배운 근본법만 나열하면서 공부 많이 한 사람 행세를 하고, 또 대접 받으려고 한단 말입니다. 이렇게까지 극단적이지는 않더라도 누구나 이런 마음들이 자리하고 있을 것입니다.

근본법 운운하려면 어디까지나 근본자리에 계합이 되어 제 성품자리 확연히 깨친 뒤에나 가능한 얘기입니다. 그냥 그렇다고 알음알이로 배우고 나서 제가 깨친 줄 알고, 또 그렇게 해야 더 도가 높은 줄 알고 이리 뛰고 저리 뛰고 그래서는 안 될 일입니다.

말로써 큰 도인이고, 대단한 수행자고 말로써 그러는 사람은 그냥 말 잘하는 사람이고 똑똑한 사람은 될지언정 수행하는 사람하고는 거리가 멀지 않겠습니까?

우리가 수행하면서, 마음공부 열심히 하면서, 어디까지나 초발심 때의 그 겸손과 하심 그리고 순수한 믿음과 정성스런 공양 기도의 마음을 놓지만 않으면 될 것 같습니다. 그래서 초발심시변정각(初發心時便正覺)이란 마음이 나온 거 아니겠습니까?

작은 예로 조금 공부 한 사람들은 절에 올 때도 부처님께 공양도 안 하고, 공경하는 마음도 없어집니다. 그래 놓고, 이웃에게 살아있는 부처들에게 공양하는 게 더 낫지 가만 앉아있는 부처님께 공양할 필요 있겠냐고 알음알이로 배운 지식 가지고 꽤나 그럴싸하게 말합니다.

물론 맞는 말이고 좋은 말이지만 정말이지 그런 말을 할 만큼의 실천력과 수행력 또 깨달음을 가지고 그렇게 말하고 있는 것인지 생각해 볼 필요가 있다는 말입니다.

옛날에는 꽃이며 떡, 쌀, 그도 아니면 무엇이 되었든 양이나 질이 중요한 게 아니라 자신의 마음을 담아 얼마나 정성스레 공양 올렸습니까? 중요한 것은 무엇을 올리고 말고가 아니고 그런 정성스런 마음이 법계를 감동시키고, 그런 정성스런 공양이 복의 근원이 되었으며, 수행 할 수 있는 힘으로 다가왔다는 말입니다.

요즘도 어리석은 사람들이나 그러지 우리가 잘 알고 있는 큰스님들께서는 부처님과 가르침을 얼마나 정성스레 모시고 공양하고 감사하는 마음을 가지는지 모릅니다.

요즘 보면 '감사' 하는 마음이 많이 없어졌습니다. 기도의 본질이 '감사'입니다. 이 우주 법계에 감사하고, 부처님께 감사하고, 하늘과 땅과 풀이며 대지에 감사하고, 우리 모든 이웃들에게 감사하고, 부처님 가르침에 감사하는 마음 그 마음이 기도의 본질이고 바로 그러한 감사의 마음, 정성스런 마음이 모든 수행의 깊은 뿌리가 되고 불성을 일깨우는 순수한 깨우침이 되는 것입니다.

감사하는 마음에서 공양 올리려는 마음도 나오고, 온갖 정성을 쏟으려는 마음도 나오고, 이 감사한 은혜를 갚겠다는 회향과 보시의 마음도 나오며, 이 세상을 밝고 긍정적으로 보고 부처님으로 보는 따뜻한 마음도 나오고, 나아가 수행에 대한, 깨달음에 대한 큰 정진심이 일어나는 법입니다.

지난 번 상원사에 갔을 때 들은 얘기가 상원사 선원의 큰스님께서는 늘 앉아 참선하시면서도 하루도 빼놓지 않고 아침에 차를 다려 그 노구를 이끄시고 적멸보궁까지 직접 오르셔서는 부처님 전에 차공양을 올리고 절을 하시고는 내려와서 참선에 든다는 이야기를 들었습니다.

또 저의 은사스님께서도 참선 그렇게 열심히 하시면서도 외출하실 때나 들어오실 때면 항상 108배를 하셨고, 때때로 손수 겨울에 새벽 도량석도 도시고, 그렇게 부처님을 향한 마음이 정성스러우셨습니다. 화계사 숭산 스님께서도 매일 새벽이면 절 수행을 하신다고 들었습니다.

종교의 본질은, 아니 모든 존재의 근원적인 본질은, 온 우주 법계에 대한, 불성에 대한 '감사'와 '정성' 또 순수한 믿음에서 옵니다.

얼마 전 찾아온 보살님께서 반가운 말씀을 하셨습니다. 수행 수행 너무 강조하다 보니까 어느 순간 당신께서 너무 수행한다는 상에 빠져 있다고 하시면서, 정말 중요한 것을 놓치고 있었다고 말입니다. 부처님에 대한, 또 가르침에 대한 공양과 공경의 마음, 정성스런 기도의 마음, 순수한 믿음이 오히려 불교공부를 해 나가면서 자꾸 퇴색되어가고, 수행한다는 상만 자꾸 늘어난다고 하시면서 참회를 하시고자 하셨습니다.

중요한 것을 놓치면 안 됩니다. 수행도 좋고 참선도 좋고 정진도 좋고 열심히 마음공부 하는 것 다 좋지만 본질을 놓쳐서는 안 됩니다. 자꾸 알음알이 가지고 근본법을 운운하면서 지극히 순수한 기도의 마음, 공양의 마음, 감사의 마음, 정성스런 마음, 공경의 마음을 놓쳐서는 안 되겠습니다.

오늘 하는 기도와 내일 하는 기도가, 작년 했던 기도와 지금 하는 기도가, 아무리 시간이 흐른다 하더라도 처음처럼 똑같이 진실되고 형식적이지 않으며 정성스럽고 진지한 믿음으로 행해져야 할 것입니다.

『대품반야경』에 보면, "부처님은 이 법에 의지하여 행하고, 이 법을 공양, 공경, 존중, 찬탄하신다. 무엇을 이 법이라고 하는가? 소위, 반야바라밀이다. 모든 부처님은 반야바라밀에 의지하여 머물고, 이 반야바라밀을 공양, 공경, 존중, 찬탄하신다" 라는 말이 나옵니다.

부처님께서도 반야바라밀이라는 법에 의지하여 머물고, 그 법을 공양·공경·존중·찬탄하신다고 합니다. 부처님은 더 이상 공양·공경·존중·찬탄이 필요 없는 분이 아니겠습니까. 그저 진리의 당체가 아니겠습니까. 그런데도 불구하고 진리의 근원이신 부처님께서도 법에 의지하여 그 법을 공양하고 공경하며 존중하고 찬탄하신다고 하십니다. 하물며 우리 같은 미진한 중생들이 부처님과 가르침을 찬탄하고 공양하며 공경하고 존중하는 일을 소홀히 해서야 되겠습니까.

수행 많이 했다고 거만해지고 형식적인 기도가 되고, 말만 앞세우고, 이상만 잔뜩 치켜세우고, 근본법으로 자기 합리화를 꾀하는 그런 '수행자라는 상'을 빨리 깨버려야 할 것 같습니다.

이런 틀을 자기 스스로 돌이켜 비춰 볼 줄 알고, 스스로 깨고 나올 줄 알고, 다시금 새롭게 원을 세우고, 매 순간 순간 새롭게 떨치고 일어날 수 있어야 하겠습니다. 그렇게 매 순간 새롭게 떨치고 일어나는 일이 바로 출가의 진정한 의미일 것입니다.

비본질적인 것으로부터 뛰어 나오는 것, 형식적인 틀 속에서 뛰쳐나오는 것, '나'라는 틀을 깨고 나오는 것, 욕심과 집착에서부터 벗어나는 것, 참으로 '나 자신'이 되는 것, 이것이 참된 출가이지 승복을 입는다고, 머리를 깎는다고, 절에 다닌다고, 경전을 본다고 수행자라 할 수만은 없는 노릇입니다.

저 또한 법우님들 앞에 참회하는 마음으로 이 글을 씁니다. 늘 자신의 지금 위치를 비추어 보고 살았으면 좋겠습니다. 내 삶의 무게가 얼마만큼인지, 자신의 삶의 빛이 얼마나

환히 빛나고 있는지, 스스로 환히 비춰 보며 살아야 할 것
같습니다.

환히 빛나고 있는지, 스스로 환히 비춰 보며 살아야 할 것
같습니다.

가장 기초적인 수행, 계율

부처님께서는 출가한 스님들과 아직 출가하지 않은 일반 신도님들에게 대기 설법으로써 서로 다른 설법을 하셨습니다.

출가 수행자에게는 열반과 열반에 이르는 길에 대하여 말씀하셨지만, 아직 발심하지 않은 일반 재가 신도들에게는 크게 세 가지 설법에 주안점을 두셨습니다.

생활 속에서 살아가면서는 우선적으로 깨달음을 향한 수행정진에 앞서 이 세 가지를 실천함으로써 복과 지혜를 충만히 쌓도록 하기 위함이었습니다.

그것은 첫째로, 시론(施論)이라고 하여 보시에 대한 가르침을 가장 우선적으로 설하셨습니다. 보시의 가르침은 부처님께서 재가 신자를 만나면서 항상 잊지 않고 설하셨던 가장 중요한 핵심이었습니다. 보시를 실천함으로써 복을 많이 쌓아 놓아야 다른 모든 공부에 있어 그 밑바탕이 되기 때문입니다.

스님들을 만나면 많이 하는 말 가운데 하나가 "정말 텅 빈 마음으로 보시하면 그 이상의 복이 저절로 들어온다."는 말입니다. 그저 텅 빈 마음으로 베풀었는데 생각지 않게 다른 데서 더 큰 복이 들어오는 일은 참 많습니다. 그것은 스스로 실천해 보고 직접 느껴보아야만 확인할 수 있고 마음에서 확증 할 수 있는 것이지 '그럴 수도 있겠다' 라고 이해하는 것으론 안 됩니다. 얘기를 하려다 보니 말은 이렇게 했지만, 물론 그렇다고 '보시하면 다시 들어온다는데…' 하는 마음으로 보시한다는 것은 '텅 빈' 마음의 보시가 아니란 것은 다시 말할 필요 없겠지요.

베푸는 수행이야말로 아상을 비우고 탐심을 다스리는 가장 실천적이고 직접적인 수행법이라고 할 수 있습니다. 그래서 부처님께서는 모든 재가신자들에게 삶 자체를 베푸는 데 다 쓸 수 있도록 이끄신 것입니다.

물론 스님들에게도 저 혼자 공부만 하라고 하지 않았습니다. 열심히 공부하여 조금이라도 공부한 것을 회향하고 널리 진리를 알리는 데 소홀히 하지 않도록 가르치고 있습니다.

두 번째로 말씀하신 것은 계론(戒論)이라 하여 계율을 잘 지키는 삶을 말합니다. 다시 말해 재가의 계인 살·도·음·망·주(殺盜婬妄酒) 오계(五戒)를 잘 지키는 도덕적이고 청정한 삶을 살라고 말씀하셨습니다.

계율을 지키는 삶이야말로 모든 선법을 증장시키고 모든 악을 제어하는 지악수선(止惡修善)의 근본이 됩니다. 계율을 지키는 청정한 삶에는 온갖 선신들이 항상 옹호하여 따라다니며 늘 맑고 청정한 기운이 그 사람의 주위를 늘 환하게 밝혀줍니다.

그리고 세 번째로 생천론(生天論)이라고 하여 살아 있으면서 앞의 두 가지 삶인 베풀고 나누는 삶과 계율을 지키는 청정한 삶을 살게 되면 죽고 나서도 천상에 태어난다는 말입니다.

지금도 인도인들은 가진 것 하나도 없으면서 늘 활짝 웃으며 평화롭게 산다고 하는데 그 이유가 바로 생천론 다시 말해 죽음 이후의 삶에 대한 확철한 믿음이 있기 때문이라고 합니다. 이 말은 다시 말하면 지금 현생에 내가 얼마나 베풀고 살고 또 얼마나 청정하게 계율을 지키는 도덕적인 삶을 살았느냐에 따라 다음 생의 삶이 결정된다는 말로써, 윤회설과 인과응보의 가르침이기도 한 것입니다. 윤회와 인과응보에 대한 명확한 믿음이 있었을 때 비로소 지금 이 순간을 선하게 살 수 있을 것이기 때문입니다.

물론 이 세 가지의 가르침은 출가 수행자에게도 해당되는 말입니다. 다시 말해 이 세 가지 가르침은 불교를 공부하는 모든 사람들에게 나무로 치면 뿌리와도 같고, 건물로 치면 주춧돌과도 같은 모든 수행자의 근본이 된다는 말입니다.

보통 출가 수행자에게는 앞의 두 가지에 대해서는 항상 중요시하여 가르쳐 왔으면서도 세 번째 생천론에 대해서 구체적으로 말씀하신 바는 거의 없다고 합니다. 다시 말해 스님들에게 선하게 살면 죽어서 천상에 태어난다는 그런 말은 하지 않았다는 것입니다. 불교는 깨달음의 종교이며, 육도윤회를 훌쩍 뛰어 넘는 종교이지 육도 안에서의 천상에 태어나는 종교는 아니기 때문입니다.

앞에서 재가 신자들에게 생천론을 말한 것은 육도를 훌쩍 뛰어넘어야 하겠지만 아직 근기가 되지 않는 이들에게는 먼저

선을 쌓도록 함으로써 훗날 공부 복을 지어 성불 인연을 지을
수 있도록 한 방편의 배려였다고도 할 수 있을 것입니다.

그런데 딱 한 번 난타 스님에게 천상에 태어나는 것에 대
해 언급한 사실이 있어 흥미롭습니다. 난타 스님은 평소 수
행은 열심히 하지 않으면서 늘 집에 있는 예쁜 아내만 생각
하느라 마음이 늘 집에 가 있었습니다.

그도 그럴 것이 난타 비구는 부처님의 이복동생으로서 출
가에 뜻이 없었는데 부처님께서 아마도 유일하게 출가를 권
유한 것으로 전해집니다. 그러다 보니 너무 게으르고 정진
은 않고 늘 집에 있는 예쁜 아내 생각만 하며 보내게 된 것
입니다.

아마도 겉은 출가를 했지만 아직 발심(發心)하지 않아 근기
가 재가 신도의 근기라 생각해서였는지 부처님께서 하루는
난타 비구를 불러 신통력으로 천상세계를 보여주었습니다.

난타 스님이 천상세계를 보니 너무나도 아름다운 국토에,
또 사람들에 반해버렸습니다. 그런데 모든 선남선녀들이 아
름다운 모습으로 짝을 이루고 있는데 유독 한 아름다운 여
인이 혼자 놀고 있어, 난타 스님이 그 여인에게 왜 이렇게
혼자 있느냐고 물었습니다. 알고 보니 그 여인은 난타 스님
이 출가한 선연공덕으로 훗날 천상세계에 태어날 것이며 그
아름다운 여인이 바로 미래세 천상세계의 아내 될 사람이었
던 것입니다.

가만히 살펴보니 그 아름다움이 지금까지 보지 못했을 정
도이고 집에 있는 아내와 비교하니 비교도 되지 않았습니

다. 난타 스님은 생각하였지요. '수행자가 되었다는 그 공덕
하나만으로도 다음 생에 저 좋은 천상에 태어나 저렇게 아
름다운 아내를 맞이한다니 믿어지지 않는구나.'

그렇게 생각하고 있노라니 또 다시 부처님께서 신통력으
로 무간지옥에 데리고 가셨습니다. 무간지옥에 가니 용광로
처럼 뜨거운 가마 속에 지옥중생들이 온갖 괴로운 표정을
지으며 허덕이고 있었는데, 유독 한 가마만 아직 불을 안 때
고 비어있었습니다. 그래서 물었더니 그 가마는 훗날 난타
스님이 들어갈 가마로 출가한 공덕으로 천상에 가긴 할 것
이지만 출가한 이후에 매일 집 생각, 아내 생각만 하고 놀
생각만 하면서 수행은 안 하고 게으름을 피우고 있기 때문
에 난타 스님의 천상복이 끝나면 바로 그 지옥의 가마로 내
려올 것이라는 것입니다.

이렇게 출가 한 수행자로서 본분사인 마음공부를 소홀히
하고 세속을 연민하며 게으르게 시간만 보내고 있다는 것이
얼마나 큰 과보를 받게 하는 것인가를 알고 난타 스님은 열
심히 수행정진하게 되었다고 합니다.

우리가 청정한 계를 잘 받아 지녀 선을 실천하고 널리 보
시행을 실천하였을 때, 또 수행정진하려고 발심하였을 때
열심히 기도하고 경전공부하며 마음공부 할 때 그 때 수많
은 천상세계에서는 우리를 맞이하기 위해 아름다운 준비를
하고 있을 것입니다. 그러나 계율을 어기고 악을 저지를 때
마다, 게으르고 욕심내며 성내면서 마음공부는 뒷전으로 미
루고 있을 때, 그 때 수많은 지옥세계에서는 또한 우리를 맞

이하기 위해 온갖 지옥의 고(苦)를 준비하고 있을 것입니다.

파계사 영산율원의 철우 스님께서 이런 말씀을 하시는데 가슴에 와 닿았습니다. 수행자로서 바로 이번 생에 육도를 뛰어넘어 삼계의 대도사가 되겠다고 원 세워야 하며 깨달음을 얻고자 정진해야 하겠지만, 깨달음이 어디 그렇게 쉬운 일이냐고 말입니다. 선방의 스님들도 수십 년 참선 수행하지만서도 얻기 어려운 것이 깨달음일진데 계율 다 어겨가면서, 복 하나도 짓지 않으면서 깨달음만 찾아가지고 다음 생에 어쩌겠느냐고 말입니다.

그러면서 하시는 말씀이 수행 정진하여 깨달음 얻는 노력이야 당연한 본분이지만, 계율을 잘 지니고 널리 나눔과 베풂을 실천함으로써 다음 생의 깨달음에 밑거름이 되도록 하는 것도 참 중요하다고 말입니다.

이번 생에 당장에 깨닫겠다는 대분심(大憤心)도 중요하지만 다음 생에 깨달음을 얻기 위해서 지금 현재 선을 베풀고 계율을 잘 지켜 나가며 널리 베푸는 일이 중요하다는 말입니다.

자칫 잘못 수행해 나가다가는 깨달음 병이 들어 몸은 여기서 중생으로 허덕이면서도 얻어 들은 것은 있어가지고 온갖 악행과 파계를 일삼으면서 베풀려고는 하지 않고, 선악이 따로 없다고 분별할 것 없다면서 악행을 하고, 소소한 계율 따질 것 없다면서 파계를 행하고 그렇게 해서는 안 될 것이라는 말입니다.

틀린 말은 아닙니다. 그러나 그 말은 지금 우리가 해야 할 말이 아니라 좀 된 사람이 하는 말입니다. 계율을 파해도 파함이 없을 수 있는 사람, 죄를 짓고도 죄 지은 바가 없고 악행을 하고도 선악의 분별이 딱 끊어진 사람, 그런 사람이라면 사람이 법을 따르는 것이 아니라 법이 그 사람을 따르므로 참으로 해도 한 바가 없게 되겠지만, 아직 우린 아니란 말입니다.

그래서 수행, 수행하지만서도 그 밑바탕 계율과 베풂의 실천이 중요한 것입니다. 더욱이 생활 속에서 불법을 실천하고자 하는 생활수행자에게 있어서는 더욱 그렇고 말고입니다.

평화로운 삶

가난이 주는 풍요로움

작고 소박한 행복

많은 일로 스트레스를 받을 때

말다툼이나 시비가 붙었을 때

추울 땐 춥고 더울 땐 더워라

침묵으로 걸러진 말

사람을 다스리는 기술

가난하게 사는 법

유사 수행법을 찾는 사람들에게

신념이 만드는 세상은 가짜다

열린 신앙을 위하여

가난이 주는 풍요로움

요즈음 들어 가난하게 산다는 것의 의미에 대해 많은 생각을 하게 됩니다. 내가 소유하고 있는 것들에 대해 거추장스러움도 많이 느끼게 되고, 소유에 오히려 걸리는 일들 또한 가만히 바라보게 됩니다.

과연 내게는 가난을 선택할 수 있는 '용기'와 '지혜'가 충분하게 갖추어져 있는가 스스로 비추어 보는 일이 많아졌습니다.

그렇습니다. 가난하게 산다는 건 지혜와 용기가 필요한 일입니다. 내가 충분히 지혜롭고 또 그 지혜로움을 실천할 용기가 있는가 그것이 요즈음 화두처럼 제 삶 속에 들어와 앉았습니다.

선택한 가난은 무한한 지혜로움의 원천이며, 영혼의 스승이기 때문입니다. 가난하게 산다는 건, 소박하게 살고 청빈하게 산다는 건, 우리 안의 창조적이고 자주적인 본연의 능력을 삶 속에서 마음껏 발휘하면서 산다는 말입니다.

우리 안에 감추어져 있는 모든 지혜로움을 충분하게 실현하며 산다는 말입니다. 부유하게 살고 그래서 편리하게 살게 되면 우리는 본래의 능력을 자꾸만 잃어버리게 되고 그렇게 되면 우리가 할 수 있는 영역이 그만큼 축소되면서 몸과 마음의 능력도 함께 퇴화되고 맙니다.

그렇게 부유함에 길들여져 무능력해 지고 나면 그 때부터는 '반드시' 돈이 필요하게 되고, 반드시 물질적인 편리함이 뒷받침되어야지만 살 수 있는, 경제력이라는 경계에, '소유'에 휘둘리는 나약한 존재가 되고 맙니다.

요즘 같은 사회에서야 경제력이 그 사람의 능력을 가늠할 수 있는 잣대인 듯 세상에서 그렇게 만들어 버리고 말았지만, 그래서 너도 나도 '돈 돈' 하며 부자가 되려고 애를 쓰고는 있지만, 사실 그 내면적인 모습을 가만히 관찰해 보면 부유할수록 자신 스스로가 할 수 있는 자주적이고 창조적인 영역이 퇴화되고 모든 것을 기계가 대신해주며, 돈이 대신해주어야만 할 수 있는 그런 나약한 사람으로 변해간다는 것을 알고 있는 사람은 드뭅니다.

부유하고 돈이 많을수록 우리 손과 발은 할 일이 없어집니다. 대신에 머릿속에 집어넣어야 하는 것들이 늘어나고, 머릿속으로 복잡하게 계산하고 따지고 비교 분석하는 등의 온갖 번뇌와 혼란스러운 삶이 가까워지게 되는 것입니다. 그러면서 더욱 편리한 삶을 추구하게 되고, 더욱 손과 발을 놀리길 원하게 되며, 그러기 위해 더욱 더 부유해 지길 원하곤 합니다. 그 마음은 곧 욕심과 집착을 부추기고 욕심과 집착은 곧 모든 괴로움의 씨앗이 됩니다.

발로 걸을 것 차가 다 알아서 태워 주고, 농사 지어 먹거리 만들 것을 돈이 알아서 다 만들어 주며, 스스로 밥하고 반찬

할 것을 가정부가 다 해 주고, 스스로 집도 고치고, 시장도 보고, 밭도 갈고 그래야 할 일들을 돈이 알아서 다 해주게 되니까 사람이 해야 할 일이 자꾸만 줄어드는 것입니다.

물론 돈 많은 사람만 그런다는 게 아닙니다. 요즘 사람들의 삶을 보면 내가 할 수 있는 한 분야만 잘 하면 먹고 살 수 있게 변했습니다. 컴퓨터만 치면 되는 사람, 운전수만 하면 되는 사람, 기계 돌리는 사람, 그것도 기계의 어느 한 부분만, 똑같은 공정을 하루 종일, 아니 일 년 365일을 똑같은 일만 해 먹고 사는 사람도 있습니다.

이렇게 사람의 일이 분업화 되다 보니까 사람이 할 일이 없어졌습니다. 그냥 한 가지 일만 잘 하면 된다는 말입니다. 요즘이야 그런 분업이 좋은 것이라고 야단인데다 한 분야만 깊이 연구하고 공부하고 실습하면 전문가로 인정받는 세상이다 보니 당연하게 모든 사람이 그렇게 살아가고는 있습니다만 이 점에 대해서도 한 번쯤 깊이 있는 반성과 성찰이 있어야 한다고 봅니다.

그렇게 한 가지 일만 하면 되다 보니까 다른 일에 대해서는 그냥 깜깜무소식이고 어둔 밤입니다. 요즘 회사 다니는 사람들이 형광등 하나 갈지 못하고 변기 하나 제대로 고치지 못한다고 합니다. 물론 할 필요가 없으니까 안 하는 것입니다. 그런데 그렇게 되다 보니까 사람들이 아주 단순해졌고 우리의 손과 발이, 우리 몸이 자주적이고 창조적인 활동의 길이 딱 막혀 버린 겁니다.

이건 아주 중요한 문제입니다. 예를 들어 우리가 가난했을 때 모든 것을 우리 스스로 해야 합니다. 우리 스스로 밭도 갈고, 농사도 짓고, 밥도 짓고, 두 발로 걷고, 두 손으로 일하고, 온갖 창의적인 방법으로 일하지 않을 수 없게 됩니다.

그런데 돈이 많아져 버리면 우리가 스스로 해야 할 일들이 없어져요. 어쩌면 소소한 일이라고 생각할지 모르는, 그러나 인간의 삶에 있어 아주 근간이 되고 근본이 되는 그런 기본적인 의식주와 관련된 일들이 그냥 돈의 몫으로 돌아가 버리는 것입니다.

그러니까 우리 몸이 자꾸만 놀게 되고 돈으로 만들어진 온갖 가공되고 영양가 없는 것들이 판을 쳐서 우리 몸을 공격하고 맙니다. 몸으로 일하지 않으니까 우리 몸도 병약해 지는 겁니다. 이 얼마나 불행한 일입니까. 몸이 해야 할 것을 돈이 다 알아서 해 주니까 몸의 많은 기능이 그냥 놀게 되고 퇴화되어 버리고 그러면서 온갖 병이 몸을 공격하는 겁니다. 그래놓고 그렇게 몸이 병약해 지니까 그것을 다시 살리기 위해 몸을 움직여 주려고 헬스클럽 같은 데 가서 운동도 하고 골프도 치고 그럽니다. 그런데 그렇게 운동을 하려니까 또 다시 돈이 듭니다. 돈이 드니까 돈을 벌어야 되고 돈 때문에 삶이 번거로워지는 악순환이 계속되는 것입니다.

사람이 두 발로 흙 위를 걸을 수 있어야 그래야 비로소 가장 기본적인 몸과 마음의 근본이 서게 되는데 걸을 일이 없다보니 몸이 병약해 지고, 생명력이 상실되는 것입니다.

무인도에서라도, 숲 속에서라도 자신의 창조적인 본연의 능력을 사용하면서 또 대자연과 함께 호흡하고 몸과 마음을 함께 움직이면서 비로소 대자연과 내 몸이, 내 마음이 하나 될 수 있는데, 이제 그런 일을 할 필요가 없어져 버린 겁니다.

우리 몸은 자꾸 움직여 줘야 합니다. 내 발로 대지 위를 걸을 수 있어야 하고, 내 몸으로써 대자연과 함께 호흡할 수 있어야 합니다. 그것을 다른 것이 대신하게 해서는 안 됩니다.

손과 발이 있는 이유는 손과 발로써 움직이고 일을 하며 살면서 필요한 모든 생활을 위해 필연적으로 만들어 진 것입니다. 그런데 그러한 손발의 본래 목적을 방치하면서 그 일을 돈이 대신하고, 기계가 대신하도록 하면 그 때부터 우리는 손발 본연의 창의와 능력을 상실하게 되고, 퇴화되며, 온갖 병이 만연하게 된다는 말입니다.

예를 들어 우리가 돈이 없으면 당장에 농사를 지어야 하고, 땅을 갈고 씨앗을 뿌리고 수확을 해야 합니다. 그러기 위해 온몸으로 흙 속에 뛰어들어야 하고, 스스로 농사를 짓고 스스로 모든 일을 다 해야 합니다. 그러면서 우리는 흙과 가까워질 수 있고, 대자연과 바람과 구름과 함께 어우러질 수 있습니다. 또한 우리 몸으로써, 손발로써 늘 일을 하고 씨앗을 뿌리며 거둠으로써 몸도 건강해 지고 마음 또한 함께 건강해 질 수 있습니다. 스스로 일하고 스스로 거두어 먹으니 욕심이 줄어들고 마음은 이내 평온을 되찾게 됩니다. 그런 소박한 삶에서는 돈은 그리 큰 필요가 없게 됩니다. 그러니까 돈을 그다지 많이 벌지 않아도 되고 자연스레 삶도 단순해 질 수 있는 겁니다.

더 많이 거두어 봐야 저장할 곳도 없고 상하기만 할 것이니 많은 것을 쌓아두려고 애쓸 일도 없어집니다. 그 때 그 때 필요한 것을 필요에 의해 만들어 쓸 수 있습니다. 남는 것은 이웃에게 나누어 주고 모자란 것은 모자란 대로 부족한 듯 아껴 쓸 수도 있습니다.

또한 봄 여름 가을 겨울 대자연의 조화에 하나가 되어 어우러지고 그 흐름과 하나 되어 삶으로써 나 또한 대자연의 일원으로 건강하고 평온하게 살아갈 수 있는 것입니다.

그래서 수많은 옛 선지식이나 현자들은 가난이야말로 우리의 영혼을 일깨우는 가장 소중한 부분이라고 하였습니다. 가난해야 몸도 마음도 건강해 질 수 있고, 온갖 번뇌며 욕심에서 벗어나 호젓하게 살 수 있습니다.

가난했을 때 우리가 그동안 욕심과 집착 소유 때문에 보지 못했던 것을 볼 수 있게 되고, 듣지 못했던 것을 들을 수 있게 되며, 할 수 없었던 것을 할 수 있게 됩니다. 물이 흘러가듯 아주 자연스럽고 고요하게 걸림 없으면서 평화롭게 살아갈 수 있습니다.

부자가 되길 빌어서는 안 됩니다. 부자 그 자체가 목적이 되어서는 안 됩니다. 가난을 선택할 수 있는 용기를 위해 기도해야 합니다. 부유하더라도 그 부유함에 집착하지 않고 마음이 이 세상을 향해 활짝 열려있다면 그 사람은 가난한 삶을 살아가고 있는 것입니다.

소유한 것이 많더라도 그 소유의 달콤함에서 벗어나고 소유의 집착으로부터 벗어나서 가난하게 살며 아끼고 살며 나누고 살 수 있다면 그 사람이야말로 참된 가난을 실천하는 자입니다.

지금 이 세상은 모두가 입을 모으고 부자를 칭송하는 때이지만, 눈 밝은 지혜로운 이라면 지금 이 시대에서도 가난의 소중함을 깨달을 수 있을 것입니다.

이 세상의 논리에 쫓아갈 것은 없습니다. 모두가 그 길로 간다고 나도 그리로 따라갈 필요는 없습니다. 이 세상 모든 이들이, 모든 경제인, 정치가, 위인들, 이 모든 사람들이 모두 그 길로 가더라도 지혜로운 이는 외롭지만 홀로 가는 밝은 길을 택할 것입니다.

가난한 삶이 주는 그 참된 지혜와 복덕을 가슴 깊이 사유해 볼 수 있기를 바랍니다. 내가 충분히 지혜롭다면 스스로 가난을 선택할 것이고, 내게 충분히 용기가 있다면 스스로 지혜로운 가난을 선택할 수 있을 것입니다.

작고 소박한 행복

정말 행복한 것은 작고 사소한 데에서 옵니다. 요즘 사람들이야 많이 벌고, 많이 소유하고, 많이 쓰고 또 큰 것, 웅장한 것, 요란한 데에서 행복을 찾고자 하겠지만, 우리가 느낄 수 있는 참 행복이란 것은 소박하고 살뜰한 가운데 나옵니다. 많이 가져야 행복할 것 같지만 많이 가지게 되면 작은 데서 느낄 수 있는 소박한 행복감을 놓치고 맙니다.

이미 우리들은 지금 이 자리에서 지금 소유한 것만을 가지고도 충분히 행복할 수 있는, 한없이 행복할 수 있는 그 충만한 마음을 많이 잊고 삽니다.

군인 장병 법우들 법회를 가면 초코파이 하나가 얼마나 큰 위력을 발휘하는지 모릅니다. 평소에 하나를 주다가 어느 날 두 개를 준다고 하면 그냥 법당 안이 난리가 납니다. 환호성을 지르면서 농담 삼아 어떤 친구들은 '불교 만세' 이런답니다. 제가 어디에서 이런 환대를 받겠습니까. 군대니까 그것도 초코파이 하나에서 이렇게 크게 기뻐하고, 크게 환희하지요.

그냥 농담 삼아 장병 법우들이 좋아할 것 같습니까? 절대 안 그렇습니다. 이 친구들은 정말로, 진심으로 기뻐하고 좋아합니다. 그런데 이 친구들이 휴가를 나가면 초코파이를 실컷 사 먹겠습니까? 절대 안 사먹습니다. 돈 아무리 많아도 초코파이 돈 주고 안 사먹습니다.

또 초코파이 잔뜩 쌓아 놓고서 너희들 먹고 싶은 데로 실컷 먹어라 하면 많이 먹을까요? 아니요. 잘 안 먹습니다. 우리 군종병도 같은 군인이지 않습니까. 그런데 법당에 초코파이가 쌓여 있으니까 어지간해서는 그거 잘 안 먹습니다. 너무 많으니까 초코파이 하나에서 오는 그 소박하지만 충분한 고마움을 모릅니다.

어떻습니까. 우리에게 하나가 더 소중한가요, 아니면 많이 쌓여 있는 것이 더 소중한가요? 하나 있을 때 그것으로 인해 더 행복한가요, 아니면 많이 쌓여 있을 때 그것으로 인해 더 행복한가요? 작을 때, 적을 때 그 소유물에 대한 더 찐하고 참된 행복을 느낍니다.

비유가 좀 이상할지 모르겠지만, 의자왕이 삼천이나 되는 궁녀를 거느렸다고 합니다. 후궁은 또 얼마나 많습니까. 어떤 여자든지 내가 마음만 먹으면 다 내 여자로 만들 수 있고 또 그 많은 여자들이 나의 여자가 되려고 애쓴단 말입니다. 어떤 사람은 '야 참 좋겠다' 그러겠지만 이 사람이 참된 사랑이라는 것을 밀고 당기며 긴장감 넘치는 설레는 사랑을 어찌 느낄 수나 있겠습니까.

새로 사귄 여자친구 손 한 번 잡아 보려고 애쓰다가 살짝 손 맞잡을 때 그 짜릿한 느낌을 알겠느냔 말입니다. 좀 유치한 비유일지 모르지만 많을 때 행복할 것 같아도 작고 살뜰한 행복에 비할 바가 아닌 것입니다. 정말 사랑하는 한 사람이 더 소중하겠습니까, 아니면 삼천이나 되는 궁녀를 내 소유로 두는 것이 더 행복하겠습니까?

또 책 볼 때도 그런 것 같습니다. 정말 필요한 책들이 한두 권 있으면 그 책을 이리 씹어보고 저리 씹어보고 요목조목 감사하게 보면서 내 안으로 충분히 느낄 수 있습니다. 그 책 한 권 있다는 것이 일상에 있으면서도 여행을 떠날 수 있는 윤기 있고 생기 있는 삶으로 만들어 주기도 합니다. 그 한두 권을 천천히 읽어가면서 사유도 하고 내면의 뜰로 비추기도 하면서 그 말씀들을 내 것으로 만들 수가 있단 말입니다. 그런데 읽을 책들이 많다보면 그런 한두 권의 책에서 오는 살뜰한 고마움을 상실해 버립니다.

언젠가 뜻밖의 보시금이 생겨서 이 참에 그동안 보고 싶었던 책들을 잔뜩 사놓겠다는 요량으로 서점에 가서 이것저것 몇 권의 책들을 참 설레는 마음으로 골라서 사들고 들어왔었습니다. 그런데 한 권을 읽으면서 자꾸 빨리 읽고 다른 한 권을 읽어야지 하는 생각도 들고, 다른 책에는 어떤 내용이 들어있을까 궁금하다보니 이 책의 내용이 별로 의미 없게 다가오기도 하고, 그런 마음이 있다 보니 한 권의 책을 고맙고 감사한 마음으로 충분히 내 삶과 반추해 가면서 읽을 수 없게 되더란 말입니다.

빨리 읽고 다른 책 읽으려고 대충 대충 책장이 넘어가게 되었습니다. 또 이 책 말고도 읽을 책이 몇 권 더 있다는 생각이 들면 이 책이 그리 소중하게 느껴지지 않습니다. 대충

100권을 읽는 것보다 소중하게 내 삶을 일굴 수 있는 한 권
의 책이 더 소중 할 수 있는 것입니다.

우리가 소유하고 있는 모든 것이 그런 것 같습니다. 우리
는 더 많이 소유하고 싶고, 더 많이 벌고 더 많이 쓰며 끊임
없이 크고 많은 것을 쌓고 싶겠지만 그렇게 크고 많은 것에
서는 참된 행복을 느끼기 어려워 보입니다. 하나가 필요한
데 두 개를 가지게 되면 필요한 하나에서 얻을 수 있는 소중
함을 곧 잃게 됩니다.

얼핏 생각해 보면 크고 많은 것이 우리를 행복하게 해 줄
것 같지만, 그건 우리의 욕심이고 우리의 어리석음일 뿐입
니다. 작고 소박한 것이, 꼭 필요한 것만을 필요한 만큼만
소유하는 것이 우리의 삶을 더 깊이 있게 만들어 주고 더 아
름답게 가꾸어 줄 수 있는 법입니다.

가만히 주변을 돌아보십시오. 하나가 필요한데 하나 이상
을 소유하고 있는 것이 있는지. 아니 거의 대부분 그렇게 살
고 있을지 모릅니다.

작은 데서 오는 행복, 소박한 데서 오는 살뜰한 행복을 욕
심에서 기인하는 많은 물량으로 잊어버리면 안 될 것 같습
니다.

많은 일로 스트레스를 받을 때

지금 쯤 되면 절집 안은 서서히 분주해지기 시작합니다. 부처님 오신 날이 다가오기 때문입니다. 여기 밝은 도량도 이맘때면 일이 많아집니다. 부처님 오신 날에다가 점등식도 봉행해야 하고 또 올 해에는 이것저것 해야 할 일들이 예년에 비해 좀 많아지고 있습니다.

일이 많아지면 자연스럽게 우리들 마음도 바빠지고 늘 뭔가를 해야 한다는 분주한 생각에 마음의 평화가 쉽사리 깨어지는 경우가 종종 있습니다.

그런데 가만히 생각해 봅니다. 이렇게 해야 할 일들이 많이 있다지만 그 일들이 정말 그렇게 우리들 분주한 마음처럼이나 많은 것일까 하고 말입니다. 사실은 일이 많다고 해서 내 마음까지 일이 많을 필요는 없는 것이고, 일이 많다고 해서 지금 이 순간 그 일의 무게에 눌릴 필요도 없으며, 이 순간에 많은 일을 감당해야 할 것도 없을 것 같습니다.

오직 이 한 순간은 다만 한 가지 일을 하면 되는 것. 그런데도 일이 많아지다 보면 괜스레 우리 마음까지 바빠지고 분주해져 실제 일의 양보다 마음에 쌓인 일의 양이 더 많아집니다. 그러면 정신이 없어지고, 일 때문에 내 마음이 휘둘리게 마련입니다. 내 중심이 일 때문에 흔들린다는 건 참 안타까운 일입니다.

아무리 바쁜 일이 있더라도 순간순간에는 그냥 한순간일 뿐이지 '바쁜 순간'인 것은 아니라고 생각됩니다. 찰나로 지나쳐 가는 한순간에 어찌 바쁜 일이 있을 수 있습니까. 찰나의 순간이란 것이 바쁘면 얼마나 바쁘겠습니까. 순간은 늘 한가합니다. 그 순간에 그 일만을 할 수밖에 없기 때문입니다.

밥 먹으면서 책도 보고 또 TV도 보고 그러면서 머릿속에 일을 구상도 한다고 하겠지만, 조금만 생각해 보면 그 일들이 함께 일어나지는 않는다는 것을 쉽게 알 수 있습니다.

책을 보는 순간은 책을 보고 일을 구상할 때는 일을 구상하지 함께 할 수 있는 것은 아닙니다. 순간순간을 나누어 놓고 보면 따로 따로 하고 있는 것이기 때문에 한순간 이것저것으로 복잡할 필요는 없다는 말입니다. 그런데도 복잡하고 정신없는 이유는 일이 그러해서가 아니라 우리 마음이 그러해서입니다. 실제 일이 많은 것보다 '마음에서 일이 많은 것' 때문에 그렇다는 얘기입니다.

순간을 살면 할 일이 많고 바쁘더라도 늘 여유롭고 한가할 수 있습니다. 그 순간 그것만을 온전히 행하면 되기 때문입니다.

아무리 오늘 하루 동안에 해치워야 할 일들이 많더라도 그로 인해 고민하거나 버거운 마음에 짓눌릴 필요는 없습니다. 어차피 그 일들은 순간순간 하나하나 처리해야만 하기 때문입니다. 하나를 할 때는 하나만을 하고, 또 다음의 하나를 할 때는 다음의 그 하나를 하기만 하면 됩니다. 두 가지 일을 지금 이 순간에 다 마음에 붙잡아 둘 필요는 없습니다. 여러 가지 일을 마음에 담아 두고 한 가지 일을 하는 것 보다, 나머지 일들은 그냥 턱 놓아버리고 지금 이 순간 해야 할 바로 그 한 가지 일만을 행할 때 그 때 그 시간을 가장 효율적으로 활용할 수 있게 되고, 그 일에 온 마음을 다해 온전히 해낼 수 있게 됩니다.

나는 그저 순간순간을 살면 되지 지금 이 순간 오늘 하루를 다 살 필요는 없는 것입니다. 오늘 하루 종일토록 해야 할 일을 지금 이 순간 다 짊어지고 갈 필요는 없다는 말입니다. 하기야 요즘 사람들이 어디 하루 일만 짊어지고 살겠습니까? 한 달, 일 년, 아니 몇십 년 후, 노후까지 고민해 가면서 지금 이 순간을 얼마나 못살게 만들고 있습니까. 전 생애에 자연스럽게 펼쳐지게 될 우리의 새롭고 평화로운 순간순간들을 왜 애써 무거운 짐으로 만들어 이 순간에 다 껴안으려 하느냐 말입니다.

그 무거운 짐을 다 짊어지고 한 발 한 발 걷는다면 얼마나 힘겹습니까. 그러다 보면 자연스레 속에서 화도 나고 일이 조금 안 풀린다 싶으면 짜증도 내게 됩니다. 나머지 짐은 다 내려놓고 바로 지금 할 일만 딱 잡고 가면 몸도 마음도 가볍고 경쾌합니다.

아무리 청소할 양이 많더라도 지금 이 순간 그것 때문에 걱정할 일은 아닙니다. 나는 지금 이 순간 내 앞에 있는 휴지를 줍고 비로 쓸면 될 뿐 지금 이 순간에 이 모든 양의 청소를 다 해치울 필요는 없기 때문입니다. 마음에 일이 많으면 청소하는 내내 '이 많은 양을 언제 다 치우나' 하는 무거운 생각 때문에 일도 망치고 마음도 무겁습니다. 바쁜 때일수록 마음을 챙기고 여유를 가져야 합니다. 바쁘다는 것은 내 밖의 상황이 그렇다는 것이지 내 마음의 문제는 아니기 때문입니다.

아무리 바쁜 일이 산더미처럼 쌓여 있더라도 그냥 다 놓아 버리면 됩니다. 그리고 지금 이 순간 내가 해야 할 일, 할 수 있는 일만을 하나하나 하면 되는 것입니다. 그냥 그것만 하면 되지 다른 모든 것까지 다 붙잡고 할 필요는 없습니다. 일이 바빠도 마음은 바쁘지 않아야 합니다. 그랬을 때 아무리 많은 일이라도 아무리 바쁜 일이라도 훨씬 효율적이고 능률 있게 일을 풀어갈 수 있을 것입니다.

마음을 챙기면서 순간을 챙기면서 실천하는 일이란 일이 아니라 수행이기 때문입니다. '내 일'이 아니라 '부처님의 일'이며, 법계의 일이기 때문입니다.

바쁠 때 일수록 여유를 가지고 천천히 걸어 보십시오. 지금 이 순간 한 호흡 한 호흡 한 걸음 한 걸음 가만히 지켜보면서 평화롭고 조금 느린 걸음을 걸어 보십시오.

바로 그 한 호흡과 한 걸음이 그대로 명상이고 수행이며 나를 찾아가는 마음공부가 될 것입니다.

말다툼이나 시비가 붙었을 때

사람이 살다보면 부부간에도 그렇겠고, 사회생활에서도 그렇고, 또 가족, 친척 간이나 친구들 사이에서도, 사소한 오해나 시비로 인해 말다툼이나 심지어 싸움까지 심하게 하는 경우가 많이 있습니다.

사람이라는 게 다른 사람 둘이서 싸우는 것을 보면 서로 양보하라거나, 한 쪽에서 그냥 마음 풀라고도 하고 여러 가지 많은 조언을 해 줄 수 있지만 이게 막상 내 일이 되면 이론처럼 그렇게 쉽지 않습니다.

객관이 되어서 두 사람 싸우는 것을 지켜볼 때는 조언이 쉽다는 것을 잘 알 것입니다. 그것은 그만큼 감정을 섞지 않고 객관이 되어 잘 '관찰' 할 수 있기 때문입니다. 다른 사람들 싸우는 것을 보면 참 어이가 없고, 어찌 다 큰 어른들이 저런 걸 가지고 싸우나 싶고, 저렇게 사소한 것으로 크게 문제를 삼는가 싶기도 하고 그 당사자들의 못난 속 뜻을 훤히 들여다 볼 수 있습니다.

그러면서 문제의 해답까지도 분명하게 알 수가 있습니다. 어느 한 쪽에서 자존심을 버리고 화해하면 될 것이라는 것도 알고, 그냥 마음 낮추고 '미안하다' 한마디면 끝날 것도 알고, 화나는 마음 잘 관하고 놓아 버리면 되겠다는 것도 잘 압니다. 객관이 되어 바라볼 때는 이렇게 쉽습니다. 문제의 원인도 알고 또 해답도 알고 있습니다.

마찬가지입니다. 바로 이것이 내가 나를 객관이 되어 명징하게 지켜보고 관찰해야 하는 이유입니다.

다른 사람과 시비가 붙었거나, 가까운 사이라도 오해가 생겼거나, 말싸움이나 사소한 다툼이 생겼을 때 그 순간을 놓쳐버리면 그 때부터는 그 문제를 풀기 어려워집니다. 그러나 아무리 화가 나고, 자존심이 허락하지 않더라도, 바로 그 순간 욱 하고 올라온 그 마음을 분명하게 지켜볼 수 있다면 문제는 의외로 쉽게 풀릴 수 있습니다.

지금의 이 상황은 다만 하나의 상황일 뿐이지, 고정 불변의 어떤 실체적인 상황도 아닐 뿐더러, 지금의 욱 하고 올라오는 그 마음도 이러한 인연, 상황에 따라 자연스럽게 일어난 마음일 뿐 고정된 실체도 아니고, 내 마음의 실체도 아니기 때문입니다. 그런데 어리석게도 우리들은 그 때 그 때의 상황에 속고 또한 그 상황으로 인해 올라온 감정에 속고 휘둘립니다.

내가 명징하게 깨어있을 때 그 어떤 상황이라도 객관이 되어 지켜볼 수 있을 때 내 스스로 내 마음을 제어하고 통제할 수 있습니다.

사소한 시비가 붙어 화가 욱 하고 올라올 때는 당장에 욕이 나오고, 주먹이 날아가지 그 마음 한 번 돌이켜 비추어 본다는 게 그리 쉽지 않습니다. 그래서 사소한 시비로 다투게 되었다거나, 오해가 생겨났다거나, 직장 상사가 화를 내고 나를 멸시한다거나, 어떤 상황이든 내 마음이 그 상황 따라 욱 하고 올라오게 되었을 때 바로 욕을 하고, 맞받아치지 말고, 그 어떤 시비도 하지 말고, 우선 숨을 크게 들이 쉬고 내쉬도록 하십시오.

한 10번 정도 호흡을 들이 쉬고 내 쉬면서 호흡의 들고 남을 관찰해 보시기 바랍니다. 이것은 비단 호흡만을 관찰하는 것이 아니라 '지금 이 순간'을 객관이 되어 지켜볼 수 있는 아주 좋은 수행이 될 수 있을 것입니다.

당장에 걸러지지 않은 말이 툭 튀어나오도록 내 버려두지 말고 일단 호흡을 10번 쉬면서 분명하게 관찰하도록 하십시오. 그리고 나서 화를 내도 늦지 않습니다. 그리고 나서 맞받아치든지 욕을 하든지는 그 다음에 할 일이라고 생각하십시오.

그렇게 함으로써 상대방의 싸움을 지켜보던 관찰자의 입장에서처럼 지금의 이 상황을 분명하게 바라볼 수 있고, 지금 욱 하고 올라 온 이 느낌에 속지 않을 수 있으며, 속 뜰에서 걸러지지 않고 툭 튀어나오는 말과 행위의 업을 막을 수 있습니다.

우리들의 일상생활 속에서 쉽게 맞닥뜨릴 수 있는 경계를 이야기 하는 것입니다. 그 순간 욱 하고 올라온 마음에 속아서 화를 내고 욕을 하고 다투게 되면 그 다음 순간에 후회를 해도 이미 저지른 행위(업)를 녹이려면 얼마나 어려운지 모릅니다.

그러나 그 순간 온전히 관찰하고 호흡을 관함으로써 한 번 돌이킬 수 있다면 그 순간의 경계에 속지 않을 수 있고, 속 뜰에서 맑게 걸러진 경쾌한 대응을 할 수 있으며, 그 순간 업을 짓지 않을 수 있습니다.

내 안에서 화가 나고 성이 나는 상황이 생겨나거나, 답답하고 괴로운 상황이라거나, 어떤 사소한 상황일지라도 욱 하고 올라오는 마음이 있다면 당장의 감정적인 대응을 잠시 뒤로 미루고, 잠시 숨을 돌리고 호흡을 따라 관하십시오.

내가 잘했느니 잘못했느니 상대방이 분명히 잘못했느니 잘했느니 그런 분별심들은 지금 이 순간 전혀 중요하지 않습니다. 오히려 일을 그르칠 뿐입니다.

다만 지금 이 순간 호흡을 따라 관하시고, 욱 하고 올라온 그 마음에 집중을 하면서 내 속 뜰을 챙기는 것이 더 중요한 일입니다.

그리고 나면 문제의 흐름을 분명하게 볼 수 있는 내면의 여유와 지혜가 생겨납니다. 그 때 내가 양보할 수 있는 여유도 생겨나고, 내 자존심 한 번 접을 수 있는 용기도 생겨나며, 이 마음 놓아 버릴 수 있는 지혜도 생겨나는 것입니다.

그렇게 하더라도 도저히 화를 못 참고, 분한 마음을 이겨 내지 못할 것 같이 흥분이 된다 싶으면 우선 그 자리를 피하시거나, 침묵을 지키는 것이 더 좋은 방법일 수 있습니다.

모든 일에서 마찬가지이겠지만, 감정적인 대응은 많은 일들을 그르치게 합니다. 감정이라는 것은 상황 따라 일어나는 것인데, 많은 사람들이 어떤 특정 상황을 보면 그것을 실제화 시키는 습관이 있어서 그로 인해 생긴 감정도 실재인 것으로 착각을 합니다. 그러니 그 순간 들끓는 감정에 속고 휘둘려서 일을 그르치게 되는 것입니다.

경계, 상황이 일어난 순간 잠시 호흡을 고르고 욱 하고 올라온 마음을 잘 관할 수 있다면 감정에도 또 상황에도 속지 않으면서 일을 순리대로 잘 풀어나갈 수 있는 정견(正見)을 얻을 수 있을 것입니다.

추울 땐 춥고 더울 땐 더워라

여름이 되니 땀이 많이 납니다. 땀이 나면 몸이 끈적끈적하고 기분도 찝찝하고 여하튼 그리 기분 좋은 일은 못 됩니다. 그런데 조금만 생각해 보면 그것도 우리들 편견이라는 것을 금세 알아차릴 수 있습니다. 땀이 난다는 것은 참 좋은 일입니다. 생생하게 살아있다는 참 건강하게 살아 숨쉬고 있다는 증거이기 때문입니다.

요즈음 사람들은 에어컨에 중독이 되어 있다 보니 여름이 되어도 더운 줄 모르고 지냅니다. 아침부터 저녁까지 어지간해서는 땀 흘릴 일이 별로 없고, 도리어 추워 떨 일이 있을 정도니 말입니다. 차 안에서도 에어컨 바람, 사무실에서도, 요즘은 집에서도 에어컨 바람으로 여름이 더운 계절이 아니라 시원한 계절로 바뀌어 갑니다.

모름지기 우리는 자연의 이치에 순응하며 받아들이며 그 이치에 맡기고 함께 흘러야 합니다. 여름이 오면 더워야 하고 땀을 흘러야 하며, 겨울이 오면 추워야 하고 꽁꽁 얼기도 해야 합니다. 그래야 우리 몸이 이 세상과 하나로 어우러질 수 있고 그래야 몸도 마음도 더 건강해지는 법입니다.

그런데 요즘은 놀라운 과학기술의 발달 덕분에 세상의 이치를, 이 자연의 순리를 거부하고 여름에도 춥게 겨울에도 따뜻하게 그렇게 살게 되었습니다. 그리 좋은 일인 것만은 아닌 것 같습니다.

여름엔 더워야 합니다. 더울 땐 더워야 하고 추울 때는 추워야 합니다. 이 가장 기초적인 진리를 우리는 완전히 무시해 버리고 삽니다. 그것이 자연의 순리를 거스르지 않는 삶입니다. 그냥 더위도 받아들이고 땀도 기분 좋게 받아들여 보십시오. 땀이라는 것은 체온조절을 통해 우리 몸의 열을 내려 건강을 지켜주고, 몸 속의 좋지 않은 노폐물을 배출해 주며, 몸의 이상을 사전에 경고해 주기도 합니다.

한 30여 분 이상 땀을 흘리다 보면 몸 속에 축적된 카드뮴 같은 중금속이 포함된 그야말로 '좋은 땀'이 흘러나온다고 합니다. 우리가 느끼기에 끈적거리고 기분 나쁜 땀일지 모르지만 이와 같이 땀도 다 필요하기 때문에 나오는 것이랍니다.

그 어떤 현상이라도 다 그렇듯 정확한 필요에 의해 나타납니다. 하나도 버릴 것이 없고, 하나도 필요치 않은 것은 없습니다. 우리들 사람들만 필요에 의해 살지 않고 필요 이상의 욕망에 의해 살게 되니 거기에서부터 모든 문제가 시작되는 것입니다.

땀도 필요해서 나오는 것인데 몸뚱이 조금 편하게 하고 싶은 욕망으로, 조금 더 시원하고 쾌적하고 싶은 욕망으로 땀을 흘리지 않으려 여름 나절에 에어컨을 끼고 살아서야 되겠습니까.

그것은 순리를 거스르는 일입니다. 그러다 보니 요즈음의 현대인들이 듣도 보도 못한 온갖 질병에 휩싸이는 것이기도 합니다. 그렇게 순리를 스스로 거스르다 보니 몸이 말이 아닙니다.

우리 스스로도 그것을 알고 있습니다. 땀을 흘려야 한다는 사실을 분명히 알고 있습니다. 그러다 보니 스스로 땀 안 흘리려고 피해 놓고서는 또다시 안 되겠다 싶으니 찜질방이다 사우나다 만들어 가지고 스스로 다시 땀 흘리려고 애를 쓴단 말입니다. 얼마나 웃긴 일입니까. 그냥 이 대우주 자연의, 이 법계의 이치에 턱 맡기고 살아가면 그것이 다 보약이고 행복인데 말입니다.

그 쉬운 법칙을 모르고 땀 안 흘리려 애쓰고, 또 다시 땀 흘리려 애쓰고, 그러면서 땀 안 흘리는 기계를 만들어 놓고, 또 다시 땀 흘리는 기계를 만들어 놓고, 땀 안 흘리는 기계(에어컨) 사는 데 돈 쓰고 땀 흘리는 데(찜질방) 가려고 돈 쓰고, 또 그 돈에 노예가 되어 울고불고 하고, 이래가지고 어디 복잡해서 살겠습니까.

우선 땀에 대한 고정관념부터 놓아 버리십시오. 땀이 나면 찝찝하다는 그 생각, 끈적끈적하니까 싫다는 그 생각들 말입니다. 사우나나 찜질방에서는 가만히 앉아 땀을 흘리면서도 '시원하다' 그러고 '피곤이 싹 가신다' 그러지 않습니까. 그 찝찝한 마음 놓아 버리고, 참 좋은 일이다, 우리 몸에 참 득이 되는 일이다, 찜질방 따로 갈 필요 없어 좋다, 하고 마음을 돌려 보라는 것입니다.

찜질방에서 흘린 땀보다 여름이니까 흘리는 땀이 더 건강한 법입니다. 그렇게 마음 돌리고 나면 이제부터 땀 흘리는 것이 짜증스런 일이 아닙니다. 참 행복하고 유쾌한 일이 될 것입니다.

우리 스님들은 어떻습니까? 그 더운 여름날 승복 입고 그 위에 가사 입고 장삼 입고 얼마나 더운지 모릅니다. 그런데 더운 마음으로 가사장삼 수하고 예불하면 너무 힘들고 찝찝하지만, 여름이니까 당연한 마음으로 또 땀 흘리니까 건강하고 좋은 마음으로 예불하면 땀이 비가 되어 흘러도 도리어 운동해서 좋고, 땀 흘려서 좋고, 찜질방 갈 돈 버니 좋고, 또 덥다는 몸뚱이 착심 비울 수 있으니 좋고, 그런 기쁜 마음으로 부처님께 예를 올릴 수 있으니 얼마나 좋은지 모릅니다.

수행자는 다 순응하고 다 받아들이면서 살아야 합니다. 이 대 우주의 섭리에 몸과 마음을 다 맡기며 함께 따라 흘러야 합니다.

중생들은 역경이 오면 괴로워하고 순경이 오면 즐거워하면서 순역에 휘둘리지만, 수행자는 역경이 오더라도 그것이 역경이 아닌 줄 바로 알아 마음 돌리고 도리어 역경이 순경인 줄 잘 관찰하기에 순역의 경계마저 허물고 다 놓아 버리고 자유롭게 살아갑니다.

이 여름, 턱 맡기고 시원한 여름 되셨으면 합니다.

침묵으로 걸러진 말

이렇게 조용한 산사에 살면서도 많은 사람을 만나고 관계를 가지게 됩니다. 찾아오는 사람도 많고, 또 내가 찾아가 뵙는 분들도 있고, 이런 저런 일들로 늘 사람과의 만남이 잦아지게 마련입니다.

사람들을 많이 만나게 되다 보니 말이 많아질 때가 종종 있습니다. 하지 않을 말을 하게 된다거나, 말이 헛나오거나, 후회가 되는 말들을 많이 하고 돌아오는 길은 마음 한 구석이 싸한 것이 허한 느낌을 지울 수 없습니다.

그런 일이 있고부터는 사람들을 만날 일이 있으면 먼저 잠깐 동안 내 마음을 관하고, 내 입을 관하게 됩니다. 만나는 시간이 길어지거나, 덩달아 내 말이 길어진다 싶으면 바로 내 입을 관하고 말을 관하려고 합니다. 분명 말을 관하게 되면 헛말이 줄어들고, 그만큼 허물도 함께 줄어들게 되며, 그런 침묵과 절제의 대화를 하고 나면 몸도 마음도 싱그럽습니다.

사람을 만나도 말 수가 적거나, 대화 가운데에도 오랜 침묵에 익숙한 사람을 만나면 참 믿음이 가고 든든합니다. 그런 사람과는 함께하는 것만으로도 충만하고 편안함을 느끼게 됩니다. 그런 사람은 말이 없으면서도 은은하고 향기로운 침묵의 언어, 소리 없는 소리의 가장 강력한 언어를 안으로 움트게 하는 사람입니다.

그런 사람은 이따금 끄집어내는 한 마디에서도 큰 신뢰가 쌓입니다. 그런데 그와 반대로 말이 많은 사람은 그 말에 믿음이 가지 않고, 말과 함께 사람까지도 가볍게 느껴집니다. 말이 많은 사람과 함께 하는 것은 번거롭고 불편하기 그지없습니다.

제가 아는 사람들 중에는 말하는 것을 삶의 가장 큰 행복으로 아는 사람이 몇몇 있는데 말이 시작됐다 하면 끝날 줄 모르고 계속되는 말 앞에서 듣는 사람은 참으로 힘겨운 고행을 감내해야 합니다.

많은 말은 힘이 없고, 헛헛하며, 조금 심하게 말한다면 흡사 사기꾼 같은 느낌을 지울 수 없습니다. 말의 양은 그대로 허물의 양과 비례하기 때문입니다.

하기야 그런 사람도 나의 소중한 스승입니다. 말 많은 사람을 만나고 나면 저는 내 속 뜰을 몇 번이고 더 비추어 보고, 제 말의 습관을 자꾸만 돌이켜 보게 됩니다. 그러면서 나의 말하는 일상에 대해 좀 더 반성하고 면밀히 지켜보리라는 원을 쌓습니다. 그러고 보면 꼭 어떤 특정한 사람을 정할 것도 없이 대부분 사람들의 일상을 가만히 관찰해 보면 그다지 하지 않아도 될 말을 참으로 많이 하고 삽니다.

절제되지 않은 말, 거친 말, 속이는 말들이 자연스러운 용어가 되어 넘쳐나는 세상이고, 심지어 그런 교묘한 술수의

말들을 잘 뱉어낼 수 있어야 성공하고 능력 있는 사람으로
인정되는 세상이기도 합니다.

 말이라는 것은 모름지기 내면의 걸러짐이 있어야 합니다.
알아차림의 필터로 인연 따라 불쑥 불쑥 올라오는 내면의
숱한 언어들을 침묵으로 걸러낼 수 있어야 합니다.

 입이 가벼우면 따라서 생각이 가벼워지고, 행동이 가벼워
져 경계에 닥쳐 금세 울고 웃고 휘둘리는 일이 많아집니다.
입이 그대로 온갖 화의 근원이고, 번뇌의 근원이 되어 우리
를 얽어맵니다. 그래서 『보은경』에서는 '구업은 몸을 깎는
도구이며, 몸을 멸하는 칼날'이라 했고, 『사자침경』에서는
'화는 입으로부터 나와서 천 가지 재앙과 만 가지 죄업이 되
어 도로 자신의 몸을 얽맨다.'고 했습니다.

 모름지기 수행자는 크게 침묵할 줄 알아야 합니다. 침묵
하는 자는 들뜨지 않으며 가볍지 않고 쉽게 행동하지 않습
니다. 침묵하는 자는 수행에 있어 큰 보배와도 같습니다.

 침묵으로 걸러진 정제된 말은 그대로 종소리가 되어 법계
를 울릴 것입니다. '말을 하더라도 선하게 하여 말 한마디라
도 종소리가 은은하게 울리는 것 같이 하라'고 한 『법구경』
의 말씀처럼 우리의 말도 은은하게 울려야 하겠습니다.

사람을 다스리는 기술

제목을 다스린다고 했지만 어떻게 사람이 사람을 다스릴 수 있겠습니까. 사람이 자연을 다스릴 수 없듯 사람이 사람을 다스릴 수는 없습니다. 물론 어리석은 생각으로 사람이 자연을 다스리고, 사람이 자연 위에 군림한다고 착각할지 모르지만, 현대 과학이 그 일을 해내고 있다고 생각할지 모르지만, 그건 그야말로 순전히 우리들의 착각일 뿐입니다.

오히려 자연이 우리를 다스렸다고 해야 옳을까요. 자연은 우리에게 하나하나 시비를 걸지 않고, 우리 사람들이 하는 일에 대해 좋다 싫다 분별하지 않습니다. 이렇게 해라, 저렇게 해라 따지고 들지 않습니다. 다만 그저 인간들의 일상을 지켜볼 뿐입니다.

다스린다는 것은 그런 것입니다. 다스린다는 것은 내가 하고 싶은 방향대로 이끌려고 애쓰는 것이 아니라, 내 맘대로 그 사람을 다스리는 기술을 터득하는 것이 아니라, 그냥 하고 싶은 대로 하도록 놓아두는 것, 이것이 가장 훌륭하고 참된 다스림인 것입니다.

부모님이 자식에 대해 기대가 많고, 어떻게 되기를 바라는 마음이 많을 때, 꼭 그렇게 되어야만 한다는 고집이 클 때, 그래서 그런 고집으로 자식을 내 뜻대로 다스리려 할 때, 자식은 결코 다스려지지 않습니다. 겉모습이 설령 다스려 진 것처럼 보일지라도 그 영혼은 여전히 다스려지지 않았습니다.

누군가를 다스리고자 한다면 그냥 그가 원하는 것을 하도록 놓아두어야 합니다. 그 스스로가 찾아 할 수 있도록 스스로 창의력을 발휘할 수 있도록 놓아줘야 합니다. 내 고집대로 사람을 다스리려 하는 마음이 커지면 커질수록 고집대로 다스려지지 않는 상대를 보며 내 마음의 괴로움만 커져갈 뿐 상대를 내 손아귀에 넣고 내 뜻대로 할 수는 없는 노릇입니다.

높은 지위에 있거나, 권력을 쥐고 있을 때는, 혹은 부모라는 지위에 놓일 때도, 어쩌면 그것이 가능한 것처럼 보일지 모릅니다. 그러나 그것은 가능한 것이 아니라 전혀 어긋나고 있는 것임을 알아야 합니다.

겉모양은 내가 원하는 대로 가고 있는 것 같아도, 그 내면은, 그 영혼은 오히려 내가 원하는 그 반대방향으로 달려가고 있습니다. 어쩌면 지금 당장은 내가 원하는 대로 되어가고 있는 듯 보일지 모르지만, 그러나 시간이 흐르면 전혀 그것이 아니었음이 증명될 것입니다.

다스림을 강하게 받는 사람일수록 그 내면은 거스르고자 하는 마음과 반발하려는 마음만 커갈 뿐입니다. 오히려 그들로 하여금 그들 스스로 할 수 있도록 그들이 하고 싶은 대로 할 수 있도록 놓아주었을 때, 더 큰 의미에서 나의 다스림을 받게 되는 것입니다.

가장 올바른 다스림은 가장 열린 마음으로 놓아주는 것입니다. 그랬을 때 그 사람을 올바로 다스릴 수 있습니다. 겉모습으로 다스리는 것이 아닌 그 사람의 영혼을 울릴 수 있고, 내면을 울려 더 큰 틀 속에서 지혜롭게 다스리게 되는 것입니다.

다만 그냥 놓아둔다고 해서 방임하라는 말은 아닙니다. 무관심하라는 말이 아닙니다. 그냥 상대를 무시해도 좋다는 말이 아닙니다.

사람을 다스리는 방법도 우리 자신을 다스리는 방법과 똑같습니다. 나를 다스리듯 사람을 다스리면 됩니다. 나를 다스린다는 것, 수행과 명상에서 가장 중요한 것은 놓아버림(止)과 알아차림(觀) 다시 말해 '멈춤'과 '비춤'에 있습니다. 온갖 번뇌며 고집, 편견들을 다 놓아버리고, 가만히 바라보는 것이 모든 수행의 핵심인 것입니다. 이것이 바로 지관(止觀)이고 정혜(定慧)인 것입니다.

나를 다스리는 것처럼 상대를 다스릴 때에도 이 법칙은 적용됩니다. 내 안에 모든 고집스런 마음, 욕망과 집착, 어떻게 해 보려는 마음들을 붙잡고서 고민하고, 근심하고, 복잡하게 살고 있는 바로 그 마음을 다 놓아버리고, 다만 가만히 비추어 보는 것이 수행이듯, 상대를 어떻게 해 보겠다는 마음, 내 생각대로 잘 다스려 보겠다는 마음, 내 고집대로 움직이겠다는 마음을 다 놓아버리고, 다만 가만히 따뜻한 시선으로 바라보아 주면 됩니다.

무관심이나, 무시한다거나, 내 멋대로 통제하려 드는 것은 다 좋지 않은 방법이고, 근원적이지 못한 방법입니다. 도리어 불만을 사고, 반발을 살 뿐. 가장 좋은 방법은 다스리려 들지 말고, 통제하려 들지 말고 그냥 그들이 하고 싶은 대로 놓아두는 것, 그리고 가만히 지켜봐 주는 것입니다.

가만히 내버려 두고 지켜봐 주면 그들은 그들이 해야 할 몫을 정확히 알아서 할 것입니다. 본래 법계가 그렇게 여여하게 움직이고 있듯이. 그것이 진정한 사랑이고 따뜻한 관심입니다. 그들에게 참된 지혜를 베풀어 주는 것이고, 그들 안에서 지혜가 움트게 만들어 주는 것입니다.

무언가 일을 행할 때, 내 생각으로 옳다 그르다, 맞다 틀리다, 잘했다 잘못했다 말하고 분별하면서 어느 한 쪽을 택하도록 강요하지 마십시오. 분별없는 마음으로 다만 스스로 선택할 수 있도록 그들의 결정에 따뜻한 바라봄의 시선을 보내고 응원해 주십시오.

누군가가 결정해 주는 것은 자신 스스로 내면의 답을 찾아 결정한 것만 못합니다. 스스로에게 물을 수 있도록 스스로에게서 그 답을 찾아낼 수 있도록 해 주면 됩니다.

아마도 많은 사람들이 이런 저런 어려움이 있을 때 사람들을 찾아가 답을 구하곤 하는데, 열이면 열 답이 다 다를 수 있습니다. 저마다 살아온 경험에 비춰 답을 대신 내려주고, 저마다 자신의 지식에 비춰 옳다 그르다 분별된 지식으로 알려주니까 말입니다. 그러나 세상에 딱 정해져 옳고 그른 것은 없습니다. 다만 다른 것이 있을 뿐입니다. 그러니 우리들 분별지로써 둘로 나누어 거기에서 옳은 것을 택하는 지식은 불완전하고 근원적이지 않습니다.

그러나 절 집안에 찾아가 물으면 답을 대신해서 내려주지 않을 것입니다. 스스로 그 답을 찾을 수 있도록 자신 안에서 그 답을 발견할 수 있도록 자신의 내면을 바라보는 법을 알려 줄 뿐입니다. 그것이 밝은 선지식의 답변입니다.

그렇게 놓아주고 바라보아 주는 것 그것이 사람을 다스리는 방법이고, 자식을 키우는 방법이고, 직원들을 다스리는 방법이며, 스승이 제자를 지도하는 방법입니다.

'나는 얼마나 사람들을 통제하려 들었는가. 얼마나 내 자식을 내 고집대로 키우려고 했고, 그로인해 내 자식의 마음은 얼마나 얼룩졌는가.'

놓아주고 다만 바라봐 줍시다.

가난하게 사는 법

　요즘 들어 부쩍 가난과 청빈의 의미에 대해 고민하고 생각하며 또 돌아보게 됩니다. 가난한 삶, 청빈한 삶의 의미는 무엇인가. 우리에게 있어 아니 나에게 있어 가난의 의미는 무엇이었는가.

　가난이란 모든 수행자들의 삶에 있어, 아니 모든 근원적인 삶을 추구하는 이들의 삶에 있어 가장 중요한 요소 가운데 하나입니다.

　가난한 삶이란 곧 근원적인 삶을 의미하며, '나' 자신과 소탈하고 순수하게 대면할 수 있는 직접적이고 가장 체험적인 수행의 요소라고 할 수 있습니다. 가난이야 말로 삶을 보다 윤기 있고 지혜로우며 향기롭게 또 맑게 가꾸어 갈 수 있도록 하는 소중한 체험이자 요소인 것입니다.

　가난해야 그 속에서 맑음과 청정이 또 참된 지혜가 움틉니다. 부유한 사람이 수행하기보다 가난한 사람이 수행하기 훨씬 더 쉽고, 부유한 사람이 지혜롭기보다 가난한 사람의 속 뜰에서 더 충만한 지혜가 움트는 법입니다.

　가난해야 수행하지 부유하면 수행은 벌써 멀어지고 맙니다. 가난과 수행 이것은 결코 떼어놓을 수 없는 관계입니다.

가난했을 때 그 안에서 법계를 체험할 수 있고, 이 대자연의 경이로움이며 참 진리의 숨결을 느껴볼 수 있습니다.

가난 속에서 또 저 대자연에 기댄 맑은 의식 속에서 지혜가 움트고 사랑이 움트지 저 빌딩 숲 속에서 거대한 부유함 속에서 참되고 맑은 지혜와 사랑은 그 생명력을 잃고 맙니다.

인류의 모든 성인들은 다 가난했습니다. 어쩔 수 없는 가난이기보다는, 극복해야 할 과제로서의 가난이기보다는 그들의 삶의 지혜의 근원으로서의 가난이었습니다. 가난을 가까이 하고 살수록 우리 안의 지혜와 사랑이 싹트기 시작합니다. 가난하게 삽시다. 가난하게 살고 있는지 비추어 보고 삽시다.

그렇다고 가난한 삶이란 단지 외적인 모습만을 의미하는 것은 아닙니다. 단지 '돈' 없는 삶을 의미하는 것이 아닙니다. 사실 돈이나 경제력 같은 단어가 '가난'이라는 단어를 좌지우지 할 만큼 그렇게 영향력 있는 요소가 못 됩니다.

가난은 돈이나 경제력과 상관없습니다. 많이 소유하고 있더라도 우리는 그 속에서 가난해 질 수 있습니다. 아무리 적게 소유하더라도 그 속에서 부유할 수 있는 것처럼.

어쩌면 작은 의미에서 물질적 가난이 필요하겠지만 그렇다고 해서 너도 나도 물질적 가난을 구하려고 애써 좋은 조건의 직장을 그만둘 필요는 없습니다. 물론 물질적 가난은 모든 이들에게 있어 맑고 지혜로운 삶을 누리도록 해 주는 참 좋은 요건이 됩니다. 그러나 그것이 절대인 것은 아니라는 말입니다.

모르긴 해도 우리에게 있어 '가난한 삶' 은 최선의 선택이 될 수 있을 것 같습니다. 그러나 설사 물질적 풍요와 부를 가지고 있더라도 우린 그 속에 살면서 가난해 질 수 있어야 하는 것입니다. 그것은 어렵지만 또 가능한 일이기도 합니다. 많이 소유하고 있더라도 그 소유에, 그 부와 풍요에 집 착하지 않는 것. 다시 말해 삶 그 자체가 가난해야 참된 가 난이지 물질적으로 가난한 것만이 참된 가난인 것은 아니라 는 말입니다.

물질적으로 가난해도 마음속에 욕심과 욕망을, 또 물질적 인 부를 원하고 있다면 그 사람은 결코 가난하지 않습니다. 그러나 비록 많이 소유해도 그 사람의 말과 행동과 생각이 가난할 수 있다면 그는 실로 가난한 것입니다.

삶의 모습에 있어 가난이란 말하자면 청빈 같은 것인데, 마음에는 바라는 것이 없이 자족할 수 있어야 가난이고, 행 동에 있어 절약하고 절제하며 최소한의 소비로 살아갈 수 있어야 참된 가난이라 할 수 있습니다.

많이 소유해도 소박하게 살 수 있습니다. 배고플 때 인연 따라 내게 온 공양을 먹으면 되는데 욕심이 시키는 대로 밥 이 있는데도 불구하고 더 맛있고, 더 많고, 더 비싼, 더 좋은 음식, 더 먹고 싶은 음식을 먹으려고 한다면 이것은 소박하 게 사는 것도, 가난하게 사는 것도 아닙니다.

칫솔질을 할 때라도 한 컵으로 할 수 있는데 수돗물을 콸 콸 쏟아 붓는다면 이 사람은 가난한 삶과는 거리가 멉니다. 추우면 있는 옷 챙겨 입으면 되는데 더 비싸고, 더 좋고, 더 예쁜 옷을 그것도 몇 벌씩, 해가 바뀔 때마다, 새로운 계절이 다가올 때마다 새로 사 입어야 할 이유가 없는 것입니다.

언젠가 어릴 적 아버님께 이런 말을 들은 적이 있습니다. 무슨 기업의 회장이 포장마차에서 소주 한 잔을 마시고는 남은 소주를 호주머니에 넣고 가더라는 말씀. 이런 사람이 요즘에는 있는가 싶은 마음이 들지만 이런 사람이 있다면 이 사람은 참으로 부유하면서도 가난한 사람, 맑은 가난을 실천하는 사람입니다.

아끼고 절약할 줄 아는 마음 그리고 실천, 보다 단순하고 소박하게 삶을 살아갈 수 있는 것, 욕심과 욕망보다는 정말 필요한 작은 소유로 만족할 수 있는 사람, 내가 소유하고 있는 것에 집착하지 않아 언제든지 누구에게라도 베풀 수 있는 사람, 그 사람은 아무리 부유하더라도 맑은 가난을 실천하는 것입니다.

이런 사람은 수백억을 가지고 있더라도 가난에서 오는 참된 지혜와 미덕을 그대로 안으로 움트게 할 수 있는 사람입니다. 이 사람이 가지고 있는 부유한 물질들은 그 사람 것이 아니라 법계의 것이고 우리 모두의 것이기 때문입니다.

나는 늘 가난을 꿈꿉니다. 내가 늘 부유하게 살지만, 그래서 항상 부끄럽지만 내 안에서는 늘 맑은 가난을 꿈꾸고 있습니다. 우리들 모두가, 이 세상의 모든 이들이 맑은 가난을 꿈꾸며 실천할 수 있을 때 바로 그곳이 극락이고 천상이 아니겠나 싶습니다. 그랬을 때 이 세상은 항상 충만한 곳이고, 넘치는 곳이 될 것입니다.

우리가 삶 속에서 가난을 실천할 수 있는 길은 너무나도 많습니다. '최소한의 필요'의 영역을 정하고 그 이외의 부분에 대해서는 아낌없이 다 베풀어 주는 것도 가난의 실천이며, 무엇보다 삶이 절약과 절제되어 있어야 가난이고, 마음에 바라는 것 없이 만족할 때 참된 가난이라 할 수 있습니다.

꼭 필요한 곳이라면 전 재산이라도 다 베풀어 줄 수 있어야 하겠고, 꼭 필요하지 않은 곳이라면 물 한 방울 낭비하는 것에도 부끄러워 할 수 있어야 하겠습니다.

이 가을, 가난에 대해 생각해 보고 내 안의 가난에 대해 돌이켜 봅니다. 또 우리 모두가 가난에 대해, 내 삶의 가난에 대해 한번쯤 진지하게 비추어볼 수 있었으면 하고 바랍니다.

유사 수행법을 찾는 사람들에게

수행을 한다는 사람은 먼저 '수행 잘 되고 안 되는 때'를 분별하지 말아야 합니다. 오늘은 수행 잘 된다, 또 오늘은 수행 안 된다거나 요즘은 통 예전 같은 신심이 안 난다거나, 초발심 때의 그 느낌을 많이 잃어버렸다거나, 그런 분별을 지을 필요는 없다는 말입니다.

수행을 '느낌' 으로 지어가서는 안 됩니다. 수행 잘 된다는 느낌이나, 수행 잘 안 된다는 느낌에 속아서는 안 됩니다. 수행은 '느낌' 이 아닙니다. 수행자는 먼저 수행 잘 되는 느낌으로 뿌듯하다거나, 수행 잘 안 되는 날 괜스레 답답하다거나 하는 그런 분별을 놓아갈 수 있어야 할 것입니다.

수행을 감각적으로 느끼려 하지 마십시오. '수행 잘 되는 느낌' 을 찾으려 애쓰지 마십시오. 초발심 때 일어나던 그 신심이라거나, 그 때 한참 신심 좋았을 때 그 때를 그리워하지는 마시기 바랍니다.

육근의 감각으로 수행의 결과를 느끼려 하면 벌써 근경식(根境識, 육근·육경·육식)에 얽매여 환상으로 환상을 찾아 헤매는 격일 뿐입니다.

요즘 사람들이 물질세계의 한계를 스스로 느끼며 정신세

계에 관심을 많이 가지게 되고, 내적인 수행이나 명상 마음 공부에 관심을 돌리고 있다는 점은 크게 바람직한 일로 보이지만, 그로인한 피해도 곳곳에 많이 보여 안타깝게 만들기도 합니다. 마음공부나 명상 수행이라는 것은 물질 세계에서 현행되어지는, 또 요즈음의 현대 사회에서 현행되고 있는 그런 잣대를 가지고 실천하려 해서는 안 된다는 점을 알아야 합니다.

현대 사회에서는 빨리 성취하고, 보다 더 높이 올라가고 보다 빨리 목적을 달성하는 일이 중요하겠고, 또한 눈에 보이는 성취라거나 당장에 결과물이 온몸으로, 감각적으로 느껴져야 그것이 잘 된 것으로, 성공한 것으로 보이겠지만 그런 잣대를 그대로 마음공부에도 적용을 시키려 해서는 안 된다는 말입니다.

현대 사회의 보다 빨리, 빨리 성취하려는 마음과, 눈으로 보여지는 결과물을 획득하고자 하는 마음이 마음공부에서도 이어져 빨리 깨닫고 싶고, 무언가 눈으로 보여지고 수치적으로 혹은 돈으로 계산이 되며 감각적으로 충분히 느낄 수 있는 수행을 하려고 애쓰게 됩니다.

그러다 보니 현대 사회에서처럼 수행하는 것도 느낌이 팍 팍 와야 하고, 딱딱 수치적으로 혹은 돈으로 계산이 맞아 떨어져야 요즘 사람들의 관심을 살 수 있게 되는 것 같습니다. 그런 요즘 사람들의 심리를 이용하여 요즈음 마음공부를 가장한 깨달음과 수행이라는 보기 좋고, 논리 정연한 수많은 이론과 수행법들이 우후죽순으로 쏟아져 나오고 있는 것을 봅니다.

보통 그런 수행법들은 매우 유혹적이고, 매력적이며 보다 빨리 깨달음을 얻게 해 준다고 하거나, 무언가 감각적으로 기분을 들뜨게 해 주고, 혹은 신심나게, 환희심나게 해 줌으로써 어떤 '무언가 되어가고 있는 듯한 느낌'을 주려고 애를 씁니다.

'빨리' 될 수 있고, 무언가 감각적으로 느낌이 팍팍 오며, 우리의 정진과 매서운 수행력보다는 보다 쉽게 돈으로써 살 수 있는 그런 수행법들이 많이 나타나고 있으며, 그런 수행법은 요즈음 현대인들의 구미에 딱 맞아 떨어지기 때문에 선풍적인 인기를 끌고 있기도 합니다.

혹은 저명한 인사라거나, 사회적으로 높은 위치에 있는 사람 몇몇, 유명한 사람 몇몇이 그 수행법으로 효과를 보았다거나, 책이나 잡지에 등장하고 그럼으로써 좋다고 호응이 이어지면 그것이 그대로 훌륭한 수행법이 되어 버리기 일수입니다. 큰 문제점 중의 하나가 문자화 된 글이 가지는 권위에 사람들이 쉽게 빠져든다는 점이고, 또한 저명한 사람이나 권위 있는 지위에 있는 사람의 말이 아무런 걸러짐도 없이 우리 안에 쉽게 받아들여지고 있다는 점입니다. 그런 인간의 묘하고도 어리석은, 또 나약한 심리를 이용하여 많은 수련단체에서 홍보에 활용하고 있음을 많이 봅니다.

물론 요즈음 나타나고 있는 수행법이나 온갖 정신세계나 영적인 서적들 혹은 영적인 스승들의 삶을 통째로 몰아서 비판하고자 하는 말은 결코 아닙니다. 불교라는 이름 하나

표방하지 않고서도, 부처라는 이름 하나 내세우지 않더라도 혹은 종교라거나 진리라거나 그런 이름을 내걸지 않고서도 충분히 진리 그대로의 모습을 보여주는 것들 또한 많이 있습니다.

이렇게 글을 쓰는 이유는 이런 문제들로 인해 많은 고민에 빠져 있다거나, 궁금증으로 어려워하시는 분들이 많이 있고, 많은 문의를 해 오시기에 불쑥 꺼내기 어려운 부분이기는 하지만 법우님들께 도움이 되셨으면 하는 마음에 이렇게 적어 보는 것임을 헤아려 주셨으면 합니다.

인간의 생각이나 가치관이 아주 견고할 것이라고 생각하겠지만 사실은 너무나도 얄팍하고 가냘프며 쉽게 깨어질 수 있는 부분이 많다는 것을 알아야 합니다. 신흥종교나 요즘 이따금씩 등장하는 말도 안 되는 이상한 교리와 괴이한 행동을 버젓이 행하면서도 수많은 신도를 거느리고 있는 종교를 보면 오히려 똑똑하고 많이 아는 사람들이 더 쉽게 그런 쪽에 빠져들곤 하는 것을 봅니다.

그렇기에 이렇게 당부의 말씀을 드리는 것입니다. 이런 점들을 우리 수행자들은 잘 관찰하고 경계할 수 있어야 하겠습니다.

다시 말씀드리지만 '수행 잘 되는 느낌'을 찾으려 애쓰지 마십시오. 수행 안 된다고 투덜거릴 것도 없으며, 이래서 언제 깨닫겠는가 한탄할 것도 없고, 무언가 빨리 깨처버릴 묘안을 찾아 헤맬 것도 없습니다.

'지금 이 순간' '지금 그리고 여기'에서 깊이 호흡을 들이 쉬고 내쉬면서 있는 그대로를 알아차리는 것은 어찌 생각하면 너무 쉽고, 너무 단순하고, 아무것도 아닌 것 같고, 그 어떤 신심이나 환희심 같은 감각적인 '느낌'도 있지 않고, 너무 시시해 보이고, 수행하는 것 같이 느껴지지 않고, 수행의 경계나 진도가 보이지도 않으며, 내가 수행하고 있기는 한 건가 의심도 들고, 돈으로 살 것도 없으며, 빨리 이룰 수 있는 것도 아니고, - 사실은 '이 순간'이 바로 '그 순간'인 것을 모르고 - 감각적으로 느낌이 팍팍 오는 것도 아니다 보니 조금 수행해 보다가 또다시 유혹에 빠지고 휩쓸리는 것입니다.

보다 쉽고, 보다 빠르고, 보다 자극적이고 감각적이며, 수치적으로 딱딱 계산이 맞아 떨어지며, 돈과 시간만 조금 있으며 얼마든지 할 수 있으니까 그런 유혹에 빠지기 쉬운 것입니다.

천천히 가십시오. 천천히 가는 것이 빨리 가는 것입니다. 사실은 가고 말고 할 것도 없이 지금 이 자리가 바로 그 자리입니다.

쉽게 가려고 하지 마세요. 쉽게 가려는 마음이 바로 탐심(貪心)입니다. 쉽게 가면 쉬운 만큼 쉬운 결과만을 얻을 뿐입니다. 그것이 인과응보의 엄연한 현실이고 진리입니다.

자극적이고 감각적인 '느낌'을 찾지 마십시오. '수행이 되어가고 있는 듯한 느낌'이나 '수행 잘 되는 날'을 찾아 헤매지 마십시오. 느낌은 그저 인연따라 잠시 왔다 가버리는 환상이며 신기루일 뿐입니다.

돈으로 사려고 하지 마십시오. 그러면 세계에서 제일가는 부자는 벌써 깨달았을 겁니다. 마음공부, 수행이라는 것은 이 세상에서 가장 순수하고 청정한 것입니다. 결코 돈으로 주고받고 할 수 있는 것이 아닙니다. '돈'이 들어가면, 주고받는 관념이 개입돼 버리면 벌써 한참은 잘못 가고 있는 것입니다.

수행이라는 것은 비슷한 것같이 느껴질지라도 손톱만큼만 방법이 달라져도 결국에 가서는 하늘과 땅차이가 날 수 있고, 지옥과 극락의 차이로 벌어질 수도 있다고 그럽니다. 얼핏 보기에 똑같은 이론 같고, 똑같은 수행법 같아 보이더라도 작은 하나만 차이가 나도 그것이 억겁을 윤회해야 할 만큼의 큰 차이일 수 있는 법입니다.

이론, 논리, 교리에 너무 마음 팔리지 마세요. 이론이나 논리가 정연하다고 훌륭하다고 그것이 진리라고 믿으면 안 됩니다. 많은 사람들이 이단 종교에 빠지는 이유가 논리적이고 이론이 체계적이라서 그런다는 것은 많이들 알고 있는 주지의 사실입니다. 논리라는 것은 그리 믿을 만한 것이 못 됩니다.

너무 길고 장황하게 늘어놓았습니다. 제 마음이 조금이라도 전달이 되었으면 하는 바람입니다.

신념이 만드는 세상은 가짜다

사람은 처음 태어나면서부터 수많은 경험을 하게 됩니다. 처음 태어났을 때 마주치는 경험은 온전합니다. 아무런 시비 분별도 없고, 다만 경험 그 자체로써 받아들여지게 됩니다. 그렇기 때문에 어린 아이들은 천진무구합니다. 칼을 들이 대더라도 울지 않고, 불을 보더라도 뛰어 들곤 합니다.

그들에게 있어 모든 경험은 다만 경험 그 자체일 뿐 좋고 싫은 것도 아니고, 옳고 그른 것도 아닙니다. 아무런 분별없이 다만 경험할 뿐입니다. 다만 느끼기만 할 뿐입니다.

그러나 나이가 들어가면서 그런 천진불 어린 아이도 조금씩 경험에 시비와 분별을 붙이게 됩니다. 시비와 분별은 곧 신념을 만들어 냅니다. 경험을 통해 신념을 만들어 가는 것입니다. 어떤 한 가지 경험을 했으면 그 경험을 통해 한 가지 신념을 쌓아갑니다. 그리고 그렇게 만들어진 신념은 또 다른 경험을 만들어 냅니다. 그리고 그 경험은 또다시 그 신념을 뒷받침해주고 증명해 주게 됩니다.

그럴수록 그 신념은 보다 확고해지고 신념이 확고해질수록 그 신념에 점점 더 집착하고 고집하게 됩니다. 이윽고 그 신념이 '옳다'고 확정짓습니다. 그럼으로써 신념과 가치관,

고정관념이 늘어갑니다. 그것이 늘어갈수록 혹자는 그것을 지식이라고도 하고, 가치체계라고도 함으로써 그것이 올바른 것인 양 착각하게 만듭니다.

점점 더 우리의 신념은 깊어갑니다. 그러다가 내 신념과 충돌되는 다른 사람의 또 다른 신념을 만났을 때 상대의 신념은 '잘못된 것'이 되고 나의 신념이 '옳은 것'이다 보니 나의 신념을 상대에게 주입하려고 애를 쓰게 됩니다.

그러면서 다툼도 일어나고 좌절도 일어나고 모든 괴로움이 생겨나기 시작합니다. 어떤 한 가지 신념에 대해 보다 확고한 경험을 반복적으로 많이 했을수록 그 신념은 더욱 깊어져 자기 안에서 진리처럼 받아들여집니다.

깊이 믿으면 믿을수록 그 신념으로 인해 상대와 부딪힐 일이 많아집니다. 그러더라도 자신은 옳고 상대는 그르기 때문에 쉽게 신념을 포기하지 못합니다. 내가 옳고, 내가 진리이며, 내가 정당하기 때문입니다.

그러나 그 어떤 진리라도 고집하고 집착하면 그것은 더 이상 진리가 아닙니다. 진리는 유연하며 그 어떤 것에도 집착하지 않기 때문입니다. 『금강경』에는 '부처님 법에도 집착하지 말아야 할 것인데 하물며 법 아닌 것에 집착하겠는가' 하는 말씀이 나옵니다.

다시 말해 신념으로 인해 만들어진 경험은 참이 아닙니다. 그것은 진리가 아닙니다. 그것은 억지스럽고 작의적이며 만들어진 것에 불과합니다. 참이 아닌 것에 집착할 필요가 무엇입니까.

자신 안에 강한 신념이 자리하고 있다 보면 그 신념이 모든 경험을 만들어내게 되는 것입니다. 그러나 그렇게 만들어진 경험은 참이 아니라는 말입니다. 좀 더 쉽게 말하면 어떤 한 가지 '옳다'는 신념이 있게 되면 그 신념 때문에 계속적으로 그 신념과 관계된 경험을 하게 된다는 말입니다. 마음이 세상을 만들고, 마음에서 그렇게 믿는 것은 그대로 세상에서 나타나게 된다는 말입니다. 그러다 보니 신념이 그 경험을 만들어 낸 줄 모르고 자꾸 경험을 하니까 그 신념이 옳은 것인 줄 착각하는 것입니다.

그러나 그것은 아닙니다. 신념을 내 안에 만들어 놓으니까 자꾸만 그 신념대로 경험하게 되는 것입니다. 그러나 신념으로 인해 경험하는 경계는 참이 아니라는 말입니다.

요즘 마음공부와 명상이 사람들의 키워드가 되면서부터 온갖 종류의 마음공부와 명상 프로그램 들이 등장하고 있는데 어떤 곳에서는 바로 이 점을 악용하고 있기도 합니다. 신념이 세상을 만들어낸다는 사실. 바로 이 하나의 사실만을 가지고 그 신념을 바꾸도록 온갖 방법으로 이끕니다.

신념이 바뀌면 경험이 바뀐다는 사실, 믿는 대로 이루어진다는 사실, 그 하나의 사실을 가지고 진리를 운운하면서 신념 바꾸는 프로그램을 수많은 돈을 내고 참여하도록 독촉합니다.

그러나 여기에는 크게 간과하고 있는 점이 있습니다. 바로 신념이 만들어내는 경험은 참이 아니라는 점. 바로 이 점을 간과하고 있습니다.

부처님께서도 마음이 세상을 만들어낸다고 말씀하셨지만, 그렇게 만들어진 세상은 거것이라고 하셨습니다. 꿈이고 환상이며 신기루이고, 공(空)이라고 말씀하셨습니다. 그렇기 때문에 마음 이전의 자리를 깨닫도록 이끄시지, 마음을 가지고 시비 분별을 하라고 하지는 않으셨습니다. 신념을 또 다른 신념으로 바꾸거나 덮어버림으로써 문제를 해결하도록 하지는 않으셨습니다. 신념 그 자체를 비워버릴 수 있도록 이끄셨습니다.

일체 모든 신념과 고정관념을 타파하도록 이끄시지 하나의 고정관념을 다른 고정관념으로 부숴버리도록 하지는 않으셨다는 말입니다.

물론 방편의 가르침으로 어떤 한 가지에 크게 집착할 때는 그 집착을 깨주기 위한 방법으로 방편설을 하기는 하셨지만 본래의 가르침은 일체의 모든 알음알이를 비워버리고 놓을 수 있도록 이끄시고 있습니다.

그런데도 그러한 부처님 본래의 법에서 멀어져 신념을 바꾸는 작업을 프로그램화 하여 돈벌이로 장사하는 장사치의 일을 마치 불법인 양 도량에서 버젓이 하는 일이 있는 것을 보면 안타까운 마음을 금할 수 없습니다. 신념을 또 다른 신념으로 바꿈으로 진리를 체험할 수는 없는 것입니다. 다만 모든 신념 그 자체를 놓아버렸을 때 진리는 옵니다.

선과 악을 나누어 놓고 그 가운데 선을 택하는 것은 작은 깨달음이고 방편의 가르침일 뿐, 본래에서 본다면 선과 악이 없기 때문에 따로 선을 택할 것도 없이 선악이라는 관념 자체를 놓아버릴 때 진리는 드러납니다.

부처님은 모든 신념을 버리라고 하셨습니다. 그 어떤 견해나 경험에 대해서 '옳다' '그르다' 하고 나누지 않아야 합니다. 신념을 가진다는 말은 어떤 한 가지 견해를 '옳다' 고 고정 짓는다는 말입니다. 옳다거나 그르다거나 나누고 분별하지 말고 다만 있는 그대로 바라보기만 하면 됩니다. 분별 없이 다만 멈추고(止) 바라보기(觀)만 하면 되는 것입니다.

그러면 본래의 평화가 찾아옵니다. 신념이나 견해, 옳고 그른 분별 이전의 딱 끊어진 본래의 참됨과 마주할 수 있습니다. 그 어떤 신념도 고정관념도 놓아버리십시오. 그리고 다만 바라보십시오. 그랬을 때 모든 참된 진리를 경험할 수 있습니다.

그러나 그 진리의 경험은 옳다거나 그르다거나 하는 분별된 모양이 아닙니다. 그 어떤 경험도 아무런 시비 분별이 없는 무차별의 지혜가 됩니다. 거기에는 그 어떤 신념도 따라 붙지 않습니다. 그 어떤 신념이나 고정관념을 만들어 내지 않습니다. 옳다거나 그르다거나 분별하지 않고, 판단하지 않고, 신념이나 고정관념을 만들어 내지 않고 다만 치우치지 않은 정견으로 바라보기만 할 뿐입니다.

그러나 그 어떤 경험이든 그 경험에 가치판단을 하게 되고 신념을 부여하게 되면 그 때부터 그 경험은 어느 한 쪽으로 치우쳐진 거짓의 경험이 되고 맙니다. 신념을 가지면 이 모든 진리의 경험이 그로인해 삐뚤어지고 왜곡됩니다.

바람이 불고, 새가 하늘을 날고 꽃이 피고, 열매를 맺는 것, 내가 이렇게 호흡을 하고, 걷고, 움직이는 것, 내 앞에 펼쳐지는 일체의 모든 경험은 분별하지 않고, 신념으로 투영하지 않으면 그대로 진리의 경험이 되는 것입니다. 이미 이 우주 법계 삼라만상 그 자체는 그대로 부처이고, 그대로 온전한 부처님의 숨결이기 때문입니다.

따로 깨달을 것이 있는 것이 아니라 이미 깨달아 있는 것입니다. 항상 온전한 진리가 우리 앞에 늘 그렇게 펼쳐지고 있었을 뿐입니다. 그러니 다만 분별하지 않고, 그 어떤 신념이나 견해, 고정관념 없이 있는 그대로를 있는 그대로 바라보기만 하면 지금 이 자리에서 진리를 경험하게 되는 것입니다.

그런데 그러한 진리를 경험하지 못하는 이유는 분별하고 나누며 자신 안에 신념이라는 틀을 만들기 때문인 것입니다. 분별하지 말고 신념을 덮씌우지 말고 다만 모든 분별을 멈추고 바라보기만 하십시오.

열린 신앙을 위하여

'나의 신앙적 정체성은 무엇인가.'

물론 나는 불교신자입니다. 불교 수행자입니다. 그러나 동시에 나는 기독교 신자도, 천주교 신자도, 이슬람교며 힌두교의 신자도 될 수 있습니다. 내가 불교 수행자라는 이유가 나를 기독교 신자가 되지 못하도록 만들 이유는 어디에도 없습니다. 또한 그렇다고 나의 이러한 종교적 생각이 나의 불교적인 신앙 정체성을 흔들어 놓을 아무런 이유도 없는 것입니다.

참된 불교적 정체성이라는 것은 바로 이러한 것입니다. 이렇게 활짝 열려있으며 어디에도 갇혀 있지 않는 것. 그것이 바로 불교적인 삶이고, 지혜로운 삶입니다.

불교는 불교 그 자체에 고집하지 않습니다. 불교라는 것은 다만 이름붙인 것일 뿐입니다. 진리를 그렇게 이름 지은 것일 뿐입니다. 물론 사람들은 이 이름이나 틀 속에 스스로 갇히길 좋아하고, 그러한 틀 속에 보다 많은 신자들을 편입시키고자 애를 씁니다. '이것은 불교다' 라고 이름 지어 놓고, 그렇게 상을 만들어 놓고 거기에 갇혀 다른 것은 보지 못하고 있습니다. 그러나 그것은 불교가 아닙니다. 불교가 불교에 갇혔을 때는 이미 불교이기를 포기한 것입니다.

『금강경』의 '불법은 불법이 아니다, 그러므로 불법이다' 라는 유명한 게송은 이를 단적으로 말해주고 있습니다. 그 틀에서 빨리 빠져 나오십시오. 그 틀 속에 갇혀 있는 한 불교를 공부할 수 없습니다. 불교라는 틀 속에 갇혀 있게 되면 더 이상 불교를 공부할 수 없습니다.

참된 불교 신자라면, 기독교나 천주교의 가르침, 성경의 가르침 속에서도 진리를 볼 수 있어야 합니다. 또한 저 고대 인도인들이나 페르시아인, 또 아프리카나 호주, 아메리카의 원주민 인디언들에게서도, 공자나 노자에게서도, 저 들의 농부에게서도 또한 저 한 송이 가녀린 꽃송이에서도 진리를 볼 수 있어야 합니다.

그 어떤 것도 무조건 금기시 하거나, 터부시 할 필요는 없습니다. 물론 어떤 사람들은 말할 것입니다. 기독교 신자는 너무 편협하고 열려 있지 못하고, 불교를 너무 싫어한다거나, 혹은 성경을 읽어보면 너무 앞뒤가 맞지 않는다거나 논리적이지 못하다거나, 또는 어떤 특정한 성경의 구절과 이야기를 가지고 와서는 이렇기 때문에 이것은 불교와는 전혀 다른 것이며, 이것은 진리일 수 없다고 할지도 모릅니다.

그러나 그렇게 따진다면 불교도 할 말은 없습니다. 논리적으로 따져서 불경의 게송이나 이야기 하나 하나를 반박한다면 할 말이 없기는 마찬가지입니다. 부처님의 일대기를 보면 부처님을 신격화시킨다거나, 신이적인 모습으로 미화시킨 부분이 적지 않습니다. 그렇다면 이것을 가지고 문자 그대로 해석하여 불교도 진리가 아니라고 좌절할 것입니까? 그렇지 않습니다. 그것은 진리 그 자체를 보고 있는 것이 아닙니다. 불경이나 성경 그 자체의 본 뜻을 파악하지 않고 피상적으로만 바라본 것일 뿐입니다. 문자에만 치우쳐 가르침을 잘못 이해한 것입니다.

그런 것들은 후대에 만들어 졌다거나, 후대 사람들이 부처님이나 예수님을 신격화시켜 놓은 것일 뿐, 거기에 내 온 존재를 내맡길 필요는 없습니다. 그것이 중요한 것이 아닙니다. 정말 중요한 것은 그 깊은 곳에서 피어나오는 진리의 향기이며, 본질적인 가르침입니다.

혹은 어떤 한 사람의 행위를 가지고 그 가르침을 판단하려 해서도 안 됩니다. 어떤 사람은 불자인데 왜 저 모양인가? 저 사람은 교회도 열심히 다니는데 어떻게 저런 나쁜 성품을 가질 수 있는가? 그런 소수의 몇몇 사람들만을 바라보고 그 가르침 자체를 판단하지 마십시오.

부처님 당시에도 부처님 가르침을 잘 들은 제자들 가운데 부처님을 헐뜯는다거나 반역을 일으킨 자도 있었습니다. 부처님께서도 모든 사람을 다 깨달음으로 이끌지는 못하셨습니다. 부처님께서도 '원을 세우지 않는 자와 인연 없는 자는 교화하기 어렵다' 고 말씀하신 적이 있습니다.

사람을 보거나, 경전의 피상적인 사건 하나하나를 가지고 그 전체를 판단하려고 해서는 안 됩니다. 크게 보아서 기독교도 불교고 천주교도 불교입니다. 그 모든 이들의 그 모든 행위가 그대로 불교입니다. 불교는 어떤 특정한 종교 안에서 만의 진리가 아니기 때문입니다. 불교란 삶 전체의 진리이며, 온 우주, 온 세계 모든 이들, 모든 존재들에게 공통이 되는 진리이기 때문입니다. 어찌 불교가 불자들만의 진리일 수 있겠습니까. 물론 이는 타종교 입장에서 본다면, 불교도 기독교이고 불교도 천주교란 말과 다르지 않습니다.

이렇게 말할 수 있는 데는 물론 한 가지 전제가 붙습니다. 그것은 불경을 또 성경을 열린 지혜의 안목으로 올바로 바라보았을 때 가능한 말입니다. 성경을 꽉 닫힌 시각으로 바라보거나, 문자 그대로 해석하게 되면 성경에 담긴 참 뜻을 볼 수 없습니다. 즉, 집착 없이 텅 빈 마음으로 한없는 사랑으로 바라보았을 때 가능한 말입니다.

부처님과 하느님은 분별이 없습니다. 당신들께서는 불교 신자를 늘리고자 애쓰지 않고, 기독교 신자, 천주교 신자를 늘리는 데는 관심이 없으실 것입니다. 그 어떤 틀에 가두는 것을 원치 않습니다. 틀에 가두는 순간 진리도 진리의 빛을 잃고 말 것이기 때문입니다. 진리는 어디에도 갇히지 않습니다. 늘 활짝 열려있는 자세를 취합니다.

활짝 열려있기 때문에 어떤 특정한 관점이 없습니다. 특정한 관점이 없는 관점이 바로 진리의 관점입니다. 불교, 기독교, 천주교 하고 나누는 것은 훗날 사람들이 만들어 낸 것이지 정작 당신들께서는 그런 분별이 아무런 소용이 없습니다.

더 많은 분별과 분열만 일으킬 뿐, 진리에서는 그런 울타리를 필요로 하지 않습니다. 하느님은 당신이 하느님이라고 고집하지 않으며 부처님은 당신을 부처라고 부르라고 고집한 적이 없습니다. 그 이름은 사람들이 붙인 것이고 편의상 붙인 것이지 당신들이 그렇게 불러주기를 바란 것이 아닙니다. 당신들이 불교를 제창하셨거나, 기독교를 만들어 낸 것이 아닙니다. 그래서 당신들이 불교의 교세를 확장하고자, 천주교의 교세를 확장하고자 애쓰신 적이 없습니다.

성경을 해석하는 많은 관점이 있습니다. 하느님을 바라보는 데도 여러 가지 신관(神觀)이 있을 수 있습니다. 진리는 항상 그 자리에 온전하게 서 있고, 하느님은 항상 진리로써 그 자리에 있을 뿐이지만, 사람들이 하느님을 바라보면서 수많은 신관을 만들어 냈고, 수많은 성경의 해석을 만들어 냈습니다.

그러한 사람들의 해석 때문에, 관점 때문에 하느님을 믿는 사람들 사이에서도 피를 흘리는 수많은 전쟁도 일어났고, 싸움도 분열도 일어나게 되었습니다. 그러나 거기에 하느님은 아무런 잘못이 없습니다. 하느님은 늘 그 자리에 아무런 분별 없이 진리의 빛을 나투고 계셨을 뿐입니다. 진리는 늘 그 자리에서 현현되고 있었을 뿐입니다.

그 다툼을 하느님 탓으로 돌리지 마십시오. 그것은 사람들의 잘못이지 진리 그 자체의 잘못이 아닙니다. 성경(로마서 8:6, THE MESSAGE)에서는 말하고 있습니다. "자신에 대한 집착은 막다른 골목에 이르게 하고, 하나님께 집중함은 탁 트인, 광대하고 자유로운 삶으로 우리를 이끈다."

자신에게 집착하고 자신이 만들어 놓은 견해에 집착하지 마십시오. 아집은 우리를 막다른 골목에 이르게 할 뿐입니다. 자신이 만들어 놓은 관념, 견해에 집착하지 말고 다만 하나님께 집중하십시오. 우리 안에 또 밖에 충만한 하나님의 본질에 집중하십시오. 하나님의 진리 그 자체에 집중하십시오. 그랬을 때 삼매를 얻을 수 있고, 광대하고 자유로운 삶이 현현될 것입니다.

물론 불경 또한 마찬가지입니다. 불경을 바라보는 사람들에 따라 불교가 여럿으로 나누어져 왔습니다. 소승과 대승, 현교와 밀교, 선불교 등 수많은 해석으로 나뉘어져 왔습니다. 그러나 그렇게 나뉘면서도 진리 그 자체는 한 번도 나뉜 적이 없고, 변화한 적이 없습니다. 다만 사람들이 근거에 따라 수많은 가르침으로 나누어 놓았고 물론 그런 데에는 긍정적인 측면도 많지만, 몇몇 어리석은 이들은 그로 인해 수많은 다툼과 분열로 아파하기도 했습니다.

그렇더라도 본질에 있어서는 한 번도 나뉜 적이 없고, 변한 적이 없으며, 늘 그 자리에서 진리의 향기를 꽃피우고 있을 뿐입니다. 사람이 분열되었다고 부처님도 함께 분열되어 어느 한 쪽의 편을 들지는 않았습니다. 하느님도 마찬가지이십니다.

문제는 사람들에게 있습니다. 진리를 바라보는 사람들의 관점과 해석이 피를 낳았고, 전쟁을, 분열을 낳았습니다. 하느님을 바라보는 어떤 한 가지 관점을 정해 놓고 그것을 진리로 고집하고 집착하면서부터 모든 문제는 시작되었습니다. 진리는 하느님 그 자체이지, 그 가르침에 대한 해석에 있지 않다는 것을 잊고 말았습니다. 요즘은 하느님을 바라

보는 관점, 성경을 해석하는 관점, 또 신관들이 불교적인 법
신의 관점의 그것처럼 활짝 열려 있는 해석을 많이 보게 됩
니다. 불교에서 말하는 법신은 어떤 하나의 해석이 아닙니
다. 부처라는 것은 해석할 수 있는 것이 아닙니다. 진리의
당체 그 자체입니다. 인간에게 선과 악을 내리는 그런 존재
가 신이 아닙니다. 신에게는 선과 악이 없습니다. 선악을 초
월합니다. 그것이 하느님을 바로 보는 것입니다. 요즘은 하
느님을 이렇게 해석하는 입장들도 많이 있습니다.

하느님을 바라보는 관점을 지혜로써 바로 볼 수 있다면
그것 또한 그대로 진리이고, 그것 또한 그대로 부처님의 가
르침과 다를 수 없습니다. 그랬을 때 성경 속에서 불경의 가
르침을 볼 수 있고, 진리를 볼 수 있으며, 부처님을 볼 수 있
습니다. 마찬가지로 부처님을 바라보는 관점이 어디에도 국
한되어 있지 않고, 활짝 열려 있으며, 있는 그대로 볼 수 있
는 지혜의 눈이 있다면 그것이 그대로 진리이며, 그대로 하
느님의 가르침인 것입니다.

불경 속에서 성경의 가르침을 볼 수 있고, 하느님의 가르
침을 볼 수 있습니다. 그랬을 때 하느님과 부처님은 다르지
않습니다. 관점을 버리고 무분별로써 있는 그대로의 하느님
을 또 부처님을 볼 때 두 분은 서로 다른 두 분이 아닙니다.

문제는 항상 사람에게 있습니다. 사람들의 분별과 관점과
해석 그리고 집착에 있습니다. 부처님도 하느님도 항상 진
리의 빛을 한없이 비추고 계실 뿐입니다. 그러니 불자가 기
독교를 싫어한다거나, 기독교 신자가 불교를 싫어한다거나

할 이유는 어디에도 없습니다. 서로 싸우고 배격하며 헐뜯을 아무런 이유가 없습니다.

어떤 종교를 믿는 것인가가 중요한 것이 아니라, 어떻게 믿는가가 중요합니다. 어떻게 치우치지 않으며 활짝 열린 시선으로 온전하게 믿는가 그 점이 중요합니다.

제가 아는 목사님이나 신부님, 수녀님들 중에는 그야말로 활짝 열려있는 분들이 많습니다. 목사님이면서 불경도 공부하고, 법회에도 참석하시며, 그 속에 담긴 진리의 가르침에 깊이 깨우치며 감사하는 분도 계시고, 신부님이면서 불교의 가르침을 성당 곳곳에 써 놓기도 하시면서 참선도 하고 불경도 외는 분도 계십니다. 물론 스님들 가운데에도 성경을 진실한 마음으로 공부하고 예수님의 삶에 깊은 감명을 받는 분들도 많으십니다.

종교를 신앙하는 데에도, 뭐랄까 이렇게 말하면 좀 이상하지만, 영적이고 정신적인 수준이 있습니다. 그리고 그 수준이 결정되는 가장 큰 잣대는 첫째, '열려 있음' 즉 '어느 한 쪽에 집착하지 않음'에 있고 둘째로, 한없이 큰 사랑에 있습니다.

집착을 버리는 것, 마음을 비우는 것, 이것이야말로 모든 종교며 사상에서 공통적으로 말하고 있는 공통적인 지혜의 일깨움이 아니겠습니까. 하느님과 부처님 그 자체라는 진리에 마음을 둘 것이지, 자신이 만들어 놓은 하느님에 대한 또 부처님에 대한 수많은 해석과 견해를 진리라고 여겨 거기에 집착하면 안 됩니다.

그리고 그렇게 집착을 버리고 활짝 열린 마음으로 마음을 비웠을 때, 바로 그 때 사랑과 자비는 한없이 넘쳐날 수 있습니다. 어느 한 쪽에 집착하여, 그 한쪽만을 사랑한다면 그것은 참된 사랑이 아닙니다.

기독교 신자라는 울타리를 쳐 놓고, 그 울타리, 그 가르침에만 집착을 하여, 그 속에 있는 이에게만 사랑을 베풀고, 나머지 다른 종교 신자는 모두가 사탄이며 올바른 종교를 모르는 사람이라고 한다면 그것은 반쪽짜리 사랑이지 온 우주 전체를 하나로 사랑하는 그런 참된 사랑이 아닙니다. 하느님은 그런 편협한 분이 아니십니다. 하느님을 그런 편협하고 옹졸한 하느님으로 만드는 어리석은 일을 당장에 그만두어야 합니다.

하느님은 자신을 믿고 따르는 제자들만 별도로 편협하게 사랑하시는 분이 아닙니다. 오히려 반대로 사랑을 실천하는 자는 그 누구라도 하느님의 제자가 될 수 있습니다. 요한복음13장 35절에서는 말하고 있습니다. "너희가 서로 사랑하면 이로써 모든 사람이 너희가 내 제자인 줄 알리라."

문제는 '하느님의 제자가 되는 것'이 아니라 '서로 사랑하는 것'입니다. 서로 사랑한다면 그 사람은 하느님의 제자가 될 수 있지만 아무리 하느님을 사랑할지라도 이웃을 사랑하고, 온 우주를 사랑하지 못하며 단독으로 자기 종교 신자만을 사랑한다면 그 사람은 참된 하느님의 제자가 될 수 없습니다.

하느님께서 이스라엘인만을 단독으로 사랑하셨다고 해석

하지 마십시오. 물론 구약을 있는 그대로 문자대로 해석하면 그렇게 느낄 수도 있지만 그것은 그 당시 사회 문화적인 배경에 힘입은 그 당시 사람들의, 유대인들의 해석일 뿐이지 본질은 그렇지 않습니다. 특히 신약보다도 구약을 문자 그대로 해석하게 되었을 때 수많은 오류를 범하기 쉽습니다. 구약의 하느님은 살생을 하고 폭력적이며 질투가 넘쳐나는 분으로 묘사되고 있습니다. 그것은 하느님 자체를 묘사한 것이 아닙니다. 그 당시 시대적 상황에서 그 당시의 사람들에게 그런 신이 필요했던 것입니다. 하느님을 그대로 표현 한 것이 아니라, 자신들이 필요로 하는 하느님으로 묘사해 놓고 있을 뿐입니다. 그 말에 현혹되지 마십시오. 그 말 너머에 있는 하느님의 진실을 찾으십시오.

하느님은 어느 한 부족 사람들만을 사랑하시는 분이 아닙니다. 하느님은 그 어떤 분별이나 차별도 있지 않습니다. 온 우주 법계의 본질이신 하느님께서 어찌 조악하게 한 부족만을 사랑하고 다른 부족을 죽이려고 안달할 수 있단 말입니까. 그런 인간의 해석과 견해를 버리십시오. 그런 신관을 버리십시오. 문자 그대로 성경을 해석하려 들지 마십시오.

진리는 문자 그 너머에 있습니다. 문자를 가지고 진리를 그대로 나타낼 수는 없습니다. 문자는 항상 오류가 많습니다. 한 가지 말을 가지고 백 명의 사람은 백 가지 해석을 할 것입니다. 그것이 언어, 문자, 말이 가지는 치명적인 오류입니다. 문자에 연연해 성경의 깊은 가르침을 자기식대로 해석하고, 그로인해 무리를 만들며, 그 해석만이 진리라고 집착하지 마십시오. 그렇게 만들어 놓은 자기대로의 해석을 가지고 상대방의 해석을 공격하며 싸우려 들지 마십시오.

분명히 기억하십시오. 하느님은 어떤 견해도 있지 않으신 분이십니다. 어떤 특정한 견해나, 어떤 특정한 부족이나, 어떤 특정한 가르침에만 치우치시는 분이 아닙니다. 항상 하느님은 진리만을 말하며, 진리로써 살아가시는 분입니다.

요한복음 8장 32절에서는 또 말씀하십니다. "진리를 알지니 진리가 너희를 자유케 하리라."

진리가 우리를 자유케 하는 것이지 진리에 대한 해석, 견해가 우리를 자유케 해 주지는 못합니다. 그렇게 나누는 것은 바로 우리들 인간입니다. 내가 해석한 대로의 가르침이 아니라, 하느님 그 자체가 진리라는 것을 잊어서는 안 됩니다.

참된 사랑은 내 종교, 네 종교라는 울타리를 두지 않습니다. 선을 그어놓지 않습니다. 모두가 똑같은 사랑의 대상이고, 모두가 똑같은 형제자매며 똑같은 도반일 뿐입니다. 내 종교를 믿어야지만 구원받을 수 있고, 내 종교를 믿어야지만 해탈하고 열반할 수 있다고 생각한다면 그것은 아주 낮은 수준의 종교를 신행하는 사람입니다.

불교 안에서도, 기독교며 천주교 안에서도, 또 나아가 스님들 가운데에도 신부님이며 목사님들 가운데에도 그러한 편협하고 치우친 낮은 수준의 종교를 신앙하는 분들이 물론 있습니다. 그런 분들과 함께 신행생활을 하는 신자들이라면 당연히 그것만이 당연한 것인 줄 착각할 것이고, 그렇게 신앙생활을 해야지만 잘 하고 있는 것이라는 착각 속에서 살게 될 것은 뻔합니다.

벌써 1960년대 로마 교황 요한 23세는 세계 종교사에 획을 그을 만한 획기적인 발언을 해서 종교인들을 놀라게, 혹은 경이롭게 한 적이 있습니다. 그것은 바로 불교, 힌두교, 이슬람교 등 타종교에도 진리가 있음을 천명한 것입니다. 다른 종교에도 진리가 있으며 구원이 있을 수 있다는 말이었습니다. 물론 보수적인 사람들의 반발도 컸지만, 교황의 이 말씀 한 마디는 전 세계를 평화로 물결치게 한 중요한 계기가 되었습니다.

종교 지도자들이 가장 중점적으로 해야 할 일은, 내 종교 신자를 늘리기 위해 노력하는 것이 아닙니다. 다만 진리답게 사는 사람들이 많아지기를 기도해야 합니다. 즉, 그 말은 기독교, 천주교, 불교라는 틀 속에서 서로 많은 신자를 확보하기 위해서 싸워야 할 것이 아니라, 어떤 종교를 믿든 그 종교를 참되게 믿도록 이끌어야 한다는 점입니다. 참되게 믿는다면 불교도 천주교도 기독교도 그 어떤 종교 신자일지라도 참된 진리로 나아갈 수 있기 때문입니다.

간디는 힌두교였지만 참된 진리를 따랐기 때문에 힌두교를 버리지 않으면서도 불교도 기독교도 다 받아들일 수 있었고, 교황 요한 23세 또한 참된 진리를 따랐기 때문에 천주교를 버리지 않으면서도 어떤 종교도 다 받아들일 수 있었으며, 달라이라마 스님이며 틱낫한 스님, 숭산 스님, 청화 스님 또한 불교를 버리지 않으면서도 모든 종교 안에서 진리를 볼 수 있었습니다.

참된 자비의 마음, 사랑의 마음이 있다면 한결같이 '모든 이'들을 '참된 행복'으로 이끌 수 있어야 합니다. 내 종교인 들만 행복으로 이끌려는 마음이라면 그것은 참된 자비이며 사랑이라 할 수 없습니다.

또한 모든 이들이 '참된 행복'에 이르도록 이끌어야 합니다. 다만 궁극적인 참된 행복으로 가면 되는 것이지, 그것이 왜 '해탈'이거나 '천당'이어야만 합니까. 그 길을 왜 꼭 '예수'를 통해서만, 혹은 '불교'를 통해서만 갈 수 있단 말입니까.

그 궁극의 행복의 자리, 깨침의 자리에 그 어떤 모양을 만 들어 두지 마십시오. 불교적인 해탈과 기독교적인 천당은 결코 별도로 다른 곳에 있지 않습니다.

달라이라마 스님께서는 이 세상에 종교가 불교밖에 없는 것보다는 오히려 여러 종교가 많은 것이 더 좋다는 말씀을 하셨는데, 깊이 공감이 되는 말씀입니다. 왜 애써 내 종교 신자를 늘리기 위해 혈안이 되어야 합니까. 왜 내 종교를 늘 리기 위해 다른 종교 신자들과 다투고, 심지어 전쟁까지 불 사해야 합니까. 이것은 부처님도 하느님도, 보살님도 예수 님도 정작 바라는 바가 아닙니다.

다만 '올바른 신앙'으로 이끄는 것이 중요합니다. 그것이 불교가 되었든, 기독교가 되었든, 천주교가 되었든 그것이 중요한 것이 아니라 얼마나 올바로 참되게 믿고 실천하는가 하는 점이 중요합니다. 그러나 분명 성경을 열린 시각으로, 지혜의 시각으로 해석하기가 너무 어렵습니다. 성경 속에는 수많은 인간들의 견해가 너무도 많이 포함되어 있기 때문입니다. 물론 불경도 마찬가지지만 불경은 부처의 시각이, 깨달음을 이루신 성현의 시각이 비교적 올곧게 담겨져 있습니다. 이렇게 말하는 이유는, 절대 종교를 바꿀 수 없는 타종교 신자를 만나더라도 애써 개종하려 들지는 말라는 말입니다. 성경을 올바로 볼 수 있는 시각을 열어주는 것이 중요합니다. 성경을 올바로 볼 수 있다면 그 속에서 불경을, 부처를, 진리를 볼 수 있습니다.

무엇보다도 '올바로' 믿고 실천하는 것이 중요합니다. 올바로 믿고 실천하면 불교를 믿어도 기독교를 천주교를 믿어도 모두 구원을 받을 수 있고, 해탈에 이를 수 있지만, '올바로' 믿지 않는다면 불교를 믿든 기독교 천주교를 믿든 모두가 지옥에 이를 수밖에 없을 것입니다.

불경에도 이런 말이 있습니다. '태생에 의해 성직자가 되는 것은 아니다. 태생에 의해 성직자가 안 되는 것도 아니다. 행위로 인해 성직자가 되기도 하고, 행위로 인해 성직자가 안 되기도 하는 것이다. 행위에 의해 농부가 되고, 행위에 의해 기술자가 되며, 행위에 의해 상인이 되고, 또한 행위에 의해 고용인이 된다. 행위에 의해 도둑이 되고, 행위에 의해 무사가 되며, 행위에 의해 신하가 되고, 행위에 의해 왕이 된다.'

어떻게 믿고 실천하는가 하는 그 행위가 중요할 뿐이지, 어떤 종교를 믿는가가 중요한 것이 아닙니다. 참되게 믿으면 기독교를 믿어도 불교를 믿는 것이지만, 올바로 믿지 않는다면 불교를 믿더라도 외도를 믿는 것입니다. 반대로 참되게 믿으면 불교를 믿어도 기독교를 믿는 것이지만 참되게 믿지 않는다면 기독교를 믿더라도 사탄을 믿는 것일 뿐입니다. 참되게 믿으면 그 사람 안에 본래 구족되어 있는 부처를 깨닫게 되고, 참되게 믿으면 그 사람 안에 하느님이 거하시게 됩니다.

다시 한 번 강조하지만, 종교를 믿는 사람들에게 있어 가장 중요한 것은 '어떤' 종교를 믿느냐가 아니라 '어떻게' 종교를 믿는가에 있습니다. 불교, 기독교, 천주교 어떤 종교라도 좋습니다. 어디에서도 진리를 찾을 수 있습니다. 부처님과 하느님은 다른 분이 아니기 때문입니다. 다르다고 믿고, 다르다고 생각하는 것은 우리의 견해고, 관점일 뿐이지 '그 분' 들의 입장이 아닙니다. '그 분' 들은 사실 '들' 이 아닙니다. '들' 로써 둘로 혹은 여럿으로 나뉘는 분이 아니십니다.

어떻게 믿고 신앙할 것인가. 어떻게 다른 종교인을 대하고, 다른 종교를 대할 것인가. 그것은 우리의 선택에 달려 있습니다.

마음공부 이야기

2005년 3월 23일 초판 1쇄 발행
2026년 4월 13일 초판 14쇄 발행

지은이 법상
발행인 박상근(至弘) • 편집인 류지호 • 부사장 양동민
편집 김재호, 양민호, 김소영, 최호승, 이란희, 정유리, 이진우 • 디자인 쿠담디자인 • 제작 김명환
마케팅 김대현, 김대우, 이선호, 류지수 • 관리 윤정안
콘텐츠국 유권준
펴낸 곳 불광출판사 (03169) 서울시 종로구 사직로10길 17 인왕빌딩 301호
　　　　대표전화 02) 420-3200 편집부 02) 420-3300 팩시밀리 02) 420-3400
　　　　출판등록 제300-2009-130호(1979. 10. 10.)

ISBN 978-89-7479-861-1 (02220)

값 12,000원

잘못된 책은 구입하신 서점에서 바꾸어 드립니다.
독자의 의견을 기다립니다. www.bulkwang.co.kr
불광출판사는 (주)불광미디어의 단행본 브랜드입니다.